国家级职业教育规划教材
人力资源和社会保障部职业能力建设司推荐

高等职业技术院校文秘专业任务驱动型教材

文书与档案管理

WenShu Yu DangAn GuanLi

主　编　韦志国
副主编　宋少净
金常德

中国劳动社会保障出版社

图书在版编目(CIP)数据

文书与档案管理/韦志国主编. —北京：中国劳动社会保障出版社，2011
高等职业技术院校文秘专业任务驱动型教材
ISBN 978-7-5045-9367-2

Ⅰ.①文… Ⅱ.①韦… Ⅲ.①文书工作-高等职业教育-教材②档案管理-高等职业教育-教材 Ⅳ.①C931.46②G271

中国版本图书馆 CIP 数据核字(2011)第 273118 号

中国劳动社会保障出版社出版发行
（北京市惠新东街 1 号 邮政编码：100029）
出 版 人：张梦欣
*
北京玥实印刷有限公司印刷装订 新华书店经销
787 毫米×1092 毫米 16 开本 15 印张 342 千字
2011 年 12 月第 1 版 2017 年 1 月第 5 次印刷
定价：28.00 元
读者服务部电话：（010） 64929211/64921644/84626437
营销部电话：（010） 64961894
出版社网址：http://www.class.com.cn

前　言

为了满足高等职业技术院校文秘专业教学改革的需要，人力资源和社会保障部教材办公室组织一批教学经验丰富、实践能力强的教师与行业、企业的专家，在充分调研、讨论专业设置和课程教学方案的基础上，编写了国内首套任务驱动型的高等职业技术院校文秘专业教材：《秘书写作》《秘书实务》《秘书礼仪》《文书与档案管理》《办公自动化实务》《办公室事务管理》《会议组织与管理》《秘书心理学及应用》等。

这套教材具有以下几个方面的特点：

第一，根据企业秘书的工作实际，以《秘书》国家职业标准中对于办文、办事、办会等秘书基本工作的相关要求为核心，合理选择教学内容，并设计和确定典型的工作项目，其目的是通过这些项目的教学，使学生掌握相关的理论知识和操作技能，以满足企业的实际需要和便于学校“双证书”制度的贯彻与落实。

第二，吸纳全国高等职业技术院校的教改成果，按照“学以致用”的原则，将与秘书实际工作有关的文件写作、文书处理、办公室事务处理、会议组织、办公自动化等理论知识和技能恰当安排到各个工作项目中，并采用任务驱动的编写思路，设计教学过程，不但有利于激发学生的学习积极性，更有利于学生学习成就感的形成。

第三，在教材的表现形式上，采用“以图代文、以表代文”的表现形式，增强教材的形象性，降低了学习难度，有利于激发学生的学习兴趣。

在本套教材的编写过程中，得到有关省市教育部门、人力资源和社会保障部门以及一批高等职业技术院校的大力支持，教材的主编、参编、主审等有关人员做了大量的工作，在此，我们表示衷心的感谢！同时，恳切希望广大读者对教材提出宝贵的意见和建议，以便修订时加以完善。

人力资源和社会保障部教材办公室

2012 年 1 月

简　介

本书是国家级职业教育规划教材。

《文书与档案管理》是高职高专院校文秘专业的一门专业核心课程，培养学生从事秘书工作的职业技能。本书以“任务驱动”作为基本指导理念，以文书工作与档案管理工作中常见的工作任务为载体，从企业背景下的真实工作任务出发，完整展现了文书工作和档案管理的实施过程，为学习者提供了可资借鉴的实例与“样板”，有助于其理解和掌握工作的基本要求。

本书分为上下两篇，详细介绍了收文与发文、文书收集与归档、筹建档案室、档案整理、档案检索、档案鉴定、档案利用、档案编研，以及特殊档案管理等工作的工作流程与要求。全书内容严格依据国家相关标准和规范，结合企业工作实际，精心筛选工作中所需要的基础理论知识，重点详解工作的技能规范。本书适用于高职高专文秘专业的教学，同时也可作为在职文秘人员、档案管理人员的工作参考。

本书由韦志国任主编，宋少净、金常德任副主编，史裕曙等多位教师参加编写。其中，韦志国编写前导知识、课题一、课题二，宋少净编写课题三、课题六、课题五任务五，金常德编写课题八、课题九，史裕曙编写课题五任务三、课题七，郭根群编写课题四，赵会珍编写课题五任务一、任务二，徐广宇、卢爽编写课题五任务四；全书由韦志国、宋少净统稿。

本书在编写过程中，得到了多位企业文书档案工作者的支持与帮助，他们是：中铁隧道集团北京中铁隧建筑有限公司门晓旭、河北高远贸易有限公司王晓娟、河南新飞电器有限公司河北办事处李爱华、北京国奥投资发展有限公司毕健雪、石家庄市第六市政建设有限公司荆雪羽。在此向以上人士表示感谢！

简 介

目　录

上篇　文书工作

下篇　档案管理工作

上篇　文书工作

前导知识　文书工作基础

一、文书的概念

“文书”一词在现代语言应用中主要包含两种含义：一是指文字材料，即以书面载体存在的文字信息；二是指从事撰写文件的人员，是一种岗位名称，类似于“秘书”或“文员”。在大多数情况下，“文书”主要是指书面文字材料，本书就是在这一意义上使用该词。从严格的意义上来讲，“文书”是使用主体在社会活动中，为了满足一定的目的而制作和使用的书面文字材料。

文书具有以下特征：以文字为主要记录形式，具有特定的格式体例，具有实际的应用价值和目的，具有特定的时效性，使用主体主要是社会机构。

“文书”可以和“文件”“公文”通用。文件有广义和狭义之分。广义的文件指的是社会组织和个人在社会实践活动中形成和使用的各种形式的信息记录，不仅包括纸质载体的信息，而且还包括其他多种载体的信息，甚至计算机中的电子文档也可以视为文件；狭义的文件专指公务文书，也就是公文，尤其是指正在发挥效用的现行公文。一般情况下，文书、公文、文件三者的基本含义是一致的，所指的对象是相同的，可以作为相互替代的词汇，本书遵循了这一使用习惯。

二、文书的作用

文书在社会生活中，尤其是在社会机构与组织履行职责、完成目标的工作中，发挥着极其重要的作用，主要包括以下几个方面：

第一，领导作用。社会机构，尤其是政府机构可以通过制发文件来发挥其在特定领域的领导作用，是党和国家方针、政策的体现，为下级单位开展工作提供指导意见。

第二，约束作用。文书发布后，对相关单位或人员产生必要的约束作用，它要求有关成员执行或遵守文件中的各项规定。法律法规类文件、政府机关的行政公文等文书尤其表现出较强的约束力和规范作用。

第三，协调作用。不同机构在处理事务过程中，往往需要同其他部门进行协商和配合。以文书的方式进行部门之间的协调较之其他方式更加正式、严肃，比较适合处理重大而且复杂的事务。

第四，交流作用。文书是交流信息和思想的重要手段，与其他交流手段比较，文书所提供的信息更加全面、准确和深入，是部门之间相互学习、借鉴工作经验的重要途径。

第五，凭证作用。文书是社会机构发挥职能、完成工作过程中产生的记录，真实反映着工作开展的情况，是工作状态的文字化和书面化，能够发挥凭据和证明的作用。例如，工作总结是对所完成工作的系统回顾，会议记录是对会议情况的真实反映，合同是当事双方义务与权利的体现。

三、文书的类型

文书的应用领域和范围非常广泛，所针对的事务也千差万别，使用的主体各有不同，这些因素导致文书的种类非常庞杂。根据不同的分类标准，可以划分文书的不同类型。

1. 根据载体划分

根据记录信息的载体划分，文书可以分为纸质文书和电子文书。历史上曾经出现以竹简、木简、金帛作为载体的文书。目前纸质文书占据主流地位。随着科技的发展，文书的载体也变得多样化，电子载体开始得到广泛应用，使文书的形态发生了革命性的变化。

2. 根据使用主体划分

根据文书的使用主体来划分，文书可以分为两大类型：公务文书、私人文书。

（1）公务文书。公务文书简称为“公文”，其使用主体是各种社会机构，如党政机关、企事业单位、取得法律地位的群众团体等社会组织。公务文书是为了满足特定的公务需求而产生的，其发文主体、收文主体、格式形式、法律效力等均有别于私人文书。本书所讲的“文书”主要侧重于公务文书。公文主要包括法定公文、通用公文、专业公文等类型。

法定公文指根据《国家行政机关公文处理办法》（2000 年 8 月 24 日国务院发布，2001 年 1 月 1 日起执行）的规定，命令、决定、公告、通告、通知、通报、议案、报告、请示、批复、意见、函、会议纪要 13 种文体作为国家规定的公文种类，具有规范的格式和法定效力。此外，《中国共产党机关公文处理条例》列出的 14 种文体，也可被视为法定公文。

通用公文是在各类社会机构中所使用的处理日常事务的多种文体，例如计划、总结、调查报告、规章制度等。这些文体不在法定公文之列，不能采用法定公文的格式行文，可以作为法定公文的附件印发。

专业公文是指在特定的专业领域和专业工作中所使用的特殊公文，如科研工作中的立项申请书、财会工作中的财务报告，以及各类报表等。专业公文具有特定的格式惯例，正文中包含大量的专业术语。

（2）私人文书。私人文书的使用者为社会成员个人，是为了处理私人事务而使用的文书。常见的私人文书有私人信件、条据等。

本书主要针对公务文书来介绍文书处理的工作知识和基本技能。

四、文书工作的主要内容

文书工作也就是处理文书的一系列相关活动，主要是指公务文书的形成、处理、传递和管理等具有相关性的若干程序。具体而言，文书工作包括以下主要方面。

1. 收文工作

凡是由外机关或外部门送给本机关的文件，统称为收文。收文工作是指对外单位发给本单位的所有文书进行收进处理的一系列程序性的工作，主要包括签收、登记、审核、拟办等工作程序。

2. 发文工作

发文是指由机关撰制并向外发出的一切文件。发文工作是指各单位答复外单位来文或根据需要向外单位主动发出文件的过程。发文工作主要包括撰写、印刷、发送等方面，具体而言包括草拟、审核、签发、复核、缮印、用印、登记、分发等程序环节。在实际工作中，可根据部门实际情况作出微调。

3. 文件办理工作

文件办理工作是指根据文件的要求完成贯彻落实工作，主要由文件所涉及的相关业务部门来办理。在文件贯彻落实期间，秘书要及时对责任部门进行督促或了解相关情况。如果文件内容涉及秘书工作职责的，秘书应及时完成相关工作内容。

4. 文件管理工作

工作中会出现大量的文件，有些是正在办理使用之中的，有些是已经办理完毕的，管理这些文件就成为秘书的工作之一。文件的日常管理工作主要包括整理、保管、借阅、保密和归档等方面。

五、文书工作机构和人员

文书工作机构是指承担单位文书处理工作任务的组织。文书工作机构的设置需要区分两种情况：一是大型单位需要设立专门的机构来承担文书工作，以满足处理大量文件的需要；二是小型单位或基层业务部门设立文书工作岗位，由专职或兼职人员来履行处理文书的职责。

课题一

收文与发文办理

任务一　收 文 办 理

教学目标

◆ 理解掌握文书的行文制度

◆ 能够按照规范进行收文办理

任务导入

2010 年 8 月 A 房地产集团公司总部下发了一份《关于加强安全施工工作的通知》，分别送往各下属分公司。

假定你是该集团第一分公司办公室的秘书李芸，请根据以上背景，完成接收该文件的具体工作。

任务分析

企事业单位每天都会收到大量的公文资料，做好收文办理是秘书最基础的日常工作。秘书为完成收文任务，首先要了解文书行文的有关规则，能够根据行文规则判断所收到的文件是否需要本单位办理。对于符合行文规则的文书，要按照文书收文的程序办理相关工作。

相关知识

一、行文关系

行文关系指发文机关和收文机关之间的文件往来关系，是根据机关的组织架构、领导关系、职权范围而确定的文件收发关系，一般包括两种类型：隶属关系、非隶属关系。

隶属关系是指，同一系统的机关之间，存在领导与被领导的上下级关系，下级机关隶属于上级机关。具有隶属关系的机关之间行文应使用下行文或上行文。

非隶属关系是指，行文机关之间不存在领导与被领导的上下级关系，具体而言，包括三种情况：一是上级主管业务部门和下级业务部门之间具有业务上的指导关系；二是同一系统的同级机关之间；三是非同一系统的机关之间，无论级别高低，均为非隶属关系。

第一种情况的机关之间行文应使用下行文或上行文，后两种情况的机关之间行文应使用平行文。

二、行文方式

行文方式是根据单位行文的方向而确定的，分为上行文、平行文和下行文三种。

上行文是下级机关向所属的上级领导机关行文的一种方式。一般情况下，下级机关应向直接所属上级送呈公文，以保持正常的工作秩序。在特殊情况下，可以越级上行，也就是下级机关越过自己的直接上级领导机关而将公文送呈更高级别的上级机关。

平行文是指行文的机关之间没有隶属关系或业务指导关系，而就某一事务相互行文。平行文可在不分系统、级别地区的党政军机关、团体、企业、事业单位之间使用。

下行文是上级领导机关对所属下级机关的行文，根据具体情况可以分为逐级下行、多级下行和直达基层三种方式。逐级下行是指根据层级关系逐级向下的行文方式，多级下行是指同时下达给多个层级的下级机关，直达基层是将公文直接发到基层组织和群众，一般借助于报刊、广播、张贴等渠道来实现。

三、行文规则

行文规则是根据隶属关系、行文方式、组织结构以及文种规范等多种标准确定的公文运行准则，可以有效地防止行文混乱，使公文发挥应有的价值。行文规则主要包括以下几个方面。

1. 行文应确有必要，注重效用

制发文件应从实际需要出发，确有必要通过公文解决的问题才可行文。如果内容已被其他文件包括，则不应再制发文件；如果可以通过其他方式进行沟通解决问题，也不必制发文件；如果业务工作相同或相似，那么可以将事务合并发文，减少发文数量。

2. 一般不能越级行文

机关行文应根据隶属关系和职权范围确定主送机关，一般不得越级。属于主管部门职权范围内的具体问题，应直接报送主管部门处理。频繁的越级行文不仅会扰乱行文秩序，增加公文处理的难度，而且会妨碍业务工作的正常进行。只有在非常特殊的情况下才可以越级行文：一是逐级行文会延误时机，造成严重后果；二是被上级机关长期忽视得不到解决的问题，可越级向更高的上级机关行文；三是检举揭发直接上级机关；四是答复更高的上级机关的询问。

3. 政府各部门行文的规则

政府各部门依据部门职权可以相互行文和向下一级政府的相关业务部门行文。除以函的形式商洽工作、询问和答复问题、审批事项外，一般不得向下一级政府正式行文。部门内设机构除办公厅（室）外不得对外正式行文。在企事业单位中，也可以参照以上规则确定行文准则。

4. 联合行文的规则

当某一工作涉及不同的单位职权范围时，或需要多个单位共同协作完成时，就需要联合行文。联合行文是指两个或两个以上机关为解决某一事务而共同制发一份文件。

联合行文时必须注意以下几点：第一，联合行文的单位应级别相同或相似，具有隶属关系的机关不可联合行文。在政府体系中，同级政府、同级政府各部门，上级政府部门与下一级政府可以联合行文；政府与同级党委和军队机关可以联合行文；政府部门与相应的党组织和军队机关可以联合行文；政府部门与同级人民团体和具有行政职能的事业单位也可以联合行文。第二，联合行文的机关数量不可过多。第三，联合行文应明确主办机关。

5. 协商一致的原则

部门之间对有关问题未经协商一致，不得各自向下行文，如擅自行文，上级机关应责令纠正或撤销。

6. 抄送与主送规则

抄送是指将公文同时发给主送机关之外的相关机关，接到抄送文件的机关不对办理文件承担主要责任（主送机关承担主要办理任务），只是需要配合办理或者仅需了解相关情况。向下级机关或者本系统的重要行文，应同时抄送直接上级机关。受双重领导的机关向上级机关行文，应写明主送机关和抄送机关。上级机关向受双重领导的下级机关行文，必要时应抄送其另一上级机关。“请示”一般只写一个主送机关，需要同时送其他机关的，应用抄送形式，但不得抄送其下级机关。

除上级机关负责人直接交办的事项外，不得以机关名义向上级机关负责人报送“请示”“意见”和“报告”。

7. 党政分开原则

公文行文的党政分开原则是指在各类机构中，党政两个机构体系根据职权范围各自行文，不能直接相互行文，并尽量减少联合行文。

四、收文办理的程序

《国家行政机关公文处理办法》第六章指出收文办理“包括签收、登记、审核、拟办、批办、承办、催办等程序”。如图 1—1—1、图 1—1—2 所示。其中批办环节是领导人在秘书的辅助下所进行的工作，承办环节是有关部门和人员根据领导者的批办意见具体办理文件中的相关事项，是各个职能部门的工作，不在秘书职责之内，故不作详细介绍。

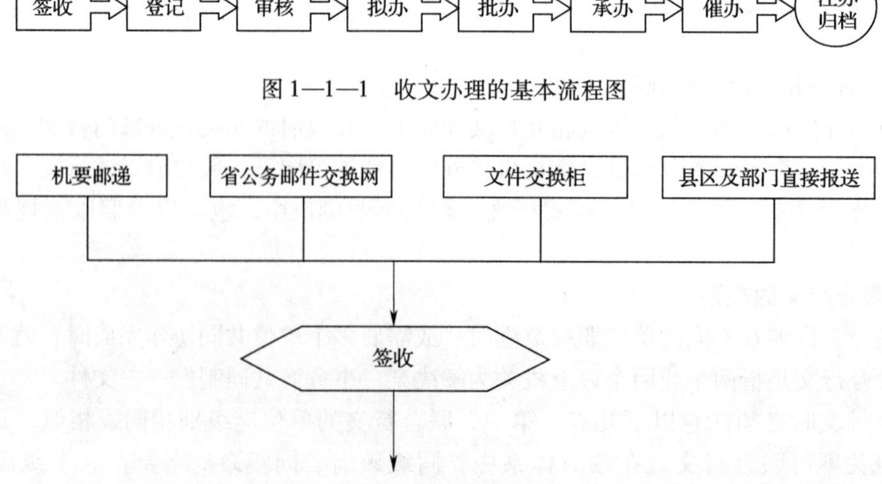

图 1—1—1　收文办理的基本流程图

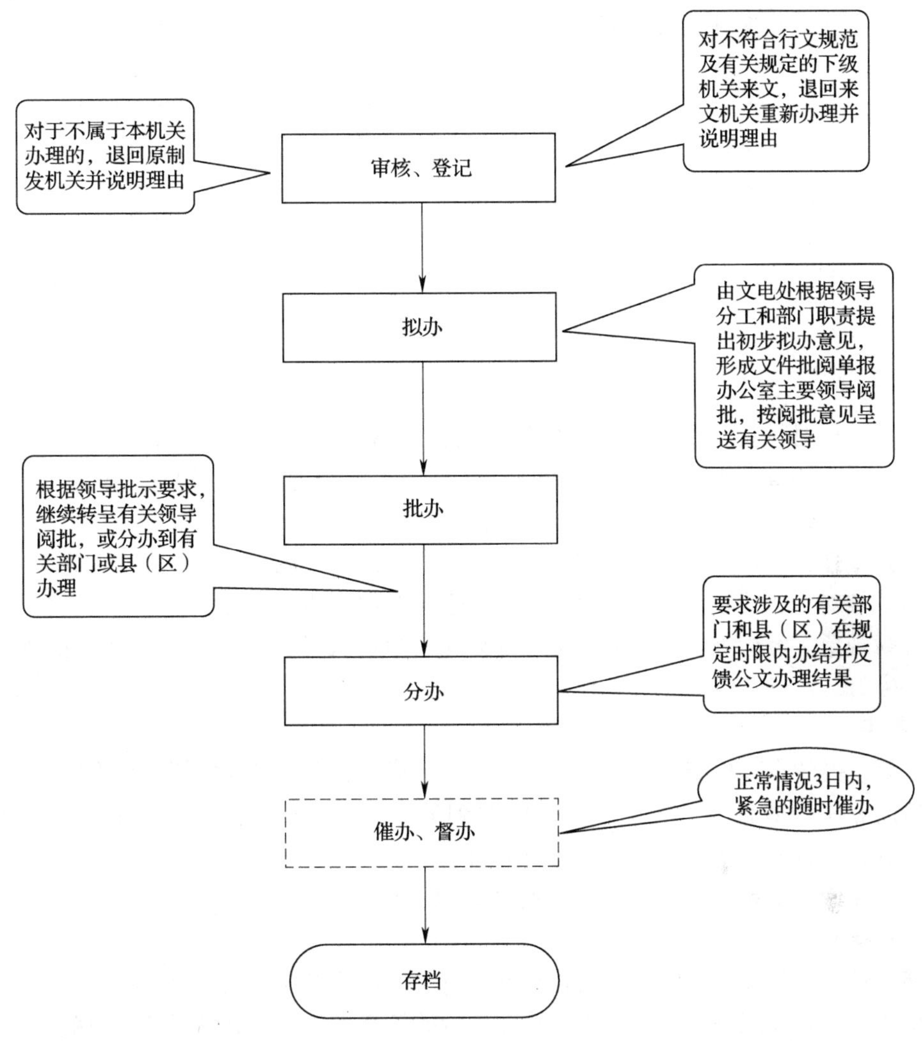

图1—1—2 某市政府办公室收文流程图

任务实施

在本任务中，秘书李芸应按以下步骤来完成收文办理。

一、签收

签收是指收文机关收到文件后，在发文通知单或送文登记簿上签字的过程。签收的目的是明确交接双方的责任，保证公文运转的安全可靠。签收的具体操作步骤如下。

1. 清点

清点就是在正式接收公文之前认真对照传递文书单或送文登记簿的信息进行查看，以确认文件的登记件数与实有件数是否相符。如果不符，则可能是在传递过程中出现了遗失，应主动和发文机关进行联系。

具体到本任务，在接到收文时应首先对照送文登记簿（见表1—1—1）登记的公文件数，看其是否与所收文件数目相符。

表1—1—1　　送文登记簿

序号	收文单位	封套编号	文件标题	紧急程度保密等级	份数页数	送达时间	收件人签名
1	第一分公司	2	关于加强安全施工工作的通知	无	1份 5	2010年8月24日10：30	李芸
2							

2. 检查

检查就是核对封套上注明的收文机关、收件人是否确与本机关相符，如有误投，应立即退回。核对封套编号是否与传递文书单或送文登记簿的登记相符，检查公文包装是否有破损、开封等问题，并及时查明原因。

具体到本任务，秘书应核对所收公文封套上注明的收文机关、收件人是否为本机关及本机关人员。核对封套编号是否与传递文书单或送文登记簿的登记相符，检查公文包装是否有破损、开封现象。经检查收文机关为第一分公司，封套编号为“2”，与送文登记簿上一致，公文包装完好，可以签收。

3. 签字

签字就是经清点、检查无误后，在传递文书单或送文登记簿上签署收件人姓名和收到日期。签收时要签写收件人的全名，并注明收到的年、月、日，急件要注明收到的年、月、日、时、分，以备事后查考。签字一定要清晰、工整。

李芸在传递文书单或送文登记簿（见表1—1—1）上签署姓名和收到日期。

二、审核与登记

审核是针对上行文而言的，是指收到下级机关上报的需要办理的公文时，先由文书部门对公文的内容、行文规则、语言的使用等项进行的核查工作，看其是否符合规范，目的是为了保证上行文的质量。在本任务中，接到的文件来自上级领导部门，因此审核工作可以省略。

登记是将文件启封后对照接收的文件在本单位的收文登记簿上将相关信息记录下来。做好登记方便以后对收文数量进行统计以及今后的查考利用。登记的内容包括文件名称、来文机关、接收部门、密级、来文日期、签收人等。

登记根据具体情况采用总登记或分类登记的方法。总登记适用于收文数量较少的单位，即把所有收到的文件按年度、按收文时间先后编流水号登记；分类登记适用于文件数量多的单位，即对所有收到的文件先分类别，可以按文件的来源分类，也可以按文件的内容分类，然后在各类别内再编流水号登记。

登记所使用的方式主要有簿式登记、卡片式登记、联单式登记三种。它们的优缺点比较见表1—1—2。

表 1—1—2　　三种登记方式的比较

名称/特点	簿式登记	卡片式登记	联单式登记
优点	易于保管，便于文件交接和统计	登记灵活方便，便于文件检索	避免重复登记，节省时间
缺点	不便于检索	容易丢失，不便于管理	容易丢失，不便于管理

在登记收到的文件时，应注意以下几点：一是不能漏项，能在登记时完成的项目，应立即填上，需要后补的，应及时补上；二是填写收文号时不要空号、重号；三是登记项目不可任意删减；四是书写时要用钢笔或签字笔，字迹要工整、规范，不得随意涂抹；五是登记时应分清轻重缓急，如果收文较多，那么先登记急件和重要件，稍后处理一般件；六是密件和平件应分别登记，以便管理。

在本任务中，接收文件的单位是一家规模比较小的企业，为总公司的一个分支机构，所收文件不多，所以采用的是总登记的方法，可按照流水号填写收文登记簿，见表 1—1—3。

表 1—1—3　　收文登记簿

第　　页

顺序号	来文日期	来文机关	来文标题	密级	份数页码	签收人	备注
20	……	……	……	……	……	……	……
21	2010 年 8 月 24 日	A 房地产总公司	关于加强安全施工工作的通知	无	1 份 5 页	李芸	

三、拟办

拟办是文秘人员对收文应如何办理所提出的初步意见，以供领导批办时参考。拟办是秘书发挥参谋辅助功能的手段，可以为领导节省时间和精力，提高办文效率。

文秘人员提出拟办意见之前应首先认真领会文件内容，找出文件中所含的需要办理的问题，考虑承办该问题的部门以及负责人，思考以前同类问题的处理办法。所提拟办意见要有针对性，并且切实可行，如提出多个意见应注意意见之间的差异性，方便领导参考。拟办意见的语言要精练。需要注意的是并非所有的收文，秘书都需要写拟办意见。只有那些除阅知之外，还需要具体处理的文件，才需要写拟办意见。具体而言其范围包括：上级机关主送给本机关需要贯彻落实的文件；机关直属各部门主送本机关的建议性文件、重要计划、方案、财务预决算等；下级机关主送给本机关的请求性文件；平级机关和不相隶属机关主送本机关的商洽性、涉及重要答复和共同研究协作等问题的文件；其他需要贯彻和承办的文件。

本例拟办意见见表 1—1—4 文件处理单。

表 1—1—4 **文件处理单**

密　　级：

收文日期：2010 年 8 月 24 日　　收文顺序号：21

来文单位	A 房地产总公司	来文日期	2010 年 8 月 24 日
来文标题	关于加强安全施工工作的通知	来文字号	A 司文字〔2010〕15 号
主办部门	第一分公司各建筑施工队	附件	无
内容摘要： ……			
拟办意见： 建议各施工队伍根据通知要求制订安全整改计划。			
批示意见： 各小组负责人负责整改，安全部、后勤部协助，在一周内消除一切可能存在的安全隐患，并随时上报工作进展。			
处理结果：			
归档日期		归档编号	

四、分送与传阅

分送是指把登记好的来文按照内容性质分别送给有关领导人阅批或直接送给承办部门办理。传阅即有关人员（一般是领导）在工作职责范围内对文件采取的一种内部轮流阅读的过程。当来文份数较少而应知对象较多，不能做到人手一份时，可轮流阅读。

分送需要注意以下几点：一是已有明确业务分工的文件，根据本单位的主管工作范围分送到有关的领导人和主管部门；二是来文单位答复本单位询问的文件，如收到的批复、复函或情况报告、报表等，要按本单位原发文的承办部门或主管人分送，即原来是哪个部门请示、询问或要求下级报送的，复文就送哪个部门办理；三是分送文件要建立并执行登记交接制度，不管文件是分送给本单位领导还是分送给各部门，抑或是转发给外单位，都要履行签收手续；四是要求退回归档的文件，要在文件上注明“阅后请退回归档”字样，以便及时收回，防止丢失。

在本任务中，秘书应根据通知所涉及的部门进行分送。由于通知只有 1 份，可先将通知送给领导，领导阅完后依次给各个施工队负责人传阅。关于文件传阅的知识，请参见本课题任务二“文书传阅”的介绍。

五、批办

批办是领导人对文件如何办理提出最终的批示意见和要求。这是领导人行使职权的过程，一般由单位主要负责人对来文做出批示。批办是收文办理中最重要的程序，它决定了文件的最终处理要求，是决策性的办文环节。

批办文件，也可以是单位领导人对拟办意见的肯定或否定。此时秘书的工作是辅助领导明确三方面的批办内容：一是注明批办意见，也就是批示中要指明文件承办部门、负责人，为承办部门指明办事原则以及应注意的问题，指明办理时限，批办意见要做到词义明确；二是在批办文件上注明批办时间，也就是作出批办意见的时间；三是批办领导人签名。

现实生活中由于领导公务繁忙，为减轻领导工作量并非所有收文都需要领导批办，一般领导只批办秘书报批的收文。因此，秘书应准确地把握报送批办公文的尺度，这个尺度一般是在领导对秘书的办文办事能力有了充分了解之后确立的，是领导和秘书对需送批的文书范围所达成的共识。一般情况下对于秘书能办理的不需送批，不能做主的则必须送批。

李芸将文件交由领导批办。领导应在“批示意见”一栏中签署对工作的具体指示，见表1—1—4。

六、催办

催办是对公文承办情况的督促和检查过程。只有那些有明确时限要求或者领导交代需要催办的公文才催办。催办的目的是为了防止公文积压，延误办理公事。这是提高公文办理效率的有效措施。为做好催办，秘书应向承办人确认交代事项的完成时间，以及办理过程中重要环节的阶段性完成时间。建立回告制度，要求承办人主动向交办人回告办理进展。而作为秘书应以身作则，以自身办事的高效作风激励承办人。各种催办方式的优劣比较见表1—1—5。

表1—1—5　　各种催办方式比较表

催办方式	优点	缺点	适用情况
电话催办	方便灵活，催办速度快，节省时间	只能靠接电话人汇报，不能发现文件处理中的复杂问题	常用于对内催办，偶尔用于对外催办
信函催办	不受通话时间的限制，可以讲清情况，有利于承办人及其领导传阅	信函写作、传递耗时间，速度慢	外埠和比较复杂的催办工作
催办卡催办	比写催办信函省时、省力	邮寄费时，速度慢	不常用
登门催办	催办人与承办人面对面交流，可以及时发现问题，帮助承办人解决一些具体困难和实际问题，催办的实际效果较好	当需催办的任务较多而又人员较少时不易落实	重大工作，需要当面反复沟通的工作
会议催办	可以节省时间，提高效率，总结推广承办经验	催办会议的筹备会给承办人增加负担	重大工作，涉及部门众多的工作
简报催办	对久拖不办的部门单位进行适当批评，对办文速度快、质量高的部门单位加以表扬，总结推广办文经验	编制、发送简报较为耗费时间	重大工作，承办周期较长的工作，不同部门承办进度难以统一的工作

催办工作应做到：紧急公文跟踪催办，重要公文重点催办，一般公文定期催办，并随时或者定期向领导反馈办理情况。

在本任务中，可以采用电话催办工作进展，依次给承办单位的负责人打电话联系，并将催办情况做好记录。记录应包括承办单位、接电话人、催办事项、整改进展情况、答复情况等，并将催办结果及时向领导汇报。催办登记表见表1—1—6。

表1—1—6　　催办登记表

催办时间	2010年9月10日	催办方式	电话催办
催办对象	××项目第一施工队	承办负责人	王飞
催办依据	总公司《关于加强安全施工工作的通知》 总经理要求在9月20日之前务必完成通知的部署		
催办事项	落实总公司《关于加强安全施工工作的通知》（A司文字〔2010〕15号）文件精神，撰写安全施工总结和整改计划		
进展情况	1. 已经向各施工组长、工程师、质检员等人员进行了传达。 2. 正在撰写安全施工总结和整改计划，预计在9月15日前完成。		
催办人	李芸		

七、注办

注办指文件承办部门或承办人员在公文办理完毕后对文件的办理情况和办理结果向批办的来文机关报告。这项工作应由承办部门或承办人完成。承办完毕后，将情况和结果填写在文件处理单“处理结果”一栏内。

公文注办一般包括以下内容：一般的传阅文件，在有关人员传阅完毕后，文书人员应注明阅毕的日期；需要办理复文的文件，办理完后要注明“已复文”，并注上复文的日期和文号；用口头或电话答复的要注明时间、地点、会谈或接电话人、主要内容等，并由承办人签字；不需要复文的文件要注明“已办”“已阅”“已摘记”等字样。

技能训练

××分公司收到集团总公司的一份《关于各子公司财务负责人向集团总公司述职的通知》。作为分公司秘书的姜珊将按照收文处理程序进行收文。根据该情景，完成以下练习：

1. 三位同学结组，一位扮演收发室人员，一位扮演办公室秘书姜珊，一位扮演分公司领导，模拟收文过程；

2. 写出各部分收文程序的要领，填写收文登记簿、发文登记簿、文件处理单。

关于各子公司财务负责人向集团总公司述职的通知

×字〔2010〕8号

各子公司：

根据集团总公司规定，为提高企业财务主管人员素质，决定在8月底组织各子公司企业财务负责人对2010年度上半年工作向集团总公司述职。

一、述职的主要内容

根据2010年度××集团工作会议董事长“关于创新提升、做强做大、加快××集团发展新阶段的进程”的总体工作安排和××集团2009年度财务工作总体要求，包括以下主要内容：

1. 2010 年度预算、财务收支计划、信贷计划执行情况，在加强和改进财务及资金管理、坚持收支两条线和资金集中管理方面所做工作。

……

二、请各子企业财务负责人（述职人员名单见附件）根据上述要求认真准备述职书面材料，有关述职时间、地点另行通知。

附件：述职人员名单（略）

××集团总公司（公章）
二〇一〇年八月十二日

任务二 文书传阅

教学目标

◆ 了解文书传阅的要求
◆ 掌握文书传阅的流程
◆ 掌握文书传阅的方法
◆ 能够正确进行文件传阅

任务导入

A 房地产集团第一分公司于 2010 年 8 月 24 日收到集团总部下发的《关于加强安全施工工作的通知》。由于通知原件只有 1 份，而需要了解文件内容的人员较多，因此，要采用传阅的方式使相关人员均看到此文。

假定你是该公司办公室秘书李芸，请根据以上背景，完成文件传阅的工作。

任务分析

企事业单位每天都会有大量的公文材料需要传阅，做好文书的传阅是秘书的日常工作之一。

完成公文传阅任务，首先要明确文书传阅的范围，使应知晓文件内容的人员都能阅读文件。其次要确定本次传阅应该采用的方法，按照科学的顺序进行传阅。此外还要掌握传阅的规范操作要领，防止传阅过程中出现文件遗失。

相关知识

一、文件传阅的基本要求

1. 准确

准确是对传阅文件范围的要求，是指秘书在处理需要传阅的文件时应严格按照文件的阅文范围进行传阅。文件的阅文范围一般包括两种：一种是有明确传阅范围的文件，应严格按照传阅范围进行传阅，既不多传一人也不少传一人；另一种是无明确传阅范围的文件，这种文件又分成两种情况：一是需要领导批示的文件，二是不需要特别办理，只要求有关单位、部门、人员了解的文件。对于前者按照领导批示确定的阅文范围进行传阅，对于后者直接对有关部门和人员进行传阅。

2. 有序

公文传阅，顺序很重要。对所有的公文，秘书一般先送办公室主任阅读、把关，然后送领导，再送相关部门。在实际操作中，秘书既要遵循公文传阅的一般程序，又不能死搬硬套，要特殊情况特殊处理，实际工作中并不是每一天机关所有人都在单位，遇上领导外出，如果还按原定的规范顺序传阅，会影响传阅的时间和进度，就需要适当调整一下传阅顺序，保证公文得以及时传阅。对于需要某个或某几个部门联合承办的且时效要求较强的文件，应该本着承办部门优先阅文的原则进行传阅。即在主要领导传阅后就交给承办部门阅办，然后再送其他领导传阅。

3. 及时

公文传阅的时效性很强，快速和及时地进行传阅是对公文传阅的基本要求。为了保证公文及时传阅应该从以下方面着手：一要取送及时。收到文件后，及时进行清点、登记、分发，保证公文传阅的顺畅。二要遵循传阅顺序，按照顺序有条不紊地进行传阅。三要分类设夹，区别送阅。根据文件的性质分类设夹，对上级机关的指导性文件和需要办理的文件，急需处理的文件和一般参考性文件，要分别对待，分类设夹、传阅，对急件、特急件还应跟踪传阅，确保公文传阅的时效性。四要掌握领导阅文规律。根据领导工作安排和活动规律，捕捉时机送阅文件；也可以根据领导阅文快慢，适当掌握领导每次阅文数量，避免公文的延误、堆积。

4. 安全

安全是公文传阅工作政治性的内在要求，保证公文传阅安全的方法：一是做好文件的接收、登记工作。秘书部门应使用文件传阅、交接登记簿。登记簿上注有文件号、送阅部门、接收人、接收时间、退回时间、备注等栏目。这样规范化的操作有助于避免盲目传阅，防止文件遗失。即使文件遗失也能很快知道问题出在哪里，有利于查寻和确定责任。二是杜绝文件横传，即文件在应阅人之间相互传递。公文传阅应该以秘书部门为中心点进行传阅。三是公文传阅要由专人（一般是办公室秘书）负责，其他人员不得代行其职。办理过程实行单线运作，纵向周转，由机关秘书一人经手，全权负责，以避免多人插手导致的职责不清和相互推诿。四是严格按照阅文范围和领导确定范围组织传阅，既不随意扩大，也不随意缩小。五是设置密级文件夹。封面贴“密件”标志，提醒领导不要带出办公室阅文，密级文件即阅即退，没有阅完的也要暂时收回，以保证公文传阅的安全保密。

二、公文传阅的顺序

秘书在传送文件时，必须分清楚传阅的主次和先后，要根据文件的不同内容、急缓程度进行传阅。组织传阅的原则是急用先看，一般是先送给公司的领导、主管负责人和主管业务部门阅读，再送其他人员。如遇无暇阅读的人员，应适当灵活调整阅文次序。在文件较多的情况下，可分头传送以使需要阅知的对象及早看到文件。公文传阅的流程如图 1—2—1 所示。

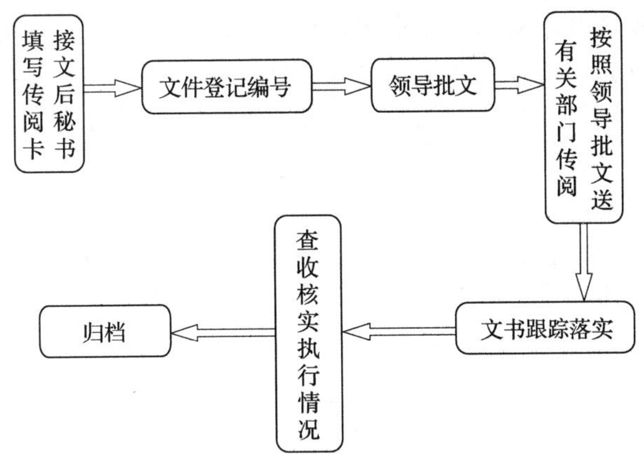

图 1—2—1 公文传阅的流程

三、文件传阅的基本方法

1. 轮辐式传阅

轮辐式传阅是以文书人员为中心，以文件的传阅对象为外围，将需要传阅的文件夹在一起，按照传阅顺序，由中心点即秘书开始传递给第一个人阅读，阅后退回中心点再送第二个人阅读，依次类推，每传阅一人都要退回中心点一次的传阅方法，如图 1—2—2 所示。轮辐式传阅是常用的公文传阅方法，应用时务必注意，不可直接在阅文人之间相互传阅（横向传阅）。这种传阅方法的优点有：可以有效地避免文件横传的弊端，防止文件丢失、混乱和积压等问题发生；可以有效地控制文件，掌握文件的去处；由秘书统一管理可以随时合理地调整阅文次序，加快阅文周转速度。

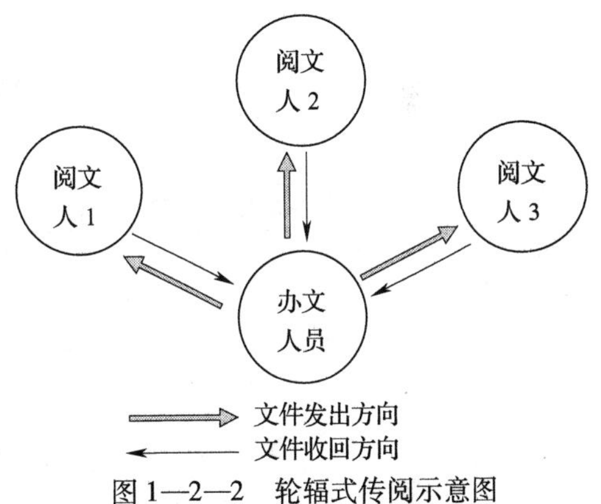

图 1—2—2 轮辐式传阅示意图

2. 阅读室集中阅览

有条件的公司应建立专门的阅读室，由文书工作人员进行管理，有关阅读对象尽量到阅读室阅读文件。这种传阅方法的好处是可以减少公文往返传递的时间和手续，提高阅文效率，有利于公文的安全保密。这是一种值得提倡的公文传阅方法。

任务实施

一、确定公文传阅的范围

根据公文传阅范围的规定，在本任务中，李芸需要组织传阅的是《关于加强安全施工工作的通知》，文件内容涉及单位领导、安全科相关领导以及各施工队负责人。因此传阅范围主要人员确定为：分公司经理张清、安全科长王宏、副科长李云鹏、各施工队队长。

二、选择传阅方式

为了加快传阅速度，提高传阅效率，秘书可根据本单位情况，针对文书的内容，采用适宜的方法组织阅文。

在本任务中，需要阅知的对象不是很多，秘书可以通过轮辐式传阅的方式组织传阅，即先将文件交由单位领导张清阅知。张清阅完签字批示以后由秘书再交安全科长王宏阅知，王宏阅完签字批示后交由副科长李云鹏阅知。在各施工队队长之间的传阅也依此办理。各阅件人都阅完签字后秘书将文件收回。

三、确定公文的传阅顺序

公文的传阅顺序一般应该是先单位领导，然后主管领导，最后承办部门。具体到该案例，李芸在收到公文时应先送给分公司领导审阅，然后再送给主管部门安全科相关人员一一阅览。文书传阅流程如图 1—2—3 所示。

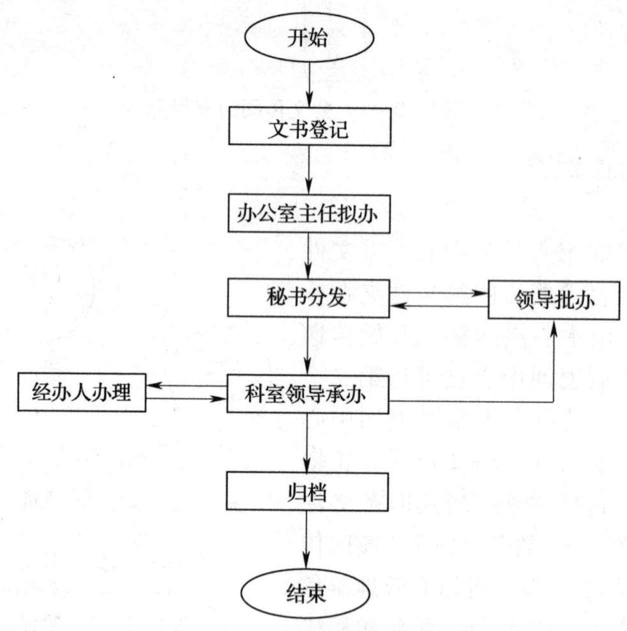

图 1—2—3　办公室文书传阅流程图

四、传递文书

根据确定的传阅对象和传阅方式，将文书准确传递到接收者手中。具体到本任务，传递文书前应先填写文件传阅单（见表 1—2—1），其内容一般包括文件字号、传阅日期、传阅者姓名或部门、签字、阅文意见构成。

表 1—2—1　　　　文件传阅单

<table>
<tr><td>来文单位</td><td colspan="2">A 房地产总公司</td><td>文件标题</td><td colspan="3">关于加强安全施工工作的通知</td></tr>
<tr><td>来文字号</td><td colspan="2">A 司文字〔2010〕15 号</td><td>收文日期</td><td>2010. 8. 24</td><td>收文顺序号</td><td>21</td></tr>
<tr><td>传阅范围</td><td colspan="6">总经理、安全科负责人、各施工队队长</td></tr>
<tr><td>阅件人</td><td>阅件时间</td><td colspan="2">阅件人签名</td><td colspan="3">意见</td></tr>
<tr><td>张清</td><td>2010. 8. 24</td><td colspan="2">张清</td><td colspan="3"></td></tr>
<tr><td>王宏</td><td>2010. 8. 25</td><td colspan="2">王宏</td><td colspan="3"></td></tr>
<tr><td>李云鹏</td><td>2010. 8. 26</td><td colspan="2">李云鹏</td><td colspan="3"></td></tr>
<tr><td>赵鹏程</td><td></td><td colspan="2"></td><td colspan="3"></td></tr>
<tr><td>王飞</td><td></td><td colspan="2"></td><td colspan="3"></td></tr>
</table>

将文件传阅单的基本信息填写好后，将其附于文件之前，共同放入文件传阅夹，然后依次将该文件夹交给传阅范围的人员。

五、收回并检查文件

传阅文件每一次退回到秘书手中后，秘书要认真清理检查，检查内容包括：有无漏传应阅人，有无批办意见，有无阅文时间过长，有无短缺文件，文件有无破损。对传阅退文情况进行全面记录标注，以备查考。所有传阅人都阅读结束后，秘书一定要将文件及时收回，并妥善保存。文件传阅单要从文件夹中撤回并单独保管。

六、填写传阅文件登记表

文件传阅完毕后，秘书要根据文件传阅单填写传阅文件登记表（见表1—2—2）。该表是对所有传阅文件的集中登记，以便掌握传阅情况。传阅文件登记表一般包括每份文件的收文顺序号、收文日期、来文单位、文件标题、来文发文字号、密级、份数、传阅情况以及备注。

表1—2—2　传阅文件登记表

收文序号	收文日期	来文单位	文件标题	文号	密级	份数	传阅情况	备注
6	……	……	……	……	……	……	……	
7	20100824	A集团总公司	关于加强安全施工工作的通知	A司文字〔2010〕15号	无	1	张清已阅 王宏已阅 李云鹏已阅 ……	

技能训练

一、李丽是××公司的办公室秘书，2010年10月15日收到上级主管部门的一份《关于加强安全保卫工作的通知》，行政经理批示，由保卫部牵头，办公室、宣传部协助开展安全保卫工作。李丽负责该文件的传阅。根据该情景演练文件传阅过程，要求一位同学扮演办公室秘书李丽负责文件传阅，再找四位同学分别扮演该公司行政经理、保卫部、办公室、宣传部领导。

二、某大学办公室秘书，2010年12月8日收到上级主管部门下发的一份《关于加强做好甲型H1N1流感的预防工作的通知》。如果你是该大学的办公室秘书，你将如何做好该文件的传阅工作？写出传阅文件的过程。

任务三　发文办理

教学目标

- 掌握文书发文各环节的要求
- 能够按制度进行发文处理

任务导入

A 房地产集团公司为了及时完成某工程项目，导致各部门员工经常加班。为鼓舞员工干劲，公司根据国家有关规定，经研究决定为加班员工支付加班费，因此准备拟定一个关于发放加班费的通知，并将通知分发给各个所属部门。

假定你是集团公司办公室秘书王玲，请根据以上背景，完成该工作。

任务分析

发布文件是文书工作的重要内容之一，包含一系列的工作程序：草拟、审核、签发、复核、缮印、用印、登记、分发。

秘书应深入了解关于文书的基本知识，结合本次发文任务的具体情况，认真考虑文件的内容、行文关系、组织结构等因素，充分掌握发文工作每个环节的具体要求，在此基础上及时、规范地将文件发送到收文机关。

相关知识

发文是指由机关撰制并向外发出的一切文件。发文办理是指各单位答复外单位来文或根据需要向外单位主动发出文件的过程。发文办理包括两个阶段：第一阶段是制文阶段，这是发文办理的基础；第二阶段是制发阶段。

一、发文办理的程序

2001 年开始实施的《国家行政机关公文处理办法》指出，发文办理主要包括草拟、审核、签发、复核、缮印、用印、登记、分发等程序。在现实中，可根据这一规定结合部门实际作出适当调理，但基本程序应贯彻该办法的要求。办公部门的发文流程如图 1—3—1 所示。

其中从草拟到签发属于制文阶段，从复核到分发属于制发阶段。

二、文书的格式

文书的格式与稿本始终会伴随在整个文书工作中，既是文书工作的重要内容，也是文书工作规范化的重要体现。

文书的格式有两种含义：一是指某一特定的文种在构思、内容、结构等方面的规律和规范；二是指文书在载体（主要是纸质载体）上的表现样式和视觉外观。这里所讲的“文书格式”是指后一种含义，也就是文书的内容、构成要素在平面化的纸质载体中的布局样式和表现。由于纸质载体的使用历史悠久，已被广为接受，成为文书权威性和严肃性的象征，所以本书主要侧重介绍纸质载体格式。

为了满足不同的使用需要，文书形成了以下三种格式。

1. 普通格式

日常工作中的许多文件，如讲话稿、计划、总结、调查报告等，按照一般文章的样式进行排版印发，没有显著的特征或标志，就是“普通格式”。普通格式的文书制作灵活简便，但会存在较大差异，规范性、权威性和严肃性比较弱。

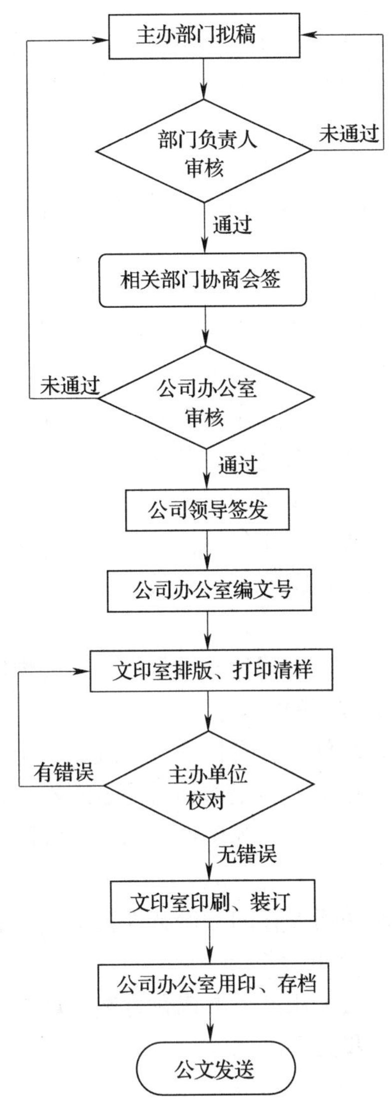

图 1—3—1　办公部门发文流程

2. 行政公文格式

根据《国家行政机关公文处理办法》和《国家行政机关公文格式》等法规而制作的具有法定效力的公文格式，是法定公文文种所使用的规范化、标准化的格式。这种格式的公文具有眉首、主体、版记三大部分，每一部分又细分为若干构成要素，每一构成要素都有严格的规范。具体的格式标准请参考相关书籍，此处不再赘述。

使用行政公文格式需要特别注意：一是只有列入《国家行政机关公文处理办法》的文种才能使用这种格式，其他文种不能使用；二是该办法所列出的文种中，命令、通告、会议纪要等少数文种在制发时和其他文种格式存在差异；三是只有法定机关才可以使用，基层单位、部门和个人不能使用。

3. 专业格式

在特定专业、行业、领域使用的专业文书具有相对统一的格式，使用者在制发这类文件时应遵守格式惯例。如合同类的各种文书具有大体相似的格式。

三、文书的稿本

文书的稿本是指某一文件在制发的整个流程中（撰写、审核、印制等环节）根据需要而形成的不同文稿和文本，它们在内容、形式、作用等方面均存在不同程度的差异。

1. 文稿类型

根据文件内容的成熟程度来划分，可以分为草稿和定稿两大类型。

草稿（也称草案）是文件的初始稿本，是在撰制、草拟、起草过程中形成的文件，它的内容尚不确定，还可能需要进行多次修改或讨论，经过上级的审批才能确定。草稿不可作为执行的依据，一般情况下在内部使用，不可随意公开，如果需要公开征求意见，必须注明“草稿”或“征求意见稿”等字样，以免受到误解。

定稿是文件在经过讨论、修改、审批后，内容已经完全成熟确定，经领导签发或会议表决通过的完成稿本，是缮印和发出正式文件的标准和依据。文件在印发时，应以定稿为基础进行录入、校对。定稿被正式发布后就开始产生效力。

2. 文本类型

根据定稿印制的文件就是文本。不同的文本具有相同的内容，只是由于使用环境或要求的影响而产生格式、语言种类等方面的差异。

正本是根据定稿印制的正式文件，具有标准的格式，有明确的主送机关，能够产生实际效力。正式行文的文件一般都是正本。与正本相对的是副本，是伴随着正本而产生的，如接到抄送文件的机关就可以将抄来的文件视为副本，而该文件的主送机关所收到的文本则为正本。

存本是发文机关为了留作查考而保存的一份文件正本，它的作用主要是发文机关为了检查、核对而保存的，以便于澄清责任。

在发布规章制度时，经常还会使用试行本或暂行本。这两种文本都必须执行，只是内容还需要在施行一段时间之后进一步完善。

任务实施

在本任务中，秘书王玲可按照如下步骤来完成发布通知文件这一工作。

一、草拟

草拟也称拟稿，是秘书接受领导的发文意图后严格按照领导意图拟写公文的过程。草拟是发文处理工作中的一个关键性环节。草拟质量的好坏，体现了文秘人员的基本功，关系着发文质量的好坏。

具体到本任务中，应做好以下工作。

第一，领会领导意图。在接受写作任务时，秘书应和领导进行充分的交流沟通，这一步骤也称为“交拟”，也就是领导或文秘部门负责人向拟稿人交代说明撰拟任务的过程。在这一环节，秘书务必正确领会领导的意图，在本任务中主要包括加班费的发放标准、发放对象等。

第二，收集组织材料。在本任务中，秘书应收集的材料，包括国家关于加班的法规以及本单位的相关制度。

第三，构思。秘书应根据国家相关法规和本部门规定拟定本单位的加班费发放标准，确定发放范围以及发放要求。

第四，撰文。将前期构思润色加工并按通知写作要求写出初稿，见下文。

关于加班费发放问题的通知

各分公司、直属各部门：

由于目前公司工程急迫，造成大家经常加班，非常辛苦。但是由于公司无法再招新员工，只好大家咬紧牙关，共渡难关。当然，领导不会让大家白忙活，公司一定会根据国家相关法律法规发放加班费的。下面将有关事项通知如下：

一、发放对象：公司所有员工

二、发放的时段：八小时以外

三、发放的标准：个人每小时平均工资的二倍

四、注意事项：加班员工要有部门领导签字和最少一位同事口头或书面证明。相关材料三天以内报批。

总公司办公室

二〇一〇年八月十九日

二、审核

审核也称核稿，是指机关秘书部门或负责拟稿的业务部门负责人在公文送相关领导签发前对草拟文稿的内容、体式、文字等进行全面核对检查的过程。这一环节通常是由办公厅（室）负责或由具有工作经验、水平较高的秘书承担。

王玲将拟好的通知草稿交由秘书部门主管刘琳审核，审核的要点包括：

1. 审核有无行文的必要

这是从行文的必要性和可能性进行的审核。对于那些现实确实需要解决而又具备了解决条件，有可能解决的问题才能发文。具体到本任务而言，秘书部门主管刘琳应首先审核该通知有无发文的必要，也就是审核总公司工作中是否确实有发放加班费的必要，以及现在公司有没有能力发放加班费。经审核本单位确有行文的必要，可以行文。

2. 审核文件文种是否恰当

检查文种是否适当，标题是否达意，密级、处理时限定是否妥当，主送机关和抄送机关是否符合规定等。具体到本任务而言，刘琳应检查该文件用通知这一文种是否合适，草稿中“关于加班费发放问题的通知”这一标题是否准确概括了事由内容。经审核，通知草稿的标题不合适，其中“问题”一词使用不当，应改为《关于发放加班费的通知》。密级和处理时限规定妥当，主送机关和抄送机关也符合规定，可以行文。

3. 审核文稿内容是否合法

具体审核文稿内容是否有与党和国家的有关政策、法令以及上级的指示、决定等相抵触之处。审查文稿内容与本机关以前的发文有无前后不一致和自相矛盾之处。如发现问题，则按有关程序解决。经审核，在本任务中发放加班费的工资标准与现行国家劳动法

相关法条不符，法定节假日加班应按正常工资标准的三倍发放，在本通知中没有体现，而是一律按平时工资的两倍发放。在这里应将平时加班的加班费标准和法定节假日的加班费标准区别开来。

4. 审核要求、措施是否明确具体切实可行

检查文稿的内容政策界限是否写得清楚明确，有无笼统含糊、模棱两可、前后不一致之处，有无规定过于机械、烦琐之处，检查文稿中所提的措施是否可行等。经审核发现，该案例中发放对象设定不合理，不应是“全体员工”而应是“全体加班员工”。发放时段规定也不明确，应是“法定工作时间八小时以外”而非笼统的“八小时以外”。

另外，审核草稿还要确认是否有必要使用附件。本任务中，草稿提出员工申请加班费需要领导签字和书面证明材料，但是并没有给出这些书面材料的样式，就会导致在实际工作中无法具体落实。审核工作中应当及时发现问题，并提出改进措施。在本任务中，可以事先设计好统一的《加班费申请表》（见表1—3—1）和《加班证明》（见下文），两份材料作为附件，随同通知一起下发。

表1—3—1　　加班费申请表

序号	所属部门	姓名	加班累计时间（小时）	部门领导签字	备注

加班证明

______（部门）员工______（姓名）于下列时间加班工作，

____年____月____日____时—____时

____年____月____日____时—____时

____年____月____日____时—____时

____年____月____日____时—____时

____年____月____日____时—____时

特此证明。

证明人：

____年____月____日

5. 审查是否涉及其他职能部门以及是否经过协商一致和会签

主要审核文稿在处理程序上是否妥善完备。如发文的机关是否合适，是否还需交一定的会议讨论通过，涉及其他部门或地区职权范围内的问题是否协商一致并经过会签或上级机关的批准等。在本任务中，由于该通知为本公司发文，所针对的工作也仅限于本公司内部，不涉及其他平级机关，故无须会签。

6. 审查拟办的公文用语是否恰当

检查文字叙述是否通顺、简练、准确，是否合乎语法逻辑，有关数字是否已经核对，写法是否得当，标点符号是否正确等。经审核王玲拟写的通知草稿口头用语过多，例如“白忙活”，同时文字不够简练，应重新修改。

经过以上审核与修改之后，可以定稿，并将定稿内容完整准确地填入“发文稿纸”（见表1—3—2）。发文稿纸的定稿内容，可以作为后继的签发、复核、缮印、校对等工作环节的依据。

表1—3—2　　　　发文稿纸

密级：无　　紧急程度：急件

<table>
<tr><td rowspan="2">签发意见（会签意见）：
同意发文
签字：张龙飞
2010年8月19日</td><td>主办单位拟稿人：王玲</td></tr>
<tr><td>主办单位核稿人：刘琳</td></tr>
<tr><td>事由：加班费发放的事宜</td><td>附件：1. 加班费申请表　2. 加班证明</td></tr>
<tr><td colspan="2">主送机关：（受文对象）各分公司、直属各部门
抄送机关：无</td></tr>
<tr><td>主题词：奖励、加班费、通知</td><td>打字：刘笑笑　校对：王玲
共印：12份</td></tr>
<tr><td colspan="2">发文字号：A司办字〔2010〕19号　　成文日期：2010年8月19日</td></tr>
<tr><td colspan="2">正文

关于发放加班费的通知

各分公司、直属各部门：
鉴于目前公司工程紧迫，人手紧张，各部门频繁加班，为了奖励员工的辛勤工作，公司将根据国家有关法律规定发放加班费用。有关事宜通知如下：
一、发放对象：公司所有加班员工。
二、发放的时段：法定工作时间8小时以外的工作时间。
三、发放的标准：法定工作时间以外的非法定节假日的时间按个人每小时平均工资的2倍发放，法定节假日时间按个人每小时平均工资的3倍发放。
四、注意事项：加班员工要有部门领导签字和最少一位同事书面证明（见附件）。各部门负责人请根据工作记录、员工证明等材料统一填写《加班费申请表》（见附件）并签字。相关材料受理时间从2010年8月19日早8点到8月22日晚18点。
附件：1. 加班费申请表
2. 加班证明

公司办公室
二〇一〇年八月十九日</td></tr>
</table>

三、签发

签发就是文书经由有权签发的领导对文稿进行最后的审核并签署意见的过程。由于签发人要对签发的文件全面负责，所以签发之前必须认真审核。签发人要对文书的内容、主题、逻辑、语法、行文、文字、格式等进行全方面细致审核。如经审核文书有问题，签发者可以修改，也可以做出批示然后交由拟稿的秘书修改；如经审阅文书无大问题，签发者应签署三项内容：明确的意见或批示、签署人姓名、签发日期。

需要注意的是，如果文书内容是涉及其他机关部门的公文，或是由几个机关或部门联合发文的公文，那么应当与有关部门进行会签。会签是指这些准备联合发文的机关或部门，对文稿草稿进行协商，取得一致意见后共同签发行文。送请会签，应由主办该公文的机关或部门负责。联合发文的成文日期，以会签的最后一位领导人签发的日期为准。

签发时应在发文稿纸的签发栏内写明意见，并签署姓名和具体日期。签署意见必须明确，不能模棱两可。字迹要清楚、端正。如需要送机关领导人审阅的，要写明“请某某领导同志审阅后发”。若审批人圈阅或签名，应视为同意。受领导委托代行签发职责的，要注明“某某代签”字样。

具体到本任务而言，签发处理方式见表1—3—2。

四、编号

编号即指编写发文字号，同时也包括编写文件的份数序号。

发文字号即文件发文顺序的编号，按照发文的数量来编号，同一份文件只有一个发文字号，它是今后引用、检索文件的重要依据，必须按统一的规则确定。发文字号应反映出该文件的制发机关，制发文件的年份和该文件在制发当年所发文件中的顺序，结构包括发文机关代字、年份、序号。年份、序号用阿拉伯数码标识，年份应标全数，用六角括号“〔 〕”括入。序号不编虚位（即1不编为001）也不加“第”字。

公文份数序号是指将同一文稿印制若干份时每份公文的顺序编号，通常称为“份号”，主要用于机密或绝密文件中，如果一份文件不需设置保密等级，则不用编制份号。本任务中，发文字号为“A司办字〔2010〕19号”（见表1—3—2）。因本文未涉及保密事项，没有保密等级，因此份数序号可以省略。

五、复核

复核指在公文正式印刷之前，秘书部门对文件定稿进行再次审核的工作。复核的内容是：审核审批、签发手续是否完备；附件材料是否齐全；格式是否统一、规范；是否有错别字、漏字等。复核的重点在于文书的形式和程序。

A总公司文秘主管刘琳对文件定稿进行再次审核。这次复核主要审查以下内容：签发手续是否完备（如内容涉及其他部门应考虑是否需要会签）；附件材料是否齐全，有无丢失或污损；公文格式是否规范。

具体到本任务，签发手续已齐备，公文格式规范，可以送往打印室进行缮印。

六、缮印与校对清样

缮印指根据发文定稿进行排版印制文件正本的过程。缮印文件的种类包括打印、胶印、铅印和复印。缮印必须严格按照相关的国家标准规定执行。缮印公文的具体要求是：第一要准确，应以签发的定稿为依据，从文字到格式，严格依据签发定稿不得擅自改动，如发现定稿中确有错漏之处需要改正，也应向上汇报，由拟稿人或审核人进行重新审核和修改；第二要规范，严格按规定的公文格式制版；第三要及时，指将公文在规定的时间内印制完成，急件应优先印制；第四要整洁清晰，确保印制出的公文不被污染，干净整洁，字迹清晰，易于阅读。

具体到本任务，应及时将《关于发放加班费的通知》签发稿送到公司文件打印室进行缮印。在缮印过程中应将印制出来的文本清样与定稿再次进行逐字逐句、逐个标点的校对，对数字、地名、人名等关键词语，更要反复校核，对公文的发文字号、密级、紧急程度、标题、主送单位、抄送单位、日期、印刷份数、页码等尤其需要逐一校核。注意消除和纠正排版错误，做到字体、字号、格式的统一。通常文稿不长，一校、二校即可，文稿较长或很重要，校对的次数相对要多一些。应使用统一的校对符号进行校对，防止因校对符号不一致而发生误解。重要公文还应将校对后的清样送领导人审阅、修改。校对无误之后填写缮印登记表（见表1—3—3）。

表1—3—3　　　　缮印登记表

序号	文件标题	送文单位	送文时间	印文数量	印完时间	取件人姓名	缮印人姓名	备注
1	关于发放加班费的通知	经理办	2010年8月19日	12份	2010年8月19日	王玲	赵红	

七、用印

用印也就是在印好的文件正本的落款处加盖机关公章，是证实公文效用的一种方式。用印的文件必须是已签发的文件。要按规定用印，用印的位置应在发文日期上，做到上不压正文，下要骑年盖月，印章端正，印色朱红，浓淡适宜，印迹清晰。

具体到本任务，所有工作程序完成后的文件如图1—3—2所示。

八、登记

在文件发出之前对文件的主要内容和基本要素进行记录、检查。登记主要作用是为了方便对发文的统计、核查。登记的具体内容一般包括：顺序号（文件在登记簿中按顺序登记的流水号）、发文日期、发文字号（文件的正式发文编号，发文字号由发文机关代字，发文年份和发文顺序号组成）、文件标题、附件、密级、份数、发往机关、备注。

本任务处理方式见表1—3—4。

卓越房地产公司文件

A 司办字〔2010〕19 号

关于发放加班费的通知

各分公司、直属各部门:

鉴于目前公司工程紧迫，人手紧张，各部门频繁加班，为了奖励员工的辛勤工作，公司将根据国家有关法律规定发放加班费用。有关事宜通知如下:

一、发放对象：公司所有加班员工。

二、发放的时段：法定工作时间 8 小时以外的工作时间。

三、发放的标准：法定工作时间以外的非法定节假日的时间按个人每小时平均工资的 2 倍发放，法定节假日时间按个人每小时平均工资的 3 倍发放。

四、注意事项：加班员工要有部门领导签字和最少一位同事书面证明（见附件）。各部门负责人请根据工作记录、员工证明等材料统一填写《加班费申请表》（见附件）并签字。相关材料受理时间从 2010 年 8 月 19 日早 8 点到 8 月 22 日晚 18 点。

附件：1. 加班费申请表

2. 加班证明

二〇一〇年八月十九日

主题词：奖励 加班费 通知

抄送：无

A 房地产公司办公室　　2010 年 8 月 19 日印

图 1—3—2　印制成文

表 1—3—4　　A 公司发文登记簿

序号	发文日期	发文号	文件标题	附件	密级	份数	发往机关	备注
1	……	……	……				……	
2	2010 年 8 月 19 日	A 司办字〔2010〕19 号	关于发放加班费的通知	无	无	12 份	各分公司、直属各部门	

九、分发

分发又叫封发，指对印制完毕、需要发出的文件按分发的范围作分装和发送的过程。分发文件总的要求是要使文件准确、合理地进行定向、定速、定量的流动。文件分发由文秘部门承担，包括书写封面、装入文件、封套封口、登记、发送文件等一系列工作。做好分发工作的总体要求是：份数准确，书写正确，封口牢靠，发送安全，确认收文。具体操作步骤如下：

第一步，封装文件。封装前要先看发文稿纸注明的发送单位、密级，有无附件，然后根据发送文件份数，要对发出的文件数量认真清点，确认份数无误，特别要注意附件是否有漏缺，文件有无缺页、倒页、错页等现象，文件有无漏盖印章等问题。

第二步，书写文件封面。文件封面的书写必须清楚、正确，邮编地址、部门名称、姓名称谓都要书写工整，不得滥用简称和不规范的字体；文件如有紧急、密级等特殊要求的必须在封面上加盖相关戳记。

第三步，装封。文件装入封套时要注意短于封口，封口要牢靠、严实，不能用订书钉封口，应用浆糊或胶水、胶棒封实，有密级的文件还要按密封的要求贴上密封条并骑缝加盖密封章。

第四，发送。文件发送要按照文件自身的情况通过不同的渠道。文件发送的渠道主要有电信传送和人工传送。电信传送指通过电传、传真、网络等形式传输文件，但对机密文件的传输必须采用加密方式。大批寄发的普发性文件，可印制成套的信封，以节省书写时间，避免书写差错。具体到本任务，将三份《关于发放加班费的通知》按要求给下属的三个分公司装封发出文件即可。

第五，归卷。文件封装发出以后，文秘人员应将发文稿纸、定稿和两本文件正本及时归卷，以留待查考和年终立卷归档。

技能训练

××分公司经理接到总公司通知要求各部门上交年度工作总结。经理将此任务下派给秘书部门的王秘书。根据这一情景，完成下列练习：

1. 表演王秘书从拟写年度工作总结到发文的全过程；

2. 分角色模拟发文过程。角色设置为办公室秘书 1 人，办公室秘书长 1 人，公司经理 1 人，复印室复印人员 1 人。为每个角色设计必要的台词和动作；

3. 演练过程中撰写相关的文件，设计所使用的各类表格；

4. 演练结束后评议其中存在的不足并提出改进办法。

课题二

文书管理工作

任务一　文书收集

教学目标

◆ 了解文书收集的范围
◆ 了解鉴别文书归档价值的标准
◆ 掌握收集文书的方法
◆ 能够妥善保管文书

任务导入

李芸是A房地产集团公司第一分公司办公室秘书，在日常工作中接触到大量的文件，有上级来文、本公司对外的发文，也有下级上报的文件。领导要求李芸在平时工作中保管好这些文件，以便在年末将其中有价值的文件归档。为了防止文件遗失，李芸在日常工作中非常注意收集往来的文书。但是有一次她在整理所收集的文件时发现，总公司答复《关于设立培训部的请示》一文的批复找不到了。

假定你是李芸，请根据以上背景，完成文件收集和保管的工作。

任务分析

在日常工作中及时、全面地收集各类文书，是归档工作的重要保障。企业工作中往来的文书类型多样，数量较多，而且文书分布的部门和人员往往比较分散，给收集文书造成了不小的困难。

为了较好地完成这项工作，秘书应深入了解文书收集的范围，对需要保存的文书能够进行鉴别。并熟练掌握收集文书的一些基本方法，能够妥善保管已经办理完毕而又尚未归档的文书。

相关知识

文书收集，就是根据有关规定，通过一定的方式和手续，把散存在机关内部和个人手中的文件材料加以清交、聚集的工作。《中华人民共和国档案法》第十条规定：“对国家规定的应当立卷归档的材料，必须按照规定，定期向本单位档案机构或者档案工作人员移交，集中管理，任何个人不得据为己有。”在各种类型的社会组织内部，也往往有相关的类似规定。

收集文件是归档整理工作的首要程序。秘书收集文件的工作，在本质上是为了便于向档案部门移交和归档，是档案收集的“前奏”。应归档文件材料能否收集齐全、完整，直接影响着整理工作的开展，是确保整理工作质量的前提条件和物质基础。

一、文书收集的范围

文书收集的范围主要包含两方面的含义：一是收集文书所涉及的部门、人员的数量和范围，也就是在哪些部门、哪些人员中来收集文书；二是指所收集的文书的数量和范围，也就是哪些文书、文件需要收集保管。

1. 收集文书所涉及的部门和人员

从宽泛的角度来说，收集文书应在组织内部的所有部门中进行，也就是收集本单位所有部门、岗位的发文、收文以及内部文件。

在规模比较小而且内部部门数量较少的单位能够实现这种做法，承担这一工作任务的部门就是单位办公室，由秘书来负责具体实施。如果单位规模比较庞大，组织体系复杂，内设部门比较多，那么由单位办公室面向所有部门收集文件的操作难度就会很大。所以在这种情况下，就由各部门的文秘人员来负责收集本部门的文件，然后再将所收集的文件交付给单位办公室。无论是哪一种情况，文秘人员在收集文书时都要突出重点，也就是重点关注特定的部门和特定岗位上的人员。

收集文书的重点部门主要有单位办文机构（一般为办公室或部门办公室）、骨干业务部门（如商贸企业的销售部或市场部）、要害业务部门（如财务部）。收集文书涉及的重点岗位和人员一般为单位主要领导、办公室主任、部门主要领导、秘书以及内勤人员等。

2. 收集文书的内容与类型

从原则上讲，秘书在收集文书时，所针对的文书范围和归档范围（企业归档范围可参阅下一任务“文书整理与归档”的相关介绍）应一致，也就是说收集归档所需要的文书。为了保证归档的质量，在实际操作时也可以在归档范围的基础上适当扩大收集范围，从而为归档筛选提供充足的材料，防止出现应归档而未归档的现象。一般而言，凡是本单位在工作活动中形成或使用的、办理完毕的，对以后工作有查考利用价值的公文、电报、各种记录、机关出版物以及各种图表、簿册、照片、录音录像等都应齐全完整地收集起来，这些文书记述和反映本机关主要职能活动、历史面貌、方针政策和科研状况，能够发挥凭证作用。这些文书的来源主要是四个方面：一是本单位形成的，二是上级单位颁发的，三是下级部门上报的，四是同级和不相隶属机关抄送的。具体而言，收集的文书主要有以下两种类型。

（1）正式文件。正式文件是指经过了严格的收发文办理程序而形成的文书，一般具有特定的格式特征，例如“红头文件”等。这类文件能够反映本单位的工作活动，具有较大的查考利用价值，主要包括：

1）反映本单位主要职能活动和基本历史面貌的，对本单位工作、国家建设和历史研究具有利用价值的文件材料；

2）单位工作活动中形成的在维护国家、集体和公民权益等方面具有凭证价值的文件材料；

3）本单位需要贯彻执行的上级、同级的文件材料或下级报送的重要文件材料；

4）其他对本单位工作具有查考价值的文件材料。

（2）非正式文件。非正式文件是相对于正式文件而言的，是在日常工作中根据需要以较为便捷的方式形成的文件。这些文件没有经过严格的公文收发文办理程序，没有严格统一的发文字号和格式特征，常见的有：

1）本单位领导和有关部门负责人参加上级召开的会议带回的文件材料，尤其是本单位领导在会议上的讲话、发言以及会议上印发本单位的典型材料；

2）代上级拟稿并被采用的文件定稿和印本；

3）上级机关批转、转发本机关的文件；

4）上级领导视察、检查本单位工作时的指示、讲话、题词和声像等材料；

5）本单位召开的各种会议所形成的会议记录、简报、讲话稿等文件材料；

6）本单位各种基础数字统计报表和分析材料，如党（团）员统计表、离（退）休干部统计表、保险福利费用构成情况报表、资产统计报表、财务决算报表等；

7）领导干部个人重大事项的情况报告、本单位领导及员工的述职报告；

8）本单位目标管理、文明建设、廉政建设、纪检监察、综合治理、计划生育等工作以及突发事件、重大活动中形成的文件材料；

9）本单位员工定级、晋级、任免、调动、奖惩、考核、录聘、离退、职称评定等人事方面的审批材料；

10）本单位制定的规章制度、管理办法、规定、工作条例、岗位职责等；

11）本单位财产、档案交接凭证；

12）本单位编印的出版物定稿、样本等；

13）本单位与其他社会机构签订的各种合同、协议书等；

14）本单位检查下级部门的工作、调查研究时形成的文字材料；

15）新闻媒体报道、转载本单位工作活动的文章、图片、采播通知单等；

16）政府部门在采购过程中所形成的报告、标书、合同等材料。

二、收集文书的基本方法

收集文书的基本原则是要做到齐全完整。“齐全”是针对应收集的全部文书整体而言，也就是把本单位制发的和外来的文件材料全部收集起来。“完整”是针对应收集的某份文书个体而言，也就是在收集一份文件的正件与附件、印件与底稿时要做到不缺件、不少页。为了达到齐全完整的要求，在收集文书时应注意采用以下方法。

1. 做好日常收集工作

各类社会机构在发挥自己职能的社会活动中，经常伴随着文书的产生和应用，而且这些文书的形成和运转是根据需要决定的，往往表现为一定的随机性和不确定性。同时，这些文书会在相关的多个部门及人员手中使用，存放比较分散。面对单位文书应用的这种情况，如果想在某一时间“突击”进行文书收集，往往事倍功半。

收集文书是一项需要长期坚持才能显现效果的工作，因此文秘人员在日常工作中就应注意随时做好文书的收集工作，要特别注意三点：一是及时将在各部门分布而且已经办理完毕的文书收回并妥善保管，切忌将文书长时间闲置在其他部门或人员手中；二是在办理发文工作时要合理估算印发的份数，为收集文件保留必要的余额；三是在办理收文工作时要注意文书的去向，及时了解文书传阅的进展，能够及时收回传阅的文书。

2. 充分利用文件登记表

在文书工作中会使用到多种文件登记表，例如收文登记表、传阅文件登记表、打印文件登记表、文件处理单等。这些登记表比较详细地记录了文件的基本信息以及审批或签发的凭证信息，为收集文件提供了依据和线索，根据登记表可以准确了解文件的数量、去向、办理情况等信息，因此在工作中应充分发挥这些登记表的作用，会起到事半功倍的效果。

3. 专项活动的文书集中收集保管

单位工作中往往会有一些专项活动，如会议、庆典、项目等。围绕这些专项活动会产生一些文书，这些文书的显著特点是具有较强的关联性，往往体现为时间前后顺序或逻辑关联。因此在进行专项活动的文书收集时，要注意利用文书之间的这种关联性，在专项活动实施的不同阶段集中开展文书收集工作，这样可以有效防止文书遗失。对于收集的文书，要集中保管，减少在归档整理环节的重复劳动。

4. 请示与批复的文书收集

请示是下级单位向上级领导单位发出的上行文，内容主要是向上级机关请求指示、批准。批复则是上级单位针对下级单位的请示而做出明确答复的文件。请示和批复具有密切的关联，是上下级领导关系的重要体现，更是下级单位开展工作的重要依据。对于基层单位而言，请示与批复这两种文件的收集整理是非常重要的工作。

在行文实践中，下级单位的办文人员常常面临只有请示而批复遗失的情况，主要原因是承办部门会保留批复而未能及时将其归还给办文人员。因此，办文人员在收集文书时要特别留意只有请示而缺少批复的情况。

同时，还存在上级单位已经做出批复，但是下级单位办文人员没有保存的情况。这种情况往往是针对添置固定资产、调拨经费等工作，批复文件一般由财务部门或业务部门直接用批复原件去办理划拨、添置手续，办理完后将批复原件和凭证一起归入会计档案，所以办文人员就未能掌握批复原件。针对这种情况，应明确要求相关手续办理完毕后，由文书人员负责保管批复原件，可以提供批复的复印件与会计凭证归档。

批复遗失还有一种极为特殊的原因，即批复没有以正式书面文件作出，而是以电话或口头方式对请示事项进行了答复。下级单位根据上级领导的口头批复去办理相关工作，形成既定事实。如果在收集整理文件的过程中发现这样的请示，应由承办人员在请示文件上注明办理的具体情况，并加盖公章后归档。

如果上级直接在请示原件上批复而没有单独行文，那么按照正常要求将此份请示整理即可。如果下级单位就某一事项进行了多次请示，上级仅做出了一份批复，那么在收集整理时应将批复文件所针对的最后一份请示随批复一并整理，前几次请示文件可不归档。

三、鉴别筛选文书

在收集文书时，往往会求多、求全，其中难免会有一些无存档价值的文书，如果不加选择地全部进入到归档环节，那么无疑会极大地增加档案管理人员的工作负担，降低归档文书的整体质量，因此十分有必要在收集文书之后对文书进行鉴别和筛选。

鉴别和筛选所收集的文书，目的主要是将没有存档价值文书挑选出来另行存放保管或者销毁，从而保证进入归档环节的文书材料符合归档标准。对收集的文书进行筛选的标准可以参考归档文件目录（具体内容可参见本课题任务二“文书整理与归档”中的相关介绍），除此之外，以下文书可以直接排除或另行存放：

第一，上级单位发来的文件中，普发性不需本单位办理的文件，任免、奖惩非本单位人员的文件，供工作参考的抄送文件等；

第二，本单位文件材料中无查考利用价值的事务性、临时性文件，一般性文件的草稿、修改稿、校对稿等，无特殊保存价值的信件，不需办理的一般性电话记录，机关内部互相抄送的文件材料，本单位负责人兼任外单位职务形成的与本单位无关的文件材料，有关工作参考的文件材料等；

第三，同级单位的文件材料中不需贯彻执行的文件或不需办理的抄送文件等；

第四，下级单位上报的文件材料中供参阅的简报等；

第五，外出参加各种会议、交流活动带回的交流材料、宣传品、图书等。

四、保管文书的基本要求

收集的文书要由专人负责保管，妥善放置，防止丢失和损坏，为移交归档做好准备。

1. 保证文书的安全与完整

收集的文书一般是已经办理完毕的，因此不少人会错误地以为这些文书已经失去价值，往往会产生疏忽大意的麻痹思想，将文书随意存放，严重威胁着文书的安全与完整，许多有保存价值的文书就是在这一环节遗失的。将文书收集回来后，务必要存放在专用的文件盒中，妥善放置在文件柜里，防止出现水浸、鼠啃等事故。对于多页的文书，务必要保证文件的完整，避免丢失页面。

2. 严格管理临时借阅文书

文书收集之后在集中保管存放时，难免还有人员来借阅参考。由于此时的文书已经处于办理完毕的状态，但还未成为档案，在管理上就容易出现疏漏，往往既不按照文件传阅规定来管理，也不按照档案借阅规定来管理，因此极易出现文书遗失的情况。对于向外临时借阅的文书，务必要加强管理，对借阅情况进行必要的登记，如果没有必要就不允许阅件人将文书原件带走，对借出的文书要及时催要，防止时间过长而造成遗忘或丢失。

3. 进行必要的整理

收集上来的文书往往存在一些折皱、破损，甚至掉页、污染等现象，这时就需要进行一些必要的整理工作，使文书保持整洁、齐全、有序。在这个工作环节，整理文书虽然不像归档环节那么严格，但是进行必要的整理之后能够使文书更易于保管，也为进入归档环节创造了良好的开端。

任务实施

在本任务中，秘书李芸遇到的问题是出现了文件遗失情况。为了使文书收集齐全完整，可以按照以下的工作步骤来处理这一问题。

一、判断遗失的文书是否需要收集保存

判断一份文书是否需要收集保存，可以先采用两个标准：一是是否已经办理完毕，如果正在办理，则该文书应该还在承办部门手中，可以暂时不用收集；二是文书的内容是否涉及单位主要业务、具有查考价值。除了这两条标准之外，上文介绍的其他标准也是判断的重要依据。

首先，根据文件内容涉及的工作来判断。在本任务中，分公司向总公司呈送了《关于设立培训部的请示》一文，总公司根据行文规则应对该请示作出答复，即使用批复文件来对请示事项作出应答。请示文件的内容是关于部门设置的相关事宜，属于机构调整的重大事件，相应的批复也是涉及机构变动的重要文件。通过查阅收文登记表得知，该批复的标题为《关于同意设置培训部的批复》，标题中已经表明了上级的态度，是下级部门开展工作的依据。因此，该批复文件应被收集，并在下一个工作环节被移交归档。

其次，也可以根据外部形式特征和客观标准进行判断。该批复文书为上级对下级的正式行文，采用了标准的公文格式；同时，该批复文书来自于上级领导单位，需要下级单位贯彻执行。批复的形式特征和发文机关特征决定了其具有保存价值，因此应收集保管。

二、查找索要遗失的文书

在确定需要收集该批复文书之后，面对遗失的情况，就需要通过特定的线索、渠道和方法找到该文书并取回保管。在本任务中，从行文规则的角度判断，有请示必然有批复，遗失了批复文件，可以采用两种办法查询：一是找承办事项的部门或个人查询，二是找发出批复的单位查询。在本任务中，请示是由本单位发出，批复是由上级单位发出，因此通过本单位的渠道来查询遗失的批复更为便捷。

根据文件传阅登记表或文件分发登记表等工具提供的线索，判断遗失文书可能的去向。可以查阅《第一分公司文件传阅登记表》（见表2—1—1）和《第一分公司文件处理单》（见表2—1—2）。

表2—1—1　　第一分公司文件传阅登记表

<table>
<tr><td>来文单位</td><td colspan="2">A房地产总公司</td><td>文件标题</td><td colspan="3">关于同意设置培训部的批复</td></tr>
<tr><td>来文字号</td><td colspan="2">A司文字〔2010〕22号</td><td>收文日期</td><td>2010. 9. 24</td><td>收文顺序号</td><td>61</td></tr>
<tr><td>传阅范围</td><td colspan="6">总经理、副总经理</td></tr>
<tr><td>阅件人</td><td>阅件时间</td><td colspan="2">阅件人签名</td><td colspan="3">意 见</td></tr>
<tr><td>张清</td><td>2010. 9. 25</td><td colspan="2">张清</td><td colspan="3"></td></tr>
<tr><td>刘冰</td><td>2010. 9. 30</td><td colspan="2">刘冰</td><td colspan="3"></td></tr>
<tr><td></td><td></td><td colspan="2"></td><td colspan="3"></td></tr>
</table>

表 2—1—2　　第一分公司文件处理单

密　　级：

收文日期：2010 年 9 月 24 日　　收文顺序号：61

来文单位	A 房地产总公司	来文日期	2010 年 9 月 24 日
来文标题	关于同意设置培训部的批复	来文字号	A 司文字〔2010〕22 号
主办部门	刘冰	附件	第一分公司培训部筹建方案
内容摘要： ……			
拟办意见： 请刘冰副总经理根据批复精神按时组建培训部。			
批示意见： 同意			
处理结果：			
归卷日期		归入卷号	

根据以上两份登记表提供的线索可以推测，这份遗失的批复应该在副总经理刘冰处，办文人员应与刘冰副总经理进行沟通，查找遗失的文件，或请其协助追回该文件。

三、对收集的文书进行整理并妥善保管

收集的文书数量往往比较多，需要对已经掌握的文书进行必要的整理。整理文书主要包括两个方面：一是使文书平整、清洁；二是对文书进行初步排序。

经过承办部门和人员的阅读、使用后的文书往往会出现一些折皱、污迹，甚至破损。为了保证归档文件的质量，办文人员在收集文书之后就需要对其进行一些修整。消除折皱的基本方法是，将文书放在比较厚重而且开本比较大的书籍中进行压制，经过一段时间之后，文书的折皱就会变得比较平整。文书上的污迹如果面积较小而且不影响阅读，那么可以不用特意去处理。如果污迹面积较大，严重影响阅读，那么可以向发文单位再索要一份整洁的文件来保存。

对文书进行初步排序，可以按照时间这个单一的标准来进行，将成文时间较早的文书放在靠前的位置，成文时间较晚的文书放在靠后的位置。排序所依据的成文时间只是在文书收集阶段暂时采用的标准，到了归档整理阶段，分类排序的标准会更加复杂，相关知识可参见本书下篇课题四的相关介绍。

在本任务中，对收集的文书排序还要处理好请示和批复这两种文书。从成文时间角度来看，二者之间会存在一定的时间差，中间还可能会有其他文书。因此，如果仅从时间这个单一的标准出发，会将这两份文书分开。为了保持这两份文书之间的逻辑关联，应将请示和批复及其附件按照先后顺序整理保存在一起，其他文件再根据成文时间整理，如图 2—1—1 所示。

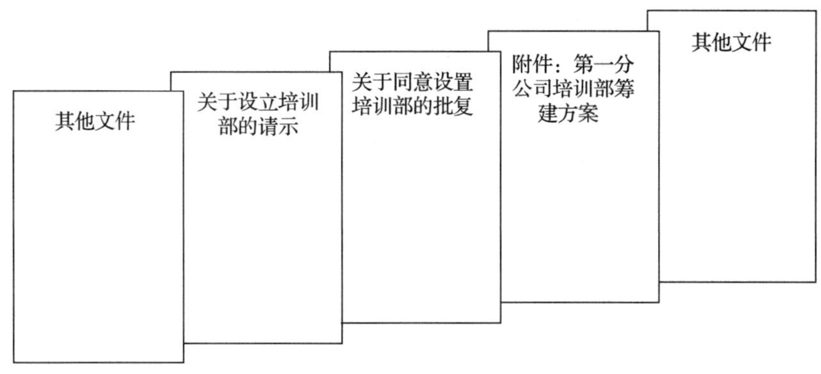

图 2—1—1 请示与批复的整理顺序

收集的文书经过初步整理后，要用专门的文件夹或档案盒单独存放，切忌将办理完毕的文书和正在使用的文书混乱交叉存放在同一个文件夹或档案盒内。收集文书一般随着工作进展在平时进行，而归档工作往往在年底或次年年初进行，因此收集回来的文书会在办文人员手中保存较长的时间。在这期间，要注意安全保存这些文书，将其放置于专业的文件柜中保管，防止文书受到损害。

技能训练

一、假如你是某电子公司的办文人员，请判断以下文书是否需要进行收集。

①公司刘总外出参加展销会带回的同行业其他竞争对手的产品宣传册、报价单

②当地税务局发来的《关于办税服务大厅迁址的通知》

③当地工商行政管理局发来的《关于工商企业进行年检的通知》

④某报社广告部发来的《广告报价表》

⑤公司办公室印发的《关于国庆节放假安排的通知》

⑥公司办公室拟订的《计算机设备招标书》

⑦公司人力资源部拟订的《新员工培训管理规定》

⑧公司办公室印发的《××公司 2011 年工作要点》

⑨公司市场部编发的 12 期《销售工作简报》

⑩公司财务部拟订的《关于购买财务管理软件的请示》

二、假如你是某电子公司的办文人员，在收集文书时发现有一份文件名为《关于同意购买财务管理软件的批复》，而相应的请示原件找不到了。请问该如何查找收集遗失的文书？

任务二 文书整理与归档

教学目标

- 了解文书归档的范围
- 熟悉文书整理与归档工作的程序
- 掌握文书整理的基本要求
- 掌握文书装订的基本要求

任务导入

A房地产集团公司第一分公司办公室在年终时收集到了数十份公司文件，为了便于向档案室移交，应先对这些文件进行必要的整理。

假定你是该公司办公室的秘书李芸，请根据以上背景，完成对这些文件的整理与归档工作。

任务分析

为了使归档的文书材料保持良好的质量，需要对收集的文书进行整理。整理工作一般应由专业的档案管理人员完成，如不具备条件，也可以由办文人员来完成。

办文人员必须了解归档的范围，尤其是在企业组织中，应熟练掌握企业文书归档的范围，根据归档范围对收集的文书进行严格的审查，将不需归档的文书筛选出来，然后将归档文书进行装订，保持文书的完整。完成以上操作后，可以将整理完毕的文书移交档案机构。

相关知识

立档单位在其职能活动中形成的办理完毕并应作为文书档案保存的各种纸质文件材料，称为归档文件。对需要归档的文书进行整理，是归档工作的前提条件，经过整理之后的文书应形成一个有序的系统，同时符合档案管理的相关标准，已经成为“准档案”了，经过归档手续之后就转化为正式档案，由专业的档案部门和人员进行管理。可以说，文书整理与归档是文件向档案转化的过渡环节，相关的工作可以请专业档案管理人员来完成。但是在许多中小型的企事业单位中，往往不会设置专门的档案管理岗位，而是由办文人员来兼任档案管理人员，所以文书整理与归档工作也可以由办文人员来完成。

一、文书整理与归档工作的主要内容

文书整理与归档是密切结合在一起的两个工作环节，是指将办理完毕且具有保存价值的文件经过系统整理交档案馆（室）保存的过程。整理是为了更好地移交，移交是整理

的目的，因此本书不再严格区分“整理”与“归档”二者之间的差异。文书经过整理后就可以向档案机构移交归档了，所以整理工作必须按照档案管理的相关标准来进行，只有这样才能保证移交的文书材料保持较好的质量，同时也便于档案部门开展一系列后续管理工作。

2001 年 1 月 1 日，正式实施的我国档案行业标准《归档文件整理规则》，将归档文件整理概括为“将归档文件以件为单位进行装订、分类、排列、编号、编目、装盒，使之有序化的过程”。由此可知，从整个工作流程的宏观角度看，文书整理应包括装订等 6 项工作内容。

为了使工作流程更加清晰，本书将主要由档案人员完成的分类、排列、编号、编目、装盒等工作放在下篇课题四“档案整理”中进行介绍，这里仅从文书工作角度说明归档文书的筛选与装订这两项整理工作。

二、文书的归档范围

文书的归档范围是对收集的文书进行衡量和筛选所依据的标准。从原则上说，归档的文件应满足三个条件：一是必须已经办理完毕，二是必须具有查考价值，三是文书之间具有某种内在联系。

文书“办理完毕”，并不意味着文书内容所涉及的事务已经办结，而是指文书处理程序已经办理完成，主要包括以下几种情况：第一，不涉及某一项具体工作而是从宏观角度提出指导意见的文书，如年度工作要点、长期规划等文件，对于发文机关而言，文件发出后就可以认定为办理完毕，对于收文机关而言，接到文件并进行了传达、学习或采取措施之后才能被认定为办理完毕；第二，一般性的参阅文件，领导阅读（或传阅）之后就可认定为办理完毕；第三，答复性文书，如请示与批复、来函与复函，在文件发出或接到对方来文后即可认定为办理完毕。

文书具有查考价值，也就意味着文书的内容对未来的工作可能具备参考价值，或者能够提供某种证明，因此必须归档整理。

归档文书之间的内在联系，主要包括以下几个方面：第一是来源关系，也就是同一制发机关的文件之间具有关联；第二是时间关系，也就是在某一时间段制发的文件之间具有关联；第三是内容关系，也就是关于某一特定事务的文件之间具有联系；第四是形式关系，也就是文件的文种、格式等方面体现出来的联系。

上文所介绍的归档条件的内涵非常明确，但是不同性质的社会组织产生的文书类型也有很大差异，因此符合这三个条件的文书外延范围就变得比较模糊。为了进一步使归档文书整理工作规范化，需要根据各类企业、政府、事业单位以及党群组织等机构的文书实际情况制定更加详细的归档范围。在此，本书结合国家的有关规定，重点介绍政府机关、事业单位和企业文书的归档范围。

1. 政府机关、事业单位文书归档范围

2006 年 12 月 18 日国家档案局第 8 号令正式发布施行《机关文件材料归档范围和文书档案保管期限规定》，该规定比较详细地说明了政府机关文件归档的范围，事业单位也可以参照该规定来明确本单位文件的归档范围，具体内容见表 2—2—1。

表 2—2—1　　政府机关、事业单位文书归档范围

来源	需归档的文件	不需归档的文件
本单位文件	①反映本机关主要职能活动和基本历史面貌的，对本机关工作、国家建设和历史研究具有利用价值的文件材料 ②机关工作活动中形成的在维护国家、集体和公民权益等方面具有凭证价值的文件材料	①本机关文件材料中的重份文件 ②无查考利用价值的事务性、临时性文件 ③一般性文件的历次修改稿、各次校对稿 ④无特殊保存价值的信封，不需办理的一般性人民来信、电话记录 ⑤机关内部互相抄送的文件材料 ⑥本机关负责人兼任外单位职务形成的与本机关无关的文件材料，有关工作参考的文件材料
上级来文	①上级机关颁发的需要本机关贯彻执行的文件 ②上级领导人视察本机关工作时的重要指示、讲话、题词、照片和有特殊保存价值的声像文件材料	①上级机关的文件材料中，普发性不需本机关办理的文件材料 ②任免、奖惩非本机关工作人员的文件材料 ③供工作参考的抄件等
同级机关和非隶属机关的文件	①这些机关颁发的非本机关主管业务但需要执行的法规性文件 ②与本机关联系协商工作的重要来往文件 ③有关业务机关对本机关工作检查形成的重要文件	同级机关的文件材料中，不需贯彻执行的文件材料，不需办理的抄送文件材料
下级机关来文	①下级机关报送的重要文件材料 ②下级机关报送的重要工作计划、报告、总结、统计报表、财务预算等文件	下级机关的文件材料中，供参阅的简报、情况反映，抄报或越级抄报的文件材料
其他	①根据情况对重要草稿进行归档 ②其他对本机关工作具有查考价值的文件材料	

2. 企业机构文书归档范围

政府机关文件归档范围在原则上也可以套用到企业中，所不同的是，企业文书中包含大量的经营、研发等相关业务文书，因此归档范围更宽泛一些。在此我们侧重介绍涉及经营、财会、人力资源等业务工作的文书的归档范围。由于企业的类型、性质以及经营范围等方面存在非常大的差异，国家相关部门并未制定全国统一的企业文书归档范围标准，不同地区、不同行业的企业可以根据当地档案部门的要求，结合企业本身的具体情况来划定归档范围。企业中需要归档的文书包括企业行政管理类、企业经营类、企业生产技术与产品研发类、企业基础建设类、企业设备仪器类、企业会计类等几个方面，详见表 2—2—2。

表 2—2—2　　企业机构文书归档范围

类型	序号	具体文书类型
企业行政管理类	1	行政工作计划、总结、汇报、请示、行政会议记录
	2	企业的大事记、反映企业重要活动的简报
	3	机构建立（含内设结构）、合并、撤销、更名、迁址、隶属关系变更、印章启用、人员编制等文件材料
	4	编辑的出版物、编印的简报或期刊
	5	收发文簿、电话记录簿
	6	关于社会治安、保安保卫工作、刑事案件审理、消防、车辆管理方面的文件材料
	7	有关法律事务、违纪审理的文件材料
	8	干部任免、职工花名册
	9	有关职工招聘、录用、调配、退休、退职、复员军人安置、富余人员安置、职称评定、劳务出口的文件材料
	10	干部职工奖励表彰的材料
	11	劳动定额、定员材料
	12	人员的工资调整，补贴、奖金发放材料
	13	劳动工资报表、年（季、月）报
	14	职工的养老保险单、花名册
	15	职工教育的计划、总结、规章制度
	16	各类专题培训班材料
	17	卫生管理监督、职工保健、职业病防治方面的文件材料
	18	计划生育工作的计划、总结、年报、独生子女花名册、照顾生育二胎审批表、计划生育处罚决定等
	19	后勤福利、绿化管理、用电用水工作方面的文件材料
	20	外事工作、活动中形成的材料
企业经营类	1	改革（如转制）、重大经营决策、企业联营、兼并、破产等文件材料
	2	企业登记、企业法人、营业执照、证书
	3	发展规划（包括中、长期发展规划）、方针目标管理，年度、季度、月度计划及企业的全面计划管理工作方面的文件材料
	4	各种统计报表、统计分析等
	5	物资、仓库管理方面的文件材料
	6	产品销售工作的计划、总结、办法、规定
	7	销售合同、协议、往来电报、信件、售后服务等材料
	8	产品销售的调查、分析、统计、广告宣传等材料
	9	对外经贸方面的文件材料
	10	财务管理方面的文件材料
	11	审计工作的文件材料

续表

类型	序号	具体文书类型
企业经营类	12	岗位考核责任制
	13	现代化管理、现场管理形成的文件材料
	14	整顿以及各种评优升级达标、评奖活动的材料
	15	工业普查形成的文件材料
	16	经济合同纠纷材料
企业生产技术与产品研发类	1	产品生产的组织、调度计划
	2	产品生产的日报、班组日记等
	3	有关科技成果、科技进步奖、专利成果申报批复、新产品开发等方面的计划、总结、汇报
	4	有关技术改造、引进、协作，采用新技术的合同、协议书、批复、申报材料
	5	群众性科技活动、合理化建议
	6	质量管理的材料
	7	产品质量检测，原材料、半成品检测与控制材料
	8	标准化管理工作的计划、总结，组织机构、制度以及综合性的标准（技术标准、管理标准、工作标准）
	9	产品开发决策文件
	10	产品设计和工艺准备文件
	11	产品试制、试验和鉴定文件
	12	产品正式生产文件
	13	市场开发和产品销售文件
	14	科研准备文件
	15	试验研究文件
	16	科研总结、鉴定文件
	17	科研成果和奖励申报文件
	18	科研成果推广应用文件
	19	能源管理方面的计划、总结、规章制度
	20	能源消耗、节能降耗的统计表
	21	安全生产工作的计划、总结、办法、规定，安全教育方面的总结、教材、名册等
	22	事故处理材料
	23	环保工作的计划、总结、规定、会议纪要
	24	污染治理工作的决定、方案、记录、合同、协议
	25	环保检测、控制，污染事故调查、整顿处理的文件材料
企业基础建设类	1	基建工作的管理性材料（计划、规划、总结等）
	2	房屋普查登记、土地纠纷处理、基建统计报表
	3	工程准备阶段文件（决策立项文件，建设用地、征地、拆迁文件，勘察、测绘、设计文件，招投标文件，开工审批文件，建设、施工、监理机构及负责人等）

续表

类型	序号	具体文书类型
企业基础建设类	4	工程施工阶段文件（土建工程，电气、给排水、消防、取暖、通风、空调、燃气、建筑智能化、电梯工程、室外工程等）
	5	竣工图（综合竣工图、专业竣工图）
	6	监理文件（监理会议纪要，控制文件，合同与其他事项管理文件，监理工作总结等）
	7	验收文件（工程竣工总结，竣工验收记录，财务决算、审计材料，工程声像材料及电子文件等）
企业设备仪器类	1	设备仪器管理、更新、保养、改造的计划、总结、规章制度
	2	准备购置阶段：设备购置的申请批复、可行性研究报告、市场调研材料、订货合同、协议等
	3	开箱验收阶段：说明书、合格证、保修卡、装箱单、备品备件图册等随机文件材料和开箱验收记录等
	4	安装调试阶段：安装情况记录、安装图（基础图、平面图）、调试验收报告、设备操作规程、安全技术规程、维护保养规程
	5	使用维修阶段：设备履历表、历次维修保养记录、事故及故障处理情况记录、改造情况记录、转移情况记录、报废材料
	6	图样：自制设备图样、外购设备图样
企业会计类	1	凭证类（记账凭证、原始凭证、汇总凭证、销毁凭证、各种收款收据及发票存根）
	2	账簿类（日记账、现金日记账、银行日记账、总账、明细账、辅助账、固定资产账、卡片）
	3	财务报告类（年、季、月度财务报告，财务决算，财务分析）
	4	其他类（会计档案移交清册、会计档案保管清册、会计档案销毁清册、银行存款余额调节表、银行对账单）

三、归档文书整理的单位

归档文书整理的单位是指在整理操作过程中所针对的最小单元，同时也是体现整理结果的基本单元。《归档文件整理规则》明确指出文书整理的单位是“件”。由于行文情况比较复杂，界定“件”不能仅仅着眼于文件的独立性，而是要综合考虑各种情况来确定“件”的范围。

1. 一份文件为一件

大多数文件以每份文件为一件，如果存在重复的多份文件，保留一份归档即可。如果一份文件既有正本也有定稿，那么正本和定稿作为一件来整理。如果文件被复制，那么原件与复制件作为一件。

2. 附件、被转发文与正文为一件

如果文件带有一个或多个附件，那么文件正文与附件作为一件。类似的还有转发文件的情况，转发文件（往往以转发通知行文）的附件为被转发文，所以二者也应作为一件。

3. 来文与复文为一件

机关之间行文有往来关系的，来文与复文作为一件，例如，请示与批复可作为一件，来函与复函作为一件。

4. 已经成册的材料为一件

某些文书材料并非正式的行文文件，而是以装订成册的形式存在，例如各类报表、名册、图册等，可以将一册（本）作为一件。

知识链接

立　卷

归档文件的整理也曾经采用“卷”为单位，所以这项工作也曾被称作“立卷”。立卷也就是将办理完毕的，具有查考价值的文件按其形成规律、特点、价值和有机联系进行整理并组合成案卷的工作。通俗地来理解，“立卷”就是将零散的文件按照一定标准组成案卷，所谓“案卷”也就是一本文件的集合。新的规则实施后，取消了“卷”这一单位，代之以“件”，从而使文书整理以及档案管理工作更加灵活，并适应了计算机信息化管理的趋势。

四、文书整理的要求

1. 遵循文书形成规律，保持文件之间的有机联系和完整性

文书是社会机构工作职能的记录和反映，工作开展的过程规律决定着文书的规律，因此归档文件的整理必须反映出各项工作的发展情况，反映出工作的规律和文书产生的规律。

同时，工作开展过程中不同阶段之间存在的内在联系，决定了所产生的文书之间也存在着特定的关系，因此在文书整理时不可打破这种关系，而是要保持和体现这种关系。

2. 区分不同价值

需要整理归档的众多文书所记录的信息是不同的，在工作中所发挥的作用也是不同的，这就决定了它们的客观价值存在较大的差异。有些文书能够反映基本的职能活动，对于未来具有重要的指导或借鉴作用；有些文书则在短期内或一定时期内具有查阅价值。所以在整理时一定要区别对待具有不同价值的文书，分开进行整理并确定其保管期限。

3. 便于保管、查找和利用

归档的文书具有一定的参考查阅价值，而且往往还会被使用到，所以整理时就应方便以后的保管、查找和利用。为了方便保管，经常要把文件按保管期限分开，这样可以方便对文件进行归档以及销毁。

任务实施

具体到本任务，首先应根据本公司或当地档案部门制定的归档范围对所收集的文书进行筛选，将不符合归档标准的文件材料另行存放。完成本任务的关键是按照标准和规范对需要归档的文件进行整理与装订，使每一件文书都能保持整洁的状态，为后续工作奠定良好的基础。完成这两项工作后，再将需要归档的文件向档案部门移交。

一、筛选归档文书

根据本任务中介绍的企业文书归档范围，李芸应对所收集的文书进行选择，筛选出需要归档的文件，第一分公司需要整理的部分文件见表2—2—3。

表 2—2—3　　第一分公司需要整理的部分文件

序号	题名	来源	时间	页数
1	2010 年一季度销售工作总结	A 公司营销部	2010. 4. 2	8
2	2010 年行政办公会议记录（一）	A 公司综合办公室	2010. 2. 2	15
3	关于聘任王万峰为人力资源部部长的通知	A 公司综合办公室	2010. 1. 5	1
4	2010 年工作总结	A 公司综合办公室	2010. 12. 30	14
5	2010 年员工考核情况汇报表	A 公司人力资源部	2010. 12. 30	4
6	关于表彰销售骨干的通知	A 公司营销部	2010. 1. 3	2
7	2010 年二季度销售工作总结	A 公司营销部	2010. 7. 1	13
8	2010 年行政办公会议记录（二）	A 公司综合办公室	2010. 3. 2	12
9	2011 年工作要点	A 公司综合办公室	2010. 12. 30	10
10	关于聘任李玉为综合办公室主任的通知	A 公司人力资源部	2010. 5. 9	1
11	销售合同	A 公司营销部	2010. 6. 2	31
12	2010 年三季度销售工作总结	A 公司营销部	2010. 10. 2	12
13	职工名册	A 公司人力资源部	2010. 1. 9	30
14	市场分析和用户调查情况一览表	A 公司营销部	2010. 7. 2	1
15	介绍信	A 公司人力资源部	2010. 11. 23	5
16	2010 年人事工作总结	A 公司人力资源部	2010. 12. 30	9
17	2010 年办公室工作总结	A 公司综合办公室	2010. 12. 30	12
18	财务预结算报表	A 公司财务处	2010. 12. 29	1
19	2010 年财务工作总结	A 公司财务处	2010. 12. 30	8
20	2010 年四季度销售工作总结	A 公司营销部	2010. 12. 30	12
21	关于 2010 年新招员工培训的通知	A 公司人力资源部	2010. 1. 15	2
22	办公设备报价单（传真件）	××办公设备公司	2010. 2. 16	3
23	关于转发省政府加强安全生产工作决定的通知	×市×局	2010. 3. 12	9
24	关于上班时间临时调整的通知	A 公司综合办公室	2010. 5. 13	1

根据文书归档的范围，表中的第 15 份文件《介绍信》不属于文件立卷归档的范围，第 24 份文件《关于上班时间临时调整的通知》属于临时性文件无须立卷归档，而其他文件都能够反映 A 公司的主要工作，具有保存和查考价值，需要整理归档。

二、修整文件

归档文件应齐全完整，为了能够长期保存和有效利用档案，装订之前必须对归档文件材料逐件进行检查，凡不符合要求的，都要进行必要的修整。

1. 修裱破损文件

文件在使用过程中，由于各种原因会出现破损现象。文件破损的常见情况是装订破损、局部撕裂或残缺。破损的文件将不利于保存，也极容易在再次查阅的时候被进一步损坏。因此为了长期保存，在整理过程中应对破损文件进行必要的修复，基本方法是进行修裱。修裱是使用黏合剂和选定的纸张对破损文件进行“修补”或“托裱”，以恢复文件的原有面貌，增加强度，延长寿命。其中，修补主要针对一些有空洞、残缺或折叠处已被磨损的文件，包括补缺和托补；托裱则是在文件的一面或两面托上一张纸以加固文件。修裱工作主要针对有重要保存价值的归档文件。

在本任务中，如果没有文件出现破损，就不必进行修裱了。

2．复制字迹模糊或易退变的文件

文件的字迹模糊或容易退变，将影响以后的阅读，所以应对这类文件进行复制。目前各类社会机构中的文件，绝大多数都是通过打印机或印刷机等专业印制设备产生的，印制所使用的油墨、纸张等材料符合相关质量要求就不会出现字迹模糊或退变等现象。但是，某些特定的文件材料，如手写稿件、热敏纸传真文件，由于材料的原因会出现字迹模糊或退变的现象，随着时间的推移，这种现象会越来越严重，因此就需要对这类文件进行复制，常见的方式是用复印机制作复制件，将原件和复制件一同整理为一件。

在本任务中，第22份文件《办公设备报价单》在短期内具有查考价值，可以作为购买办公设备的参考，应归档保存。但是该文件为传真件，字迹清晰度比较低，而且所使用的热敏纸寿命有限，因此应复印一份该文件，并将复印件和原件作为一件整理。

3．去除易锈蚀的金属物

一些归档文件材料中会有装订钉、曲别针等金属物，容易氧化生锈，从而腐蚀档案材料，因此在文书整理过程中应将这些金属制品从文件上去除。如果是成册的文书材料，本身已经使用专用的装订工艺处理过了，即便是其中使用了金属装订钉，也不需要去除，否则就会使成册的材料顺序散乱，反而不利于保存和查阅。

4．超大纸张折叠

某些需要归档的文书材料，如设计图纸、示意图等，幅面大于A4标准，在整理时应将其折叠成A4幅面，以便于同其他文件统一，同时也便于保存在A4规格的档案盒中。如果幅面尺寸大的图纸材料数量比较多，那么应购买专用的保存装具，对这些材料单独保管。在折叠较大纸张材料时，要注意尽量减少折叠次数，折痕处尽量位于文字、图表字迹之外，以减小折痕对阅读的影响。在本任务中，没有超大纸张，因此这步操作可以省略。

三、装订文件

归档文件修整完毕后应进行装订，这是归档文件整理工作的基础内容之一，其目的是固定文件页次，防止页面散失与混乱，以便转化为档案后进行保管和利用。重新装订归档文件，必须采用符合档案保护技术要求的装订材料，防止因不当装订而对文件档案造成伤害。归档文件整理的单位为“件”，装订的单位也是“件”，需要对归档文件逐件进行装订。

1．装订顺序

由于归档文件的稿本存在比较复杂的情况，因此就需要确定文件及其不同稿本的前后顺序。装订的基本顺序是：正本在前，定稿在后；正文在前，附件在后；原件在前，复制件在后；批转或转发文件在前，被批转或转发文件在后；收文处理单在前，正式文件在后；来文和复文作为一件时，复文在前，来文在后；汉文本在前，少数民族文本（或外语文本）在后。装订文件的排序如图2—2—1所示。

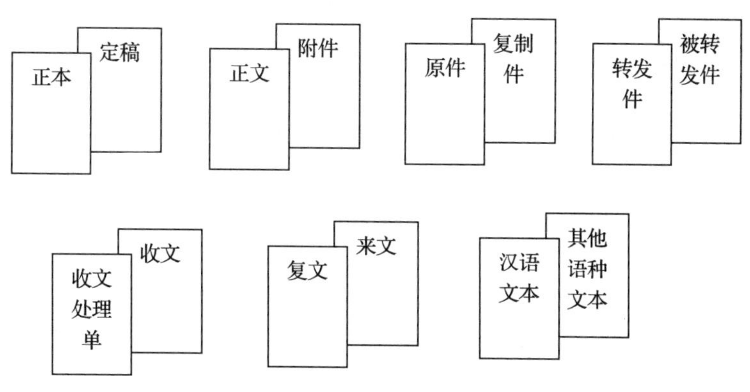

图 2—2—1　文件装订排序示意图

2. 对齐方式

装订时，应将构成一“件”的各页按一定方式对齐。如果各页均为同样幅面的纸张，那么使四条边沿整齐即可。如果各页的幅面不相同，可以根据装订位置的差异采用两种对齐的方式：一是在左上角装订时，左侧与上侧对齐；二是在左侧装订时，左侧与下侧（底边）对齐，如图 2—2—2 所示。

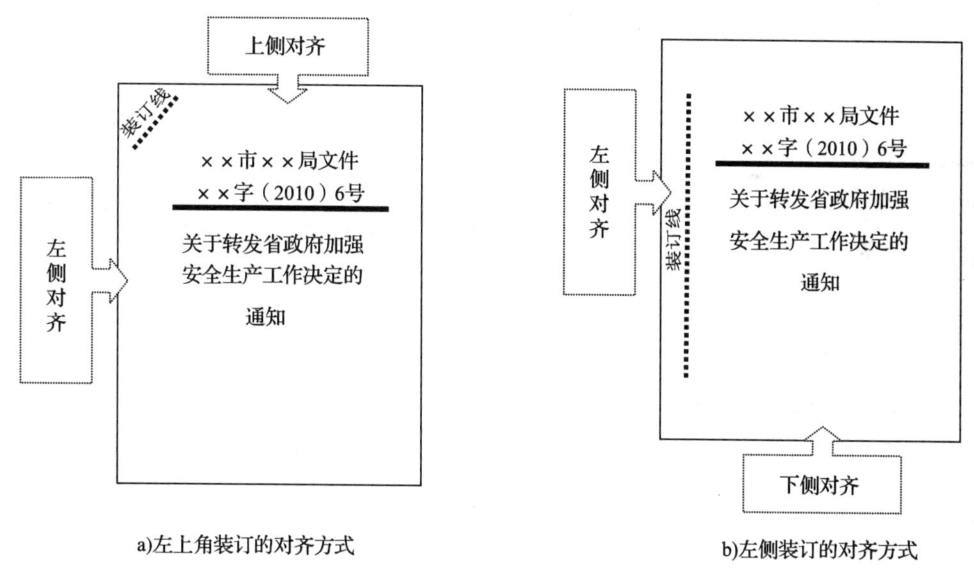

图 2—2—2　装订文件对齐方式示意图

需要永久保存的文件应左侧装订，如果左侧装订会将图文封闭在装订区内，那么可以采用左上角装订。定期保存的文件不作明确要求，但要能保证文件安全。

3. 装订方法

国家相关业务部门并未对文件的装订方法做出统一的规定，在实践中主要有以下几种做法：

（1）孔线式装订。这种装订方法是对文件先打孔（一般为 3 孔），然后使用装订线从孔中穿过并打结，简称为“三孔一线”式装订。这种装订方法沿用时间比较长，普遍应用于以“卷”为整理单位的时期。由于一本案卷包含的文件比较多，其他装订方式难以固定所有文件，所以三孔一线式装订能够满足厚度比较大的案卷装订的需要。在以“件”为整理单位改革后，每件文件的厚度非常有限，这种装订方式就显得费工费时，也就逐渐减少了应用。

与三孔一线式装订相似的还有缝纫机线装方式，采用专业的缝纫机装订文件，可以应用于多种厚度的情况。

（2）不锈钢夹装订。采用专业的不易腐蚀生锈的钢制夹具将文件固定，其优势是不损坏文件纸张，可以灵活调整文件顺序，灵活抽出某份文件；不足是只能应用于多份文件的保存管理，难以针对单份文件装订。

（3）不锈钢书钉装订。不锈钢书钉经过特殊生产工艺的处理，可以长时间保存而不发生氧化腐蚀，不会降低装订的牢固程度。不锈钢书钉具有多种规格，可以应用于厚度比较薄的单份文件，也可以装订比较厚的文件。

除了以上几种装订方式外，还有粘贴式和塑料扣具式。粘贴式装订采用特制胶水将文件页面粘在一起，操作简单、成本低廉，但是具有很大的缺陷，不利于文件拆阅，容易缩短纸张寿命；塑料扣具式装订是采用特定的塑料材质纽扣取代书钉，可以反复多次使用，文件拆阅灵活。

在本任务中，由于每件文书的页码数量有限，完全可以采用不锈钢书钉来进行装订，既可以节约费用，也降低了操作难度。在装订完成后，务必要逐件检查一下是否存在掉页、压盖图文的现象，如果存在则应重新装订。

四、办理移交

将所有需要归档的文件装订完毕，并且整理整齐之后，就可以向档案管理部门移交了。移交文书材料的办理时间应在自然年度的上半年，具体办理应和相关部门协商。接收移交档案的管理部门主要有两类：单位内部的档案室和当地档案馆。在办理时，应出具移交文件清单，并由双方签字确认。本任务中的移交清单见表2—2—4。

表2—2—4　　归档文件移交清单

归档部门：第一分公司办公室　　接收部门：第一分公司档案室

移交人：李芸　　接收人：岳爱华　　移交时间：2011年4月22日

序号	文档题名	件数	页数	备注
1	2010年一季度销售工作总结	1	8	
2	2010年行政办公会议记录（一）	1	15	
3	关于聘任王万峰为人力资源部部长的通知	1	1	
4	2010年工作总结	1	14	
5	2010年员工考核情况汇报表	1	4	
……	……	……	……	

技能训练

假定你是××公司的办公室秘书，收集了下列文件。请根据企业文书归档范围判断哪些需要整理归档，然后对这些文件进行整理排序，将排序结果写出来。

①××公司2011年工作要点　5页

②××公司驻华南地区办事处筹建方案　8页

③××公司人事部2011年工作计划　9页

④××经理赴武汉××局联系业务的介绍信　1页

⑤××公司关于加强安全生产工作的决定　14页

⑥××公司施工部关于9·12事故情况的报告　3页

⑦××企业管理咨询公司提供的员工培训项目说明书　9页

⑧××公司关于暑期安全工作的紧急通知　5页

⑨××公司人事部关于录用新员工的请示（附：员工名单）　2页

⑩××公司关于录用新员工的批复（附：员工名单）　2页

⑪××公司关于召开年终总结表彰大会的通知　9页

⑫××公司施工部2011年工作计划　8页

⑬××公司关于五一劳动节放假的通知　1页

⑭××公司招聘启事　1页

⑮××公司关于开展捐款活动的通知　2页

⑯××公司人事部关于新员工培训工作的请示　6页

⑰××公司产品宣传册（2010年版）　15页

⑱××公司企业网站建设策划书　10页

⑲××公司员工花名册　9页

⑳××公司关于表彰奖励优秀职工的决定　5页

下篇　档案管理工作

前导知识　档案管理基础

一、档案的概念

1. 档案的定义与特征

《中华人民共和国档案法》明确表述了档案的定义："本法所称的档案，是指过去和现在的国家机构、社会组织以及个人从事政治、军事、经济、科学、技术、文化、宗教等活动直接形成的对国家和社会有保存价值的各种文字、图表、声像等不同形式的历史记录。"

国家档案局于2000年12月发布的行业标准《档案工作基本术语》将档案的定义表述为："国家机构、社会组织或个人在社会活动中直接形成的有价值的各种形式的历史记录。"

这两种档案的定义表述尽管存在差异，但都揭示了档案的本质特征：时间特征（历史中形成）、主体特征（各类机构或个人）、内容特征（各类社会活动）、价值特征（保存价值）、形式特征（多种载体与形式）、信息特征（历史记录）。

2. 档案与文书的关系

档案与文书具有天然的密切联系，文书是档案的前身，档案是文书的转化，二者具有同一性，又有各自的特点。

文书与档案的密切联系表现在以下两方面：第一，从一份信息记录的存在历史看，文书是档案的前身，办结后转化成为档案，档案成为文书的延续；第二，从内容和形式看，档案就是以前所使用的文书，二者的内容和形式完全相同。

文书与档案的区别主要表现在以下方面：第一，二者的目的和作用不同，文书的目的是处理特定的现实事务，发挥领导指挥、沟通交流等作用，而档案的目的是保存工作记录以备查阅和考证；第二，二者的时效性不同，文书在特定的期限内发挥效力，办理完毕后就失去了应用价值，而档案的保存期限较长，以备将来的利用查阅，而且越是古老的档案其历史价值也就越高；第三，二者的管理形式不同，文书处于现行有效期内往往以零散的形式去办理和管理，档案在保存期限内以系统、集中的形式来管理和利用。

二、档案的作用

档案是国家和社会宝贵的文化财富，记录着历史的基本信息。对于企业等社会组织而言，档案反映其社会职能、经营管理状况，是社会发展的形象体现。档案的作用主要体现在两方面。

1．凭证作用

档案是社会活动的原始记录，是社会主体在特定时间、地点完成特定事务的客观反映，是确凿的原始文件和历史凭证，可以成为查考、研究事实真相的重要途径。

2．参考作用

档案的参考作用可以形象地描述为“让历史告诉未来”。档案能够记录社会生活中的经验和教训，为以后处理同类事务提供借鉴。同时，档案还能够帮助人们探索事物发展规律，为预判形势提供参考，帮助形成正确的决策意见。

档案的以上两方面的作用在不同的领域中会有不同的侧重，在机关工作中主要体现为查考凭证作用，在生产建设工作中主要发挥参考依据作用，在科学研究工作中提供可靠的材料，在宣传教育工作中提供生动的素材。

三、档案的类型

档案的类型体系比较庞大，根据不同的标准可以划分多种类型，见表 1：

表 1　　档案类型

序号	分类依据	档案
1	按产生领域划分	文书档案、科技档案及专业档案（如会计档案、诉讼档案）
2	按制成材料划分	甲骨、竹简、缣帛、纸质、胶片、磁带、光盘、实物档案
3	按单位性质划分	党政机关档案、事业单位档案、企业档案、军队档案、农村档案
4	按形成时期划分	历史档案（通常指新中国成立前档案，包括革命历史档案和旧政权档案）、现实档案（通常指新中国成立后档案）

在本书中，如果没有特别说明，档案的类型主要是文书档案、纸质档案、企业档案、现实档案。

四、档案管理工作的主要内容

档案管理也可称成为档案工作，是根据科学的原则和方法对档案材料进行系统管理并为社会需要提供服务的一项工作。档案管理工作的主要工作内容同时也体现为档案管理部门和人员的工作职责。

1．档案的收集

档案收集是指档案部门接收和征集档案的工作，包括对本单位或本地区归档材料的接收，也包括对社会人士捐赠档案的接收和对流散档案的收集。档案收集的目的是将分散的需要归档的材料收归到专业部门中进行有效的保管，解决档案材料的来源问题。

2．档案的整理

档案整理是将收集而来的零散文件，根据分类方案组成档案有机整体的工作，主要包括分类、排列、编号、编目等工作环节。档案经过整理之后就由零散、无序的状态转化为相互关系明确的档案系统。

3．档案的鉴定

档案鉴定指对档案的真伪、保存价值进行判断，区别不同档案材料的价值大小、保管期限。档案经过鉴定后可以有效淘汰无用的材料，使具有价值的材料得到合理的保管。

4. 档案的保管

档案保管是指对档案进行日常保护和管理，确保档案的安全，延长档案的寿命。档案经过科学、合理的保管，能够在较长时间内存放，从而为社会的利用提供更持久的服务。

5. 档案的统计

档案统计是以数字、数据等形式全面反映档案、档案工作和档案事业状况的手段，包括档案的收进、移出、整理、鉴定、保管、利用等各方面的统计结果，同时也可以对档案机构、人员、经费、设备等情况进行登记和统计。档案统计能够准确、集中地反映档案以及档案工作的客观情况，便于总结经验、科学决策和有效管理。

6. 档案的检索

档案检索就是有选择地查找已存储的档案或档案信息的过程。检索档案需要借助相应的工具来实现，这些工具主要是档案目录，因此档案检索一方面是对目录工具的使用，另一方面，从档案管理角度而言，也是编制目录（简称“编目”）的过程。档案编目就是对档案内容和形式特征进行分析、选择、浓缩和记录，并按照一定次序编排成为目录。档案目录主要有检索性目录（如分类目录、专题目录等）和介绍性目录（如全宗指南等）。档案的编目与检索工作为档案的利用创造了条件。

7. 档案的利用

档案利用是指根据社会需求，对现有的档案信息进行分析、组织并向外界提供信息成果的服务活动。档案利用工作主要包括提供阅览、提供证明、档案展览、提供咨询等方式。档案利用是档案价值得以实现的重要途径，也是档案工作的目的和本质职能之一。

8. 档案的编研

档案编研指对档案材料进行编辑与研究，是按照一定的选题，将重要的档案材料编辑成为文献出版物，或者将档案信息系统整理和浓缩编写成为资料汇编等成果。档案的编研成果主要有文献汇编、史料汇编、大事记、组织沿革、基础数字汇编等。档案编研是档案利用的高级形式，是对档案信息的深度开发，具有较强的专业性。

五、档案工作机构和人员

档案工作是一项系统复杂而且要求非常高的专业工作，需要设立专门机构来履行档案保管、利用以及编研的各项职能。在我国，档案工作机构主要有以下几种形式。

1. 档案行政管理机构

档案行政管理机构主要是指国家行政管理系统中专门履行档案管理职能的各级档案局、处等机构，分级负责管理、监督和指导相应地区、部门或系统内的档案业务工作。

2. 档案馆

档案馆是国家集中保管档案材料的场馆，是国家法定的专门永久保管档案的机构。在我国，档案馆一般按照地区来设置，有中央级档案馆和地方档案馆。

3. 档案室

档案室是各类社会机构（机关、企业、事业单位等）内部设立的集中保管本单位档案的组织部门，一般可以作为秘书部门的组成部分。档案室可以及时将本单位的归档文件进行保存与整理，灵活便捷地提供利用服务，同时也可以将需要永久保存的档案材料进行整理后向当地档案馆移交。档案室是单位和档案馆之间的桥梁。

档案工作人员就是从事档案管理工作的人员。在不同的档案机构中，档案工作人员的情况也有差异。在档案管理机构和档案馆中工作的人员一般应具有档案管理专业学历和技能，而在各种机构内设档案室工作的人员一般是秘书兼职。档案管理人员应具备相应的思想素质和专业素质，主要包括：第一，忠于职守、勤奋工作、乐于奉献的职业道德；第二，坚持原则、保守秘密的保密意识；第三，熟悉专业、精通业务的工作能力。

课题三

筹建与管理档案室

任务一　拟订筹建方案并采购用品

教学目标

- ◆ 了解档案室的职能和建设要求
- ◆ 了解档案室所需的设备用品
- ◆ 能够根据具体情况拟订合理的档案室筹建方案
- ◆ 能够根据需要采购合格的档案室用品

任务导入

A 集团第一分公司每年都会接收或制发上百份文件，其中许多都具有保存价值。日积月累，需要归档的文件越来越多。但是由于没有专门的档案室，所有归档文件只是用一个文件柜保存，不仅查找十分不便，而且还发生过档案被当成废纸变卖的事情。公司领导下决心要使档案管理规范化，决定设立一个专门的档案室来统一管理这些归档文件。领导将筹建档案室的准备工作交给了秘书李芸。

假定你是李芸，请根据以上背景，完成拟订筹建方案并采购用品的工作。

任务分析

档案室是保管档案材料的专业场所，是一个由基础设施、设备用品、档案材料、管理制度以及工作人员构成的复杂系统。档案室的建设需要遵循相关的标准和要求进行，因此李芸应首先了解国家相关部门制定的档案室建设指导意见，了解档案室的构成要素及其要求；然后根据本单位归档文件数量与类型、组织机构、房屋设施等具体情况，设计出档案室建设的初步方案，并将该方案递交领导审阅修订；领导审查同意筹建方案后，方可根据方案中列出的用品清单按照相关流程去采购质量合格的物品，为布置档案室做好准备。

相关知识

档案室是各类性质的社会组织统一保存和管理本单位档案的内部机构，是整个组织的组成部分。从全国范围的档案工作来看，档案室又是档案工作组织体系中最普遍、最基层的业务机构。

一、档案室的基本职能

档案室承担着集中统一管理本单位各部门形成的档案的任务，为本单位各项工作服务，并为国家积累档案史料，严格国家的保密制度，确保档案和档案机密的安全。档案室的基本职能主要有四个方面：

第一，指导和监督本单位文书部门或业务部门文件材料的归档工作。

第二，接收和保管本单位各部门交来的档案材料，进行必要的整理、鉴定、统计、编目和研究，积极开展利用工作，同时收藏和管理一些有关的内部书刊等资料，配合提供利用。

第三，定期把具有永久保存价值的档案向档案馆移交。

第四，收集行业、地区等方面的各种信息资料并编制内参文件。这一职能是在其他职能基础上拓展而来的，因此有的单位档案室的名称也叫做“档案资料（情报）中心”。

知识链接

数字档案室

随着信息技术的发展，档案开始出现电子化、数字化的趋势。电子数字档案数量日益增加，为了满足数字档案的管理需求，数字档案室应运而生。数字档案室尽管也需要一定的物理空间，但是在本质上主要是依托数字虚拟技术和网络技术而存在的。数字档案室也就是以电子档案为对象，以电子计算机等数字设备为手段，基于网络实现档案收集、整理、保管、保护、共享利用的档案管理模式。

二、档案室建设的原则

企事业单位的基层档案室建设要本着安全、实用、方便的原则进行选址、建设和管理。

1. 安全原则

档案室建设要能够保证档案材料的安全，这是首要的原则。档案室建设过程中要采取切实全面的措施消除多种安全隐患，如消防隐患、霉变隐患、失窃隐患、水浸隐患等。贯彻这一原则要求就需要在档案室的选址、基础设施、设备用具、制度建设、人员培训等方面严格执行相关的规定。

2. 实用原则

档案室建设的目的是为了基层单位更加有效地保管和利用档案，因此必须从单位对档案资料的需求出发，以满足工作中的各种实用要求。实用原则要求档案室建设不能过度追求高标准，而是要根据单位的具体情况因地制宜确定建设方案，做到规范性和灵活性相结合。贯彻实用原则需要认真研究本单位的组织结构规模、文件与档案材料数量、应用需求等因素，这样才能使档案室建设有的放矢。

3. 方便原则

档案室设立于基层单位内部，一方面贴近档案材料的来源，另一方面贴近档案利用需求的实际，因此，在档案室建设过程中，既要便于档案材料收集工作，也要便于提供利用工作。档案室建设的方便原则，实际上是对建成后更加有效、快捷地发挥应有作用的前瞻性要求。贯彻方便性原则需要对档案室空间布局、管理流程等方面进行精心谋划。

三、档案室的基础设施与设备

档案室的基础设施和设备是档案室的物质条件，是发挥档案保管和服务职能的先决条件。

1. 档案室的选址

选择档案室位置首先考虑安全的原则，选址应远离易燃、易爆、空气污染区，远离卫生间、热水房等特殊用房。用平房作档案室的，位置应在办公室附近，同时要高于周围地势，防止洪涝灾害对档案造成损害。楼房中的档案室，不要安排在顶楼、一楼、地下室或楼两侧，楼板承重必须达到档案库楼面均布活荷载要求，即 5 kN/m^2，采用密集架式不应小于 12 kN/m^2。无论是采用平房还是楼房，房屋必须坚固，符合建筑质量安全标准，不可采用临时建筑、活动板房作为档案室。

2. 档案室的房间构成

档案室发挥的职能是多方面的，为了使各项工作不会相互干扰，保护档案安全，应保证功能区房间的相对独立。档案室的房间设置一般包括库房、阅览室、办公室三种基本功能区。

图 3—1—1　楼房密集架式档案库房内景

（1）库房。库房即存放档案的空间场所，如图 3—1—1 所示。档案库房应符合档案保管的专业要求，但不同的档案机构在库房建筑配置上因受财力等因素的限制又有所不同。设立档案库房应注意：第一，库房必须专用，不能与办公室合用，也不能同时存放其他物品；第二，库房应远离火源、水源和污染源并符合防火、防水、防潮、防光等基本要求，全木质结构房屋不宜作档案库房使用；第三，库房应安装具有较好封闭性的铁制门窗，不宜采用自然光源，尽量减少外窗，如果必须设置外窗，应避免在东、西向开窗，并且悬挂厚窗帘以防强烈光线照射；第四，档案库房不宜设置天花板，并避免水管等管线通过；第五，库房面积应根据档案数量合理确定，一般应能够容纳本单位十年内产生的档案材料并留有余地。

（2）阅览室。档案室中的阅览室是专门为阅档者查看档案而设立的。阅览室应采用单独的房间，如果条件不具备，也可以在办公室中设立阅览桌。

（3）办公室。办公室是档案管理人员进行日常办公的场所，面积根据办公人员数量和办公需要确定，一般在 10 ~ 20 m^2。办公室应设有档案管理工作所需要的设备，如计算机、打印机、装订机等。

3. 档案室的装具

装具是用来存放档案的柜、架、箱等用具。常用档案装具的名称、类型及使用要求见表3—1—1。

表3—1—1　常用档案装具的名称、类型及使用要求

序号	名称	特点	类型	适用情况	使用要求
1	档案柜	①价格低廉 ②安装与使用方便 ③能够对档案提供基本的防尘、防光等方面的保护	一体式、组合式	档案数量有限	符合国家标准，金属材质，经过防锈处理，表面喷涂保护漆面
2	档案架（见图3—1—2）	①价格低廉，工艺简单 ②排放档案操作便利 ③对室内清洁要求较高		档案数量较多，档案盒使用量较大	符合国家标准，金属材质，经过防锈处理，表面喷涂保护漆面，安装地面承重达到特定标准
3	活动密集架	①节省库房空间和库房建筑费用 ②防火、防光、防尘的性能优越 ③安装复杂，成本较高	手动密集架、电动密集架	档案数量庞大的专业档案馆或档案室	符合国家标准，安装要求楼板承重力在800 kg/m^{2}以上
4	底图柜（见图3—1—3）	①占地面积小，存储量大 ②保密性优良，操作方便灵活 ③价格较高		专用于存放各类图纸	符合国家标准，金属材质，经过防锈处理，表面喷涂保护漆面，带有安全牢固的锁具
5	档案盒	①价格低廉 ②定制灵活 ③保管少量文件时使用方便	标准档案盒	普通文件	大小规格为A4（320 mm×220 mm），盒脊厚度可以根据需要设置为20～40 mm；无酸纸制作
			专用档案盒	专业文件，如会计凭证等	大小规格根据需要确定

图 3—1—2　档案架

图 3—1—3　底图柜

4. 档案室的设备

档案保管工作中所使用的技术设备种类很多，具体介绍见表 3—1—2。

表 3—1—2　　**档案室常用设备**

类型	名称	功能	使用要求
空气调节设备	空调机	调节室内空气温度	根据面积确定功率
	除湿机	降低室内空气湿度	选择家用除湿机即可
	排风扇	促进室内外空气交换	功率的选择和安装位置根据室内面积确定
	温度计、湿度计	检测室内空气温度和湿度	带有提示功能
消防设备	防盗报警器	监测盗窃行为	产品质量和安装符合公安部门要求
	防火报警器	监测火灾	产品质量和安装符合消防部门要求
	灭火器	消除较小的火情	一般采用手提干粉式灭火器，配备 2 ~ 5 台
档案设备	装订机	装订档案	一般采用装订缝纫机
	装裱机	对破损档案或陈旧档案进行裱衬，延长档案寿命	根据档案保护需要选用
	防磁柜	保护磁盘载体的电子档案	根据档案保护需要选用
办公设备	复印机	复印档案材料	复制幅面规格多样
	打印机	打印输出文件	一般采用黑白激光打印机
	计算机	档案管理	硬件质量可靠，安装有档案管理软件

5. 消耗品

档案室还需要使用一些低值易耗物品，如防霉防虫药品、吸湿剂、各种表格及办公文具等。

以上介绍的档案室的各种物质基础条件（用房、装具、设备等）是档案工作正常开展的必要前提，不同单位在建设档案室过程中可以根据自身情况、需要和经济实力（建设预算）来合理配置。

四、档案室的人员配备与制度建设

档案室不仅仅需要具备硬件基础，还要有相应的软环境建设，也就是需要理顺工作关系，配备专兼职工作人员并且加强制度建设。只有这两方面相得益彰才能使档案室的作用得到有效发挥。

1. 档案室工作的领导关系

档案室正常发挥职能，需要有清晰的领导关系。可以根据单位不同性质确定领导体制。在机关单位，要确定一名领导分管档案工作（一般是分管办公室工作的副职），负责档案工作重大问题的决策，办公室主任主管档案室工作，日常工作由综合管理部门（办公室、秘书科或综合科负责人）直接领导或具体组织实施。在企业、事业单位，可以由业务副职分管档案工作，日常工作由综合部门（即办公室）或技术部门（总工师办）直接领导。

档案室工作的领导与管理体制理顺后，单位领导机构需要在日常办公会上定期或不定期研究档案工作的重大问题，将档案工作纳入领导责任制，列入议事日程。

知识链接

企业档案管理的“三纳入”“四参加”“四同步”

三纳入：将档案工作纳入企业领导工作议事日程，纳入企业规章制度及工作流程，纳入企业有关人员的经济责任制或岗位责任制。

四参加：企业档案部门或档案人员参加产品鉴定、科研课题审定、基建项目验收、设备开箱验收或引进项目接收，负责检查归档的文件材料齐全、完整、准确、系统。

四同步：企业下达项目计划任务与提出项目文件材料的归档要求同步，检查项目计划进度与检查项目文件材料积累情况同步，验收、鉴定项目成果与验收、鉴定项目文件材料归档情况同步，项目总结与项目文件材料完成归档同步。

2. 档案室工作人员

档案室主任一职可由办公室主任兼任。如果档案管理工作比较繁重，可以设置2~3名专职档案员，并从中选择一名骨干为档案室副主任，负责日常业务工作。档案室工作人员应具有坚定可靠的政治立场，具备大学专科以上文化水平和一定专业知识，能够胜任档案工作。

3. 档案室制度建设

制度建设是保证档案工作顺利开展的重要保障。单位内部的档案室虽然规模很小，但是也不可忽视管理的制度化和规范化。档案室制度一般包括以下内容：文件材料收集、整理、归档制度，各类档案保管、鉴定与销毁制度，档案保密制度，档案利用制度，库房管理制度和档案人员岗位责任制。

档案室的制度建设一方面需要从本单位的具体情况出发，另一方面应符合国家档案法律法规，同时也应在日常工作中不断完善。

任务实施

完成本任务，需要按照四个阶段来进行相关工作，分别是：调研、撰写初稿、上交领导审批、采购。这四个阶段前后衔接、环环相扣，勾勒出筹建一个内部档案室的基本过程。在实际工作中，也可以根据本单位情况略有调整。

一、前期调研

前期的调研工作是必不可少的，主要目的是准确掌握本单位每年产生归档文件的数量、类型，同时了解本单位的组织结构，为以后的档案分类奠定基础。

在本任务中，筹建人员可以采用的调研方法主要有：第一，访谈法，也就是和本单位负责办文工作的领导或工作人员进行交流沟通，了解档案管理的需求，把握领导的意图；第二，统计法，也就是对已经存在的档案文件进行初步统计，了解每年产生的档案数量与类型，掌握现有档案文件的数量与类型；第三，问卷法，也就是围绕档案管理与服务需求设计问卷，请本单位相关人员填写，然后对问卷进行统计和汇总；第四，现场勘察法，也就是到当地档案馆或已经建有内部档案室的单位进行现场观摩，了解掌握档案室建设的常识，借鉴吸收建设经验。现场勘察还要对本单位目前的办公用房情况进行了解，以确定合理的档案室选址。

调研的基本结论可以写入筹建方案的前言部分中，作为筹建的依据和背景，表述时没有必要详细深入论证，简明扼要即可。

在本任务中，通过调研了解到以下几种基本信息：第一，本公司的组织结构相对比较简单，内设5个部门，其中施工部门下属的分支机构较多；第二，公司文件行文关系主要有与上级公司和当地行政管理部门之间的行文、与下属部门的行文、下属部门之间的行文，其中前两种行文关系所产生的文件所占比例较高；第三，归档文件的种类主要有日常事务管理类文件、合同与协议、财会报表、施工设计图表，除此之外还有少量的光盘；第四，每年产生的文件数量为150～200份，现有需要集中管理的归档文件数量大为600～800份。

二、拟写筹建方案初稿

调研结束后，整理获得的信息，并根据这些信息构思筹建方案的基本内容，这其中尤其要注意的是：第一，档案室的位置选取要符合相关规范；第二，档案室用房面积要能满足保管和利用的需求；第三，所需的装具、设备要列出清单；第四，建设的时间进度安排应合理，负责人职责明确；第五，对建设费用的估算应合理。

在本任务中，结合所收集的信息，撰写的筹建方案初稿如下。

档案室筹建方案（初稿）

近年来，我公司业务规模不断扩大，产生了大量具有保存价值的文件材料。现有需要归档保管的各类档案文件近700份，每年产生新的归档文件为100余份。由于没有专门机构和人员负责档案材料的管理，严重影响了档案的利用效果，甚至造成了档案材料的遗失。

档案室是企业集中保存档案资料、提供有效利用的专业部门。为了使我公司档案管理工作规范化、制度化，更好地发挥档案的信息服务功能，公司决定建立档案室。

1. 档案室名称

A房地产集团第一分公司档案室

2. 筹备小组

组长：副经理　刘青苗

副组长：办公室主任　岳爱华

成员：财务部　钱运来　办公室　李芸

3. 档案室拟选地址

公司办公楼204和206房间拟作为档案室用房。理由如下：

(1) 这两个房间面积均为20 m^2，作为库房的房间可摆放档案柜5～8个，能够存放文件材料在1万份以上，可以满足我公司十年的存档需求；

(2) 这两个房间在办公楼内，与各办公室距离较近，便于提供档案利用；

(3) 这两个房间位于二楼背阳面中间部分，地势较高，同时可以避免强光照射，有利于保护档案；

(4) 其中一间作为独立库房；

(5) 我公司档案管理工作量和阅读档案人次都比较少，因此不再划分独立的办公室和阅览室，而是两者共用一个房间，在室内划分不同的两个功能分区。

4. 平面设计草图（见图3—1—4）

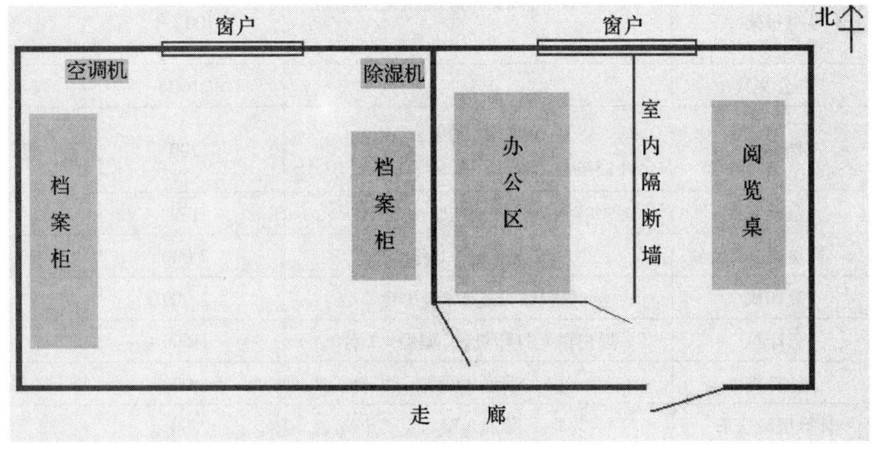

图3—1—4　档案室平面草图

说明：206房间作为独立档案库房；办公室和阅览室共用204房间，在室内划分两个功能区，中间采用室内隔断墙隔开；为了保证档案库房的安全，206房间的原有门封闭，在中间的非承重墙上打开一道门，两个房间共用一个对外出入门。

5．基础施工注意事项

（1）需将两个房间原有的木制门窗更换为铁制防盗门、防盗窗；

（2）档案室用电动力负荷采用380 V三相供电，照明负荷采用220 V单相供电；

（3）线路铺设必须为暗线，且根据要求选用线材；开关、插座必须符合安全要求；

（4）档案库房不宜安装水（气）暖，上下水管道禁止通过档案库房。

6．设备与物品清单

档案室所需要的设备与物品见表3—1—3。

表3—1—3　　档案室所需设备与物品

序号	名称	规格与数量	估算价格（元）	备注
1	空调机	2匹柜式机　2套	6 000×2	
2	除湿机	除湿量不低于2 kg/h　2台	2 000×2	
3	排风扇	排风量不低于100 m^3/h　2台	500×2	
4	温度计	2台	20×2	
5	湿度计	2台	20×2	
6	防盗报警器	2套	300	无线感应式
7	防火报警器	2套	200	
8	灭火器	4只	100	干粉手提式
9	禁烟指示标志	2个	15×2	
10	装订机	1台	300	
11	档案柜	不小于1 180 mm×390 mm×1 800 mm 6个	300×6	铁制，表面喷漆
12	书报架	不小于635 mm×1 060 mm×350 mm 4个	100×4	金属制
13	办公文具	1套	100	胶水、直尺等
14	档案盒	A4标准　50个 会计档案盒25 cm×14 cm×5 cm　10个	200	塑料和纸质
15	光盘档案夹	容纳20张光盘以上　3个	100	
16	阅览桌、椅	6人座位　1套	2 000	
17	复印机	黑白激光复印机　1台	2 000	
18	打印机	黑白激光打印机A4幅面　1台	1 500	
19	计算机	普通1套	5 000	
20	计算机桌、椅	普通1套	500	
21	办公桌、椅	普通2套	300×2	
22	防鼠、防虫药品	低毒民用	100	

7．管理体制与制度建设

（1）档案室为公司内设部门，归口公司办公室管理。

（2）档案室管理制度主要包括以下方面：

1）公司文件归档制度。

2）归档文件整理规则。

3）归档文件鉴定与保管制度。

4）档案借阅制度。

5）档案室日常管理制度。

6）档案室管理员岗位职责。

以上制度由办公室负责制定，待办公会讨论通过后颁布实施。

8. 建设进度安排（见表3—1—4）

表3—1—4　　建设进度安排表

建设阶段	所需时间	主要任务	责任人
筹备期	1个月	①调研；②提出建设方案	李芸
基础施工期	1个月	①粉刷修整房间；②改造门窗；③改装线路	岳爱华
采购物品与设备	1周	根据清单采购所需物品与设备	钱运来
安装设备与布置	1周	①安装各类设备；②摆放档案柜、阅览桌等	李芸
移入档案材料	1周	①收集、整理现有档案；②将档案移入档案室	李芸
检查验收与整改	1周	①公司领导实地检查；②拟订各项管理制度并提交办公会讨论；③针对领导提出的意见对档案室建设进行完善	刘青苗 岳爱华

9. 经费预算

设备与用品	32 310元
防盗门	800元
防盗窗	600元
室内隔断墙	1 500元
基础施工劳务费	3 000元
基础施工材料费	1 500元
其他费用	500元
费用共计	40 210元

起草人：李芸
2011年3月2日

三、上交领导审批

筹建方案初稿完成后，需要经过领导审批才能实施。秘书李芸应首先将该方案交给直接上司办公室主任岳爱华审阅，如果上司提出修改意见，那么秘书应继续对初稿进行完善。然后将方案再送交公司领导进行审阅和修改，没有问题后着手实施。

四、采购设备与物品

根据建设方案，秘书李芸应提出采购设备与物品的申请，根据批准的筹建方案所列出的物品填写采购审批表（见表3—1—5），并经过主管领导签字批准。

表 3—1—5 **采购审批表**

部门：办公室　　　　制表日期：2011 年 4 月 19 日

<table>
<tr><td>序号</td><td>名称</td><td>规格</td><td>单位</td><td>数量</td><td>单价</td><td>总价</td><td>入库时间</td></tr>
<tr><td>1</td><td>空调机</td><td>2 匹柜式机</td><td>套</td><td>2</td><td>6 000</td><td>12 000</td><td></td></tr>
<tr><td>2</td><td>除湿机</td><td>除湿量不低于 2 kg/h</td><td>台</td><td>2</td><td>2 000</td><td>4 000</td><td></td></tr>
<tr><td>3</td><td>排风扇</td><td>排风量不低于 100 m^3/h</td><td>台</td><td>2</td><td>500</td><td>1 000</td><td></td></tr>
<tr><td>4</td><td>温度计</td><td></td><td>台</td><td>2</td><td>20</td><td>40</td><td></td></tr>
<tr><td>5</td><td>湿度计</td><td></td><td>台</td><td>2</td><td>20</td><td>40</td><td></td></tr>
<tr><td>…</td><td>……</td><td>……</td><td>……</td><td>……</td><td>……</td><td>……</td><td>……</td></tr>
<tr><td colspan="2">金额总计</td><td colspan="6">32 310 元　大写：叁万贰仟叁佰壹拾元整</td></tr>
<tr><td colspan="2">购置理由</td><td colspan="2">新建档案室所需设备与物品</td><td colspan="2">部门意见</td><td colspan="2">年 月 日</td></tr>
<tr><td colspan="2">财务部意见</td><td colspan="2">年 月 日</td><td colspan="2">公司领导意见</td><td colspan="2">年 月 日</td></tr>
</table>

具体的采购工作由采购人员负责完成。如果没有专门负责采购的人员，也可由秘书来实施采购。在采购这些物品时，需要注意以下几个方面：

第一，选择合适的供应商进行产品筛选、价格协商、支付货款、交付货物等一系列工作。采购过程中务必认真检查商品质量情况，避免购买到假冒伪劣产品。

第二，选择适当的采购途径与方式。经常采用的方式主要有三种，即口头订购、书面订购、电子商务。口头订购是通过电话或面谈等渠道向供应商询问相关信息，并进行沟通与谈判，达成购买协议；书面订购是采购方以书面文件的形式列出所需商品的名称、数量、规格、送货时间等信息，供应商按照要求提供相应产品；电子商务订购是在电子商务网站上选择所需产品，以在线订单、在线支付的方式向供应商发出购买信息，供应商通过快递等物流渠道将商品发送到采购方。不同的物品应采用相应的采购渠道和方式，例如空调机等设备一般是口头采购，而档案盒等物品可以通过电子商务采购。

第三，采购过程中务必严把质量关，防止买到不合格的产品。方法主要有：到正规商家和大型商场购买，查看商品的质量检验文件或合格证，与商家确定售后服务协议、退换货协议，特定商品（例如灭火器）可到有关部门指定或授权的商家购买。

技能训练

一、请通过网络等途径，收集关于档案柜的详细信息，并用表格形式列举出所收集的类型档案柜的尺寸规格、制作工艺、结构特点、价格等信息，分别说明各类档案柜的适用情况。

二、假如你所在的系（部）准备成立一个档案室，请认真调研系内文件档案的基本情况，然后根据调研结果撰写一份档案室筹建方案。并和同学相互交流、互评，找出各自的优点和不足。

任务二　布置与管理档案室

教学目标

- ◆ 了解档案室设备与物品布置摆放的要求
- ◆ 了解档案室日常管理的工作内容与要求
- ◆ 能够根据工作规范布置档案室内部设备与物品
- ◆ 能够根据工作规范摆放档案材料
- ◆ 能够根据要求开展档案室日常管理工作

任务导入

A 房地产集团第一分公司在筹建档案室过程中，已经顺利完成了方案审批、基础施工、设备采购等工作。

假定你是该公司的秘书李芸，请根据上一任务所制定的筹建方案，完成布置与管理档案室的工作。

任务分析

档案室基础施工完成后，应立即着手布置档案室的各类设备与物品。秘书应首先了解各类物品的摆放要求，根据档案室布局的具体情况合理使用室内空间。设备与物品的摆放应做到规范、合理，便于对档案材料的利用，同时也能保护档案并延长其寿命。然后将现有档案材料移入保管，秘书必须重视最初的材料摆放工作，根据利于档案保护盒使用的原则规范放置档案，这是档案室真正发挥职能的起点，而且会对以后接收档案材料造成影响。

档案室建成后，良好的日常管理是其正常运行的保障。管理人员应对库房等重点部位加强管理，保护档案安全。

相关知识

档案室内存放的主要物品有档案材料、档案柜、桌椅以及多种电器等，数量和种类比较繁多，因此必须精心布置，以便于日后开展工作。

一、布置档案室的基本要求

1. 有利于保护档案安全

档案室的建设和管理要始终将保护档案安全放在突出的位置，在布置档案室各类物品设备时，要考虑到它们可能存在的安全隐患。除非必要，档案库房内不能放置长时间运行的电器设备，如计算机等，以防出现自燃危及档案材料安全。

2. 有利于提高工作效率

档案室的空间布置，尤其是档案柜和档案材料的摆放方式与顺序，直接决定将来的查找、利用和管理的效率。科学合理的摆放可以极大地减轻工作量，降低工作强度；反之，杂乱、无序的摆放会给查找和管理造成不便，而且容易发生遗失和损坏。

3. 符合安装技术标准

档案室内所使用的一些设备需要遵循必要的技术标准来安装，这样既可以使设备发挥应有的作用，同时也能保障档案安全。档案室内的电源线路必须符合工程规范，所使用的构件应符合质量标准，电路的负载功率应满足档案室各类用电设备的需求，防止出现电路发热自燃。安装防火与防盗报警设备应符合相应的技术标准，否则就会形同虚设。

二、档案材料摆放的基本方式

档案在装具中的摆放方式有竖放和平放两种，二者的优点和缺点见表3—2—1。

表3—2—1　　档案材料摆放方式及优缺点

类型	优点	缺点	备注
竖放式	档案盒的脊背向外，可以直接看到脊背上的档号，查找、整理、归还都比较方便	盒中档案材料较少时容易造成纸张卷曲	大多数档案材料使用这种方式
平放式	有利于保护档案，其空间利用效率也稍大些	抽出和插入档案不方便；需在每一摞夹一纸条或卡片标明其起止编号	多用于保管珍贵档案，纸张柔软、幅面过大、不宜竖放的档案也应平放。采用这种方式应适当控制叠放的高度

三、档案室日常管理工作的基本内容

档案室可以划分为档案库房、办公室和阅览室等三个区域，其中对库房的管理是日常管理工作的重点。

1. 进出库房管理

档案库房是保存档案的重要场所，因此必须对进出库房的人员及其进出的方式、时间、要求等进行必要的限制并做出专门的规定。

2. 库房温度与湿度控制

库房内的温度和湿度是直接影响档案“自然寿命”的环境因素。库房气温应控制在14～20℃之间，相对湿度应在50%～65%之间。为了及时了解这两项数据，库房内需要配置精确、可靠的测量仪，并且对温度和湿度进行登记。

3. 防范八种危害

档案管理工作中应做到“八防”，即防火、防水、防潮、防霉、防虫、防光、防尘、防盗。八种危害基本上概括了对档案实体可能造成危害的所有自然的和人为的因素。

4．库房与装具的有序化

开展定期的布置或整理工作，使档案柜、档案盒等装具整齐有序，档案材料的编号以及排放方式井然有序，从而便于查找利用。

在对档案进行存放的过程中，务必认真细致，避免发生存放秩序上的错乱现象。

5．做好提供利用工作

档案管理的一项重要工作是面向需求者提供利用。这项工作必然会有档案工作人员之外的其他人介入，因此会增加一些工作中的变数。在提供利用过程中，档案工作人员应严格按照相关的制度规定，履行必要的工作程序，向查阅者提供优质的服务，同时保护档案安全和信息安全，保持档案排序良好。

6．定期检查、清点

对库房和档案应进行定期的检查和清点，并将此作为一项长期的制度化措施。定期检查和清点的方向主要有：第一，档案是否发生霉变、虫蛀等；第二，库房中是否存在安全隐患等危险因素；第三，档案调出和归还是否履行了必要的手续；第四，档案次序是否混乱，是否有长期使用未归还的档案。定期检查的周期可以以月、季、节假日为周期，定期清点的周期应比定期检查的周期长一些。

7．管理全宗卷

全宗是一个独立机关、组织或个人在社会活动中形成的档案有机整体，而全宗卷就是全宗内所有档案材料的管理信息的集合，是对全宗内档案实施管理过程中所形成的信息的记载和反映，是了解全宗基本情况的一个工具。从性质上看，全宗卷完全不同于全宗内的档案。

一个基层单位内部的档案室往往只设立一个全宗，因此全宗卷就是对该单位所有档案材料管理信息的记录。例如归档文件移交清单等会归入到全宗卷中。管理全宗卷，需要将相关的清单、列表、登记表等材料有序地排列到里面，并在档案材料状况发生变化时及时更新全宗卷中的相应信息。

四、影响档案纸张寿命的因素

档案的主要载体是纸张，纸张的寿命直接决定着档案的保存时间。由于受到各种因素的影响，纸张主要化学成分发生不可逆的化学变化，就会出现老化的现象。纸张老化的直观表现是白度下降、颜色泛黄，机械强度下降，更易撕裂破损，同时会酸度上升，pH 值减小。造成纸张老化的原因主要有两个方面，一是纸张本身的制造原料、工艺，二是外界环境的影响。

制造纸张所使用的原材料大多来源于植物，其主要成分是纤维或半纤维，随着时间的推移会发生水解、氧化、光解等反应，降低纸张的各项物理机能。另外，纸张在生产过程中会残留酸性物质、氧化剂、金属离子等，也会在空气中或光照情况下发生复杂的反应，从而破坏纸张。

档案存放的环境如果存在高温、高湿、强光线、酸性物质、氧化剂、微生物等条件，都会使纸张加速发生水解、氧化和光解反应，从而缩短纸张寿命。

影响纸张寿命的各种因素无法彻底消除，只能在档案管理和保护工作中采取严密的措施降低不利因素的影响，减缓纸张所发生的各种反应的速度，从而最大限度地延长档案寿命。

知识链接

修复损坏档案的常见方法

1. 纸质档案去除各类污斑

（1）去除泥斑、水斑等污斑。将档案固定在适当大小的玻璃上，一起放入盛有温水（70℃）的容器内使黏土溶解，水洗时可用软刷轻轻刷洗污斑。水洗后取出档案在吸水纸上压干。水溶性字迹档案不适用此办法。

（2）去除油斑、蜡斑。将档案反扣在滤纸上，用镊子夹一棉球，蘸上溶剂，在档案背面擦除油斑。油斑溶解后，即被下面的滤纸吸收。擦除油斑时要经常换滤纸和棉球。去蜡斑时，应当先用手术刀小心刮掉蜡层，然后在档案上下各放一张滤纸，用熨斗在蜡斑处熨烫，这时未刮下来的蜡遇热熔化，被滤纸吸收。随后即可用去油斑的方法去除尚未除尽的蜡斑。

另外，去除霉斑、蓝黑墨水斑使用氧化剂（漂白粉、高锰酸钾、氯胺 T、二氧化氯、过氧化氢、次氯酸钠等），方法同上。

2. 档案纸张加固技术

（1）涂膜加固。将乙基纤维等化学药剂喷涂或者刷在档案表面，待溶剂挥发后，会在档案纸张上形成一层薄膜，这层薄膜可起到防水、耐化学腐蚀和抗磨的作用，并且与纸张、字迹不发生化学反应。照片档案也可以采用涂料加膜的方法对乳剂层进行保护。

（2）塑料薄膜加固。在档案的正反两面或一面加上一层透明薄膜，用以保护字迹，增加纸张强度，根据加膜方法不同，可以分为热压加膜和溶剂加膜。

（3）丝网加固。先用蚕丝织成网，然后向网上喷上聚乙烯醇缩丁醛胶黏剂，将有胶黏剂的丝网覆盖在档案上，在一定温度、压力下，使丝网和档案黏合在一起。丝网透明，不影响字迹的清晰度，适合加固上面有字的酥脆档案。

（4）档案修裱技术。利用传统方法制作的小麦淀粉为胶黏剂，运用修、补、托裱等传统方法，对破损档案进行修复。通过修裱可使档案被虫咬的孔洞和局部腐朽、残破等得到修复，并增加档案的机械强度。

任务实施

在本任务中，筹建人员需要首先将购置的各类档案工作用品按照规范正确放置。其中，空调器、除湿机等设备可由厂家售后安装人员按照相关技术规范进行安装和调试，计算机等设备可以根据常规的安装摆放方式放置，此处不再赘述。档案室布置工作仅在投入使用之前来做，当档案室正式启用后，日常管理工作就成为工作人员的基本职责。

一、摆放档案柜（架）并编号

档案柜（架）是存放档案材料的主要装具，摆放时要做到以下几点。

首先，排列一致，横竖成行，不同规格式样的分排，档案柜（架）的放置方向应和有窗户的墙体垂直，如图 3—2—1 所示。

图 3—2—1　档案柜（架）与窗户垂直

其次，档案柜（架）之间的主通道净宽不小于 1 m。两行档案柜（架）之间净宽不小于 0.8 m，档案柜（架）背面与墙的间隔不小于 0.1 m，顶端与天花板间隔不小于 0.5 m。

最后，档案柜（架）摆放务必平稳，防止出现摇晃、倾斜等现象。

每一个档案柜（架）都应具有相应的编号，编号的规则一般是：以库房入口紧邻的档案柜（架）为起点开始，依次为同一排的所有档案柜（架）编号，回行到下一排时顺序为从右向左。在本任务中，库房内的档案柜编号结果如图 3—2—2 所示。

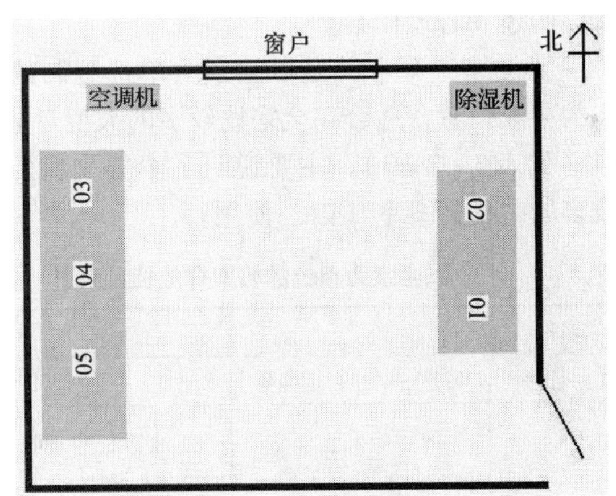

图 3—2—2　档案柜编号示意图

二、各类物品的摆放

将禁烟标志分别悬挂在档案库房和办公室（阅览室）的醒目位置，距离地面高度约 1.5 ~2.5 m。悬挂时应注意角度端正，禁止出现倾斜。

将手提式干粉灭火器摆放在档案室入口一侧，不可放在档案库房之内。根据消防器材安全规范，灭火器应存放在专用的器材箱内，器材箱的开盖应比较简便，确保取用方便。

温度计和湿度计应根据库房的面积大小合理设置数量，一般需要放置两组。一组放在通风比较好的位置，另一组放在通风较差的偏僻的位置，这样可以对整个库房的温湿度情况进行准确测量。温度计和湿度计一般悬挂在墙面之上，距离地面高度在 1.6 ~2 m 之间。

档案室的各项管理制度应制作成适合悬挂的形式，在办公室中选择一面墙集中展示出来。

三、移入档案材料

在移入档案材料之前，应确保档案整理工作已经完毕，档案序列已经确定。如果移入档案材料的时候，整理工作还没有结束，那么在移入过程中应边整理、边摆放。关于整理档案的工作程序、方法和要求可参见本书课题四“档案整理与保管”的介绍，此处仅介绍移入档案材料时应注意的事项。

1．正确摆放档案盒

首先，根据移入材料的情况合理选择竖放式还是平放式的放置方式。对于普通的档案文件，可以将其按照一定次序装入档案盒中，然后将档案盒竖放在档案柜（架）上；技术图纸等幅面较大的档案，则应选择平放式，将其按次序排好后装入特殊的大幅面装具之中，平放在档案架上，注意叠放的数量不要太多。

其次，档案盒在竖放时要注意，案盒之间应排列紧密，不能出现空挡，防止案盒倾斜。如果案盒数量比较少，不能排满档案柜的一层，那么可以使用挡板等物品保持末端案盒直立。

最后，档案盒排列的顺序是从上到下、从左到右，即将编号靠前的档案盒从档案柜（架）的上层开始排，排满一层后接着排下一层，每一层从左向右排列。

2．编制存放位置索引

在向档案柜内摆放档案和档案盒时，还要注意填写《存放位置索引》。这种索引采用表册或卡片的形式，将档案材料在库房以及装具中的位置标示出来，是档案存放秩序的记载和反映，便于工作人员调取、归还和管理档案。

存放位置索引有两种主要类型：第一种是以全宗为单位编制的索引（见表3—2—2），主要说明了各个全宗档案的存放位置，适合在全宗比较多的大型专业档案馆使用；第二种是以库房为单位编制的索引（见表3—2—3），主要说明了库房及装具中所存储的档案材料有哪些，比较适合库房比较多的中型档案室（馆）使用。

表3—2—2　　以全宗为单位的档案存放位置索引

全宗名称			全宗号					
案卷（盒）目录号	案卷（盒）名称	目录中案卷起止编号	存放位置					
			楼	层	间	架（柜）	栏	格

表3—2—3　　以库房和装具为单位的档案存放位置索引

楼：		层：		房间：			
档案柜（架）列	档案柜（架）编号	层（格）	存放位置				
			全宗号	全宗名称	案卷目录号	案卷目录名称	起止卷号

在本任务中，档案室的规模比较小，保管的档案仅为一个全宗，而且库房也只有一个，因此上面两种存放位置索引不完全适合。在上两种索引的基础上，可以将档案柜作为单位来编制本档案室的存放位置索引，参考样式见表3—2—4。

表3—2—4　　第一分公司档案室档案存放位置索引

箱柜号	01	02	03	04	05
类别					
年度					
保管期限					
目录号					
起止卷/件号					

3. 粘贴标志牌

标志牌是粘贴在档案柜（架）适当位置的指示标志，用于说明档案柜（架）的编号或柜架层格中档案的起止编号与类别。

标志牌可以采用计算机打印的方式制作，也可以在购买档案柜（架）等装具的时候索要配套的标志牌。

如果档案柜（架）自身带有标志牌的槽口，那么应将做好的标志牌插入其中。没有槽口的话，也可以用胶水粘贴固定。档案柜（架）的标志牌一般粘贴在面向通道的柜体面板上，档案柜（架）的层格标志牌应粘贴在相应的层格旁边。

四、建立全宗卷

全宗卷是与本档案室档案材料有关的一系列文件的集合，是对本档案室收藏档案基本情况的反映。全宗卷需要独立使用一个档案盒，不能与其他的普通档案混合放置。在档案室筹备成立的时候，应专门准备一个档案盒用于存放相关的文件材料，这些材料主要包括以下几种类型：档案交接凭据、立档单位与全宗历史考证、整理工作方案、档案实体分类方案（分类表）、保管期限表、移进移出记录及手续（凭据）、对全宗档案进行检查与清点的历史记录及所发现的问题记录、档案受损情况记录和实施补救性措施的记录材料、档案销毁清册。总之，凡是在档案管理活动中形成的对全宗状况及全宗历史有原始记录意义的文字、图表等材料均应归入全宗卷中。在档案室的日常管理工作中，要注意随时向全宗卷盒内添加相关文件材料，或者及时更新其中的文件信息。

五、库房日常管理

档案库房管理工作内容的主要目的是维护档案秩序和保护档案实体，主要工作内容可分为以下几个方面。

1. 出入库房管理

档案库房是保存档案的重要场所，一般情况下非工作人员禁止进入库房，如果必须进入，那么应由档案管理者全程陪同。对出入库房人员情况应进行必要登记，本任务中的登记表样式见表3—2—5。

表 3—2—5　　　　出入库房登记表

姓名	入库时间	出库时间	入库原因	本人签字	备注
李芸	2011 年 6 月 3 日 08：55	2011 年 6 月 3 日 09：05	检查 库内温湿度	李芸	

2. 采光控制

光线是影响档案寿命的重要因素之一，因此库房内的采光应避免对档案造成潜在损害。档案库房适合使用磨砂白炽灯，功率在 40 ~ 60 W 之间，并在灯泡外面加装防爆罩。禁止使用日光灯或荧光灯，如果使用这两种灯具，那么应加装紫外线过滤罩，防止灯光中的紫外线加速档案老化。

档案库房窗户要安装红黑两色窗帘，当室外阳光较强时，应将两种窗帘同时拉开遮挡光线，避免阳光直射档案。

3. 除尘与防霉

库房的封闭性应比较好，防止外界灰尘飘入。但是往往在经过较长一段时间后，空气中的灰尘会降落积累在档案材料和装具上。灰尘中容易滋生细菌，同时也影响美观，在取用档案时会污染双手，因此应定期对库房进行除尘。除尘可以使用吸尘器，小心地将档案、档案柜、地面、墙面等部位的灰尘消除。在除尘操作过程中，如果要使用抹布，务必要注意不可将抹布上的水沾染到档案材料上面。除尘结束后，要注意查看湿度计，如果显示超过 65% 则应开启除湿机。

霉变是档案材料上带有的细菌造成的，保存时间越长的档案霉变的概率越高。为了防止霉变，可以在归档整理时利用消毒柜对档案材料进行处理，杀灭细菌。日常管理时可以采用开窗通风和放置防腐药剂的方法防范霉变。在日常检查中，要对保存时间较长的档案重点检查是否存在霉变迹象。

六、日常检查登记

对档案室基本情况进行日常例行检查与登记是掌握档案室运行状况的重要手段，也是保障档案安全的必要措施。检查登记的主要方面有库房温湿度、设备状况、安全状况等。

1. 登记温湿度变化情况

随时测量并记录库房温湿度的具体指标状况，并记录在档案库房温度湿度登记表（见表 3—2—6）中。

表 3—2—6　　　　档案库房温度湿度登记表

档案室名称：第一分公司档案室　　时间：2011 年 6 月　　记录人：李芸

日期	时间	天气	温度℃	相对湿度%
1 日	10:00	晴	25.4	50.3
	15:00	晴	27.1	50.1

续表

日期	时间	天气	温度℃	相对湿度%
2 日	10:00	阴	21.2	53.4
	15:00	小雨	20.3	55.3
3 日	10:00	多云	21.0	53.4
	15:00	多云	22.2	52.3
……	……	……	……	……

当温度超过 25℃、相对湿度超过 65% 的时候，应开启空调机、除湿机降温除湿。

2. 检查消防设备

重点查看灭火器等消防器材是否齐全，零部件是否完整，是否超出保质期。同时还要检查防火报警器工作是否正常，各项功能是否开启。另外，还要检查室内的各类电器是否存在自燃隐患，电力线路是否存在隐患。如果发现隐患，应实事求是地登记并及时采取措施消除火灾危险。

3. 检查防盗设备

重点检查防盗窗、防盗门是否安全牢固，是否存在松动、老化、生锈等情况，检查防盗门钥匙保管情况，同时也要检查所安装的防盗报警装置是否工作正常。

4. 检查有害生物活动迹象

老鼠、蚂蚁、蟑螂等会给档案造成不可挽回的损伤，因此在日常检查中应特别留意这些有害生物的活动迹象。如果发现有害生物，应及时投放防杀药物或者使用电子杀虫仪。严禁在档案室内存放食品，以防招来老鼠等有害生物。

5. 检查档案材料完整情况

档案在保管过程中经常对外提供利用，因此可能会出现顺序错乱、长期未归还、借阅手续不全等各类问题。日常管理的一项重要工作就是及时发现并处理这类问题，以防小问题堆积发展成严重的问题。

日常检查的内容和项目除了以上介绍的之外，还包括各类档案设备的基本情况。检查过程中应对结果进行及时、准确的记录，所使用的登记表样式见表 3—2—7。检查登记表应集中存放，妥善保管。

表 3—2—7　　档案室日常检查登记表

档案室名称：第一分公司档案室　　检查日期：2011 年 6 月 30 日

序号	检查类别	检查项目	检查结果	处理措施	备注
1	排序状况	案卷（盒）次序	符合要求		
		卷（盒）内文件次序	符合要求		
2	完整状况	案卷（盒）完整情况	符合要求		
		卷（盒）内文件完整情况	符合要求		

续表

序号	检查类别	检查项目	检查结果	处理措施	备注
3	防火	严禁烟火标志	符合要求		
		消防器材	符合要求		
		防火报警器	符合要求		
		电线	符合要求		
4	防水	漏水（雨）情况	符合要求		
		水浸情况	符合要求		
		自来水（暖气）管道	符合要求		
5	防潮	湿度计	符合要求		
		湿度登记	有漏登现象	提醒工作人员严格登记	由李芸负责办理
		抽湿机	符合要求		
6	防霉	通风设备	符合要求		
		霉变情况	符合要求		
		防霉措施	符合要求		
7	防虫（鼠）	虫鼠活动痕迹	无		
		虫鼠活体	无		
		虫鼠破坏情况	无		
		防治药品、设备	符合要求		
8	防光	人工光源	符合要求		
		窗帘	符合要求		
9	防尘	建筑密封性	符合要求		
		除尘设备	符合要求		
		除尘措施	符合要求		
		除尘周期	符合要求		
10	防盗	防盗门	符合要求		
		防盗窗	符合要求		
		钥匙	符合要求		
		防盗报警器	符合要求		
		失窃情况	无		
11	设备情况	计算机设备	符合要求		
		打印机	符合要求		
		空调机	符合要求		
		装订机	符合要求		
		档案柜	符合要求		

续表

序号	检查类别	检查项目	检查结果	处理措施	备注
12	工作环境	办公室环境整洁情况	符合要求		
		办公家具	符合要求		
		管理制度	未悬挂。原因：领导正在审阅制度文件，尚未定稿	请求领导于7月3日前审阅完毕，6日前定稿，7～8日制作悬挂	由李芸负责办理

检查人：岳爱华　李芸

技能训练

一、档案保存过程中会受到各类害虫的侵害。通过网络收集关于档案害虫的信息，分别解答以下问题：

1. 常见的档案害虫有哪些？
2. 档案害虫会造成哪些危害？
3. 杀灭档案害虫有哪些方法？这些方法的优点和缺点分别是什么？

二、参观本校或当地的档案室（馆），回答以下问题：

1. 该档案馆的功能区是如何划分的？
2. 档案库房内的装具是哪种类型？
3. 档案库房内的主要设备有哪些？
4. 档案库房内档案柜（架）是如何编号的？
5. 档案库房的安全防护设施与手段都有哪些？
6. 档案馆的日常管理都包括哪些工作内容？

课题四

档案整理

任务一　档案分类与排列

教学目标

- 了解档案分类的基本方法
- 能够合理确定档案分类方案
- 能够按照要求对归档文件进行排列

任务导入

A 房地产集团第一分公司的档案室顺利完成了全部筹建工作，上司要求办公室秘书李芸兼职管理档案室。为了更好地发挥档案室的作用，李芸准备在将原来积累的档案文件正式移入档案室之前，对这些档案进行必要的整理。

假定你是李芸，请根据以上背景，完成档案文件的分类与排列工作。

任务分析

对原有档案文件进行分类，是档案整理工作的基础任务，分类方案不仅制约排序结果，而且还决定着编号规则。要想为公司档案进行分类，需要首先了解档案分类常用方法，在此基础上结合本单位的档案情况制定适合的分类方案，并据此对原有的散乱档案进行整理排列。

相关知识

档案分类有广义和狭义两种理解。广义的分类介绍可参看本篇“前导知识”中档案类型的相关介绍，在这里讲的是狭义的全宗内档案分类，主要分类对象是纸质书面档案文件。档案分类就是依据一定的标准，按照档案来源、时间、内容和形式特征，对档案进行有层次的区分并组成一定的体系。

声像、照片或其他非纸质载体形式的档案，其形成、内容和作用与纸质载体有着不可分割的联系，一般不单独设置类目，可视其内容特征同纸质档案对应分类。

一、档案分类的基本方法

档案文件往往包含多种特征，例如形成的时间、来源机构、涉及事务、保管期限等，选择其中的一种特征作为依据标准就是分类的基本方法，见表4—1—1。

表4—1—1　　档案分类的基本方法

分类方法	基本含义与分类依据	基本要求	操作要点
年度分类法	根据归档文件形成和处理的年度分类	正确地判定文件的日期并归入相应年度是问题的关键 确保不同年度的文件不得混淆	以文件签发日期（即落款日期、成文时间）为标准判定所属年度； 跨年度文件以办结年度为准； 判断几份文件是否为一件时的标准是：正本时间、正文时间、转发文件时间、复文时间； 采用专门年度开展工作的可按专门年度划分，如教学年度（上年9月至下年8月）、农业年度（上年冬季至下年秋季）等； 归档文件没有标注日期时，应通过各种手段考证出其形成时间
机构分类法	根据内部组织机构设置情况对归档文件分类	归档文件主要为本单位产生的文件 本单位内部设有组织机构而且数量稳定	机构名称就是分类名，机构的排列顺序一般按单位的机构编制序列排列即可； 原则上以哪个机构名义发文的文件就归入哪个机构的类中，归档文件为联合行文，则归入主办单位所在的类目中； 内设临时机构，应和其他机构一样设类，形成的归档文件归入该类保存
问题分类法	根据归档文件内容所涉及的工作事务与问题分类	类别应反映单位基本职能 类目概念明确，不得交叉	在归档文件数量较少而且其他特征不明确的情况下使用这种分类方法； 类目设置能够涵盖本单位所有工作职能和内容
保管期限分类法	根据为归档文件划定的不同保管期限分类	将不同价值的归档文件从实体上区分开来，便于有针对性地管理和保护	制定合理科学的档案保管期限表是采用这种分类方法的重要前提条件； 合理划分归档文件的保管期限，一般分为永久、定期两大类，其中定期又可分为不同的年限

1991年7月国家档案局发布的《工业企业档案分类试行规则》，适用于全国工业企业档案的分类整理。它是以全部档案为对象，依据企业管理职能，结合档案内容及其形成特点，着眼于档案所涉及的内容（问题），分为10个一级类目：党群工作类、行政管理类、经营管理类、生产技术管理类、产品类、科学技术研究类、基本建设类、设备仪器类、会计档案类、干部职工档案类。这个针对档案内容的分类标准可以作为参考用于上面所介绍的问题分类法中。

“保管期限”即档案保存的时间界限。我国曾经流行“三分法”，即将档案保管期限分为永久、长期和短期三种类型，其中长期一般为16～50年，短期为1～15年。2006年12月国家档案局发布了《机关文件材料归档范围和文书档案保管期限规定》，将保管期限分为永久和定期两大类型，其中定期再具体标时，一般为30年和10年，改变了原来比较模糊的时段划分。由于这项规定开始执行的时间较短，所以许多档案管理单位对保管期限的划分仍然沿用原来的“三分法”。本书提倡使用新的划分方法，同时在介绍相关知识时也兼顾传统的做法。

二、复式分类法

在档案分类基本方法的基础上，综合使用多种分类标准，就是复式分类法。在档案管理的实际工作中，当归档文件数量较多时，分类工作需要分层进行，单纯采用一种分类方法的情况是比较少见的，较多的是将几种分类方法结合使用，称之为复式分类法。但其中“年度”“保管期限”是必选项，任何复式分类法都必须具备，“机构（问题）”作为选择项。这些作为分类依据的特征会形成不同的组合，产生以下几种分类方案。

1. 年度—机构—保管期限分类法

即将归档文件按年度分类，每个年度下按机构分类，再在组织机构下面按保管期限分类。这种分类方法适用于内部机构虽有变化但不复杂的立档单位。采用这种分类法，在库房排架时，每年形成的档案按机构序列依次上架，不必预先留空，也避免了倒架，库房管理非常方便，同时，可将一个年度同一机构形成的文件，按保管期限不同依次排列在一起，更便于实体查阅。此方法适用于现行机关单位文件整理归档工作，特别是推行部门整理归档的机关单位。如：

2008年：办公室……永久、定期
　　　　财务处……永久、定期
　　　　保卫处……永久、定期
2009年：办公室……永久、定期
　　　　财务处……永久、定期
　　　　保卫处……永久、定期
2010年：办公室……永久、定期
　　　　财务处……永久、定期
　　　　保卫处……永久、定期

2. 保管期限—年度—机构分类法

即先将归档文件按保管期限分类，每个保管期限下按年度分类，再在年度下面按机构分类。这种分类方法同样适用于内部机构虽有变化但不复杂的立档单位。采用此种分类方法，在库房管理时，不同保管期限分别排架，更便于档案馆移交档案。但每个保管期限应预留空架，以备以后各年档案陆续上架，否则需要每年倒架。此方法适用于现行机关文件整理归档工作。如：

永久：2008年办公室、财务处、保卫处
　　　2009年办公室、财务处、保卫处
　　　2010年办公室、财务处、保卫处
长期：2008年办公室、财务处、保卫处
　　　2009年办公室、财务处、保卫处
　　　2010年办公室、财务处、保卫处

短期：2008 年办公室、财务处、保卫处

2009 年办公室、财务处、保卫处

2010 年办公室、财务处、保卫处

3. 机构—年度—保管期限分类法

即先将归档文件按机构分类，每个机构下按年度分类，再在年度下面按保管期限分类。这种分类方法适用于内部机构基本固定或少有变化的立档单位以及撤销机关的文件整理归档工作。采用此种方法，在库房排架时需要留空，而预留空架的数量不好掌握，有时必须倒架。如：

办公室：2008 年……永久、长期、短期

2009 年……永久、长期、短期

2010 年……永久、长期、短期

财务处：2008 年……永久、长期、短期

2009 年……永久、长期、短期

2010 年……永久、长期、短期

保卫处：2008 年……永久、长期、短期

2009 年……永久、长期、短期

2010 年……永久、长期、短期

4. 年度—问题—保管期限分类法

即先将归档文件按年度分类，每个年度下按问题分类，再在问题下面按保管期限分类。这种分类方法多用于内部机构变化复杂，或由于机构之间分工不明确、文书工作不正规等原因导致难以区分文件所属机构，以及没有内部机构或内部机构非常简单等情况。此方法适用于现行机关文件整理归档工作。

2010 年：党群类……永久、长期、短期

业务类……永久、长期、短期

行政类……永久、长期、短期

5. 保管期限—年度—问题分类法

即先将归档文件按保管期限分类，每个保管期限下按年度分类，再在年度下面按问题分类。这种分类方法同样适用于不宜按机构分类的情况，多用于现行机关文件整理归档工作。

永久：2008 年……党群类、业务类、行政类

2009 年……党群类、业务类、行政类

2010 年……党群类、业务类、行政类

长期：2008 年……党群类、业务类、行政类

2009 年……党群类、业务类、行政类

2010 年……党群类、业务类、行政类

短期：2008 年……党群类、业务类、行政类

2009 年……党群类、业务类、行政类

2010 年……党群类、业务类、行政类

三、归档文件的排列

归档文件的排列是指在分类方案的最低一级类目内，根据一定的方法确定归档文件先后

次序的过程，其他诸如不同类别归档文件之间的排列、档案盒排架等则不在此范围内。

为“遵循文件的形成规律，保持文件之间的有机联系”这一整理原则，可按公文办理过程的先后顺序，将同一事由形成的文件排列在一起，按事由排列归档文件，可以客观地反映出某一事由的发生、发展、结束的全过程，反映出这些文件之间的客观联系。

归档文件的排列，可分为两个步骤：先按事由原则将属于同一事由的文件按一定顺序排列在一起，再采用一定的方法对不同事由的文件进行排列。

此处，需要特别指出的是，“事由”的界定较为灵活，可以是一件具体的事，一个具体的问题，也可以是一段较紧密的工作过程等，同样，一项工程、一次活动或一次会议，可以视为一个事由，也可以分为筹备、开幕、闭幕等几个事由。在坚持“事由原则”的前提下，排列方法可以有较大的随意性。当最低一级类目内文件数量较大时，也可以时间、重要程度、文件的形成者、所反映的问题等因素作为进行事由间系统排列的参考依据，总之，只要是运用一定的方法，使归档文件有规律地排列有利于档案查找和利用即可。

1. 同一事由内的归档文件排列

同一事由内归档文件的排列，最简单的方法是按文件形成时间的先后顺序，日期在前的归档文件排列在前，日期在后的文件排列在后；或者按文件的重要程度排列，相对重要的文件放在前面，其他的文件放在后面。

2. 不同事由的归档文件排列

不同事由归档文件的排列可以有多种方法，包括时间、重要程度等。

（1）按不同事由形成时间的先后顺序排列，要求将不同事由的文件，按其办结时间的先后顺序排列，而不必考虑其他因素。

（2）按事由的重要程度排列，是指将主要职能或重要活动形成的文件排在前面，其他工作形成的文件材料排在后面，或将综合性工作排在前面，具体业务工作排在后面。

（3）按事由具有的共同属性分别集中排列，可按责任者或承办部门分别集中排列，也可按照不同问题分别集中排列。

3. 成套文件可集中排列

所谓的“成套文件”是在工作中由于流程衔接比较紧密，不同工作环节中产生的文件之间具有密切的天然关系，如果分开的话就不能客观反映工作的全貌，所以应集中排列。常见的成套文件有会议文件、统计报表等。

四、全宗

档案经过整理之后，形成了体系明确的有机整体，这就是全宗。“全宗”的字面意义，就是全部卷宗。全宗是档案的基本分类和管理单位，指一个国家机构、社会组织或个人形成的具有联系的档案整体。通常情况下，一个独立从事活动的单位，如一个机关、一个企业、一个学校形成的全部档案应该组成一个全宗。全宗从其形成角度看，有组织和个人两大类。

全宗主要分为常规全宗和特殊形式的全宗两种类型：常规全宗即一般情况下的独立全宗；在难以区分或不必要区分独立全宗的情况下，则采取联合全宗、全宗汇集和档案汇集等办法，作为全宗的特殊形式，也称为全宗的补充形式。

联合全宗是由两个或几个关系密切的立档单位形成的，难以区分而统一整理的档案整体。它通常产生于两种情况：继承关系密切的机关，文件彼此混杂，如在原中华人民共和国人事部与中华人民共和国劳动和社会保障部的基础上新组建的中华人民共和国人力资源和社会保障部；职能互有密切联系的机关，合署办公，“一套机构两块牌子”，如某高校基础部和人文社科系等即属此类。

全宗汇集是按照一定的特征组成的、档案数量很少的若干全宗的集合体。这类全宗包括从相同类型的基层单位选择接收的，具有代表性的若干小全宗或一些残缺不全的全宗，如河北省档案馆收集的部分单位全宗档案。

在整理历史上遗留下来的国家机关、社会组织档案的过程中，有时遇到一些残缺不全的文件，或难以判明其所属立档单位，或无法建立全宗，则可按其基本内容、时间、地区、作者和名称等大致可考的特征组合在一起，以一定的方法进行整理，标以综合名称并编一个全宗号，即成为一个档案汇集，作为一个全宗单位进行管理。

专业的大型档案馆中往往保管多个全宗，这就需要为每个全宗编制固定的序号。全宗编号的方法主要有大流水编号法（顺序流水编号法）、体系分类编号法、分类流水编号法。

知识链接

常见的档案类型

1．常见的实物档案。上级主管行政部门和行业颁发的各种奖牌，在各类比赛中获得的锦旗、奖杯、证书，公司创业初期使用过但现已停用的印章，对外交往中受赠的礼品、名人字画、题字、匾额，公司在科技研发过程中形成的实物模型等。

2．常见的声像档案。领导视察、对外交流、公司自办或参加大型文体活动的照片，各种活动的录音录像资料，总结表彰大会录影带，教育培训光盘。

3．常见的电子档案。日常经营过程中形成的Word文件，培训员工的电子PPT教案，科技研发、社会服务等过程中形成的各种Excel统计表格，新产品新技术开发过程中留存的Access数据库，社会服务使用的软件和新开发的软件，各种活动的音频或视频资料等。

任务实施

在本任务中，档案工作人员李芸首先应确定本单位的档案分类方案，然后根据这一分类方案对现有的归档文件进行分类并排列，具体操作如下。

一、确立档案分类方案

李芸所在的公司是一个普通的基层企业，内部组织机构比较简单，数量不多，而且近年来没有进行大规模的机构调整。同时，现有档案中的文件主要是本公司内部形成的，外单位来文数量有限。因此，选择的档案分类方案是“年度—机构—保管期限”。这一方法的优点是：主要依据归档文件的客观特征来分类，避免了因工作人员主观认知偏差造成的分类混乱。这一分类方案首先将归档文件形成的时间作为一级类别，能够非常简便地确定所有档案的类属。然后再将同一年度的所有文件根据部门划分二级类别，由于内设机构数量有限，而且外单位来文较少，因此也比较容易操作。对同一年度、同一部门的文件按照保管期限来划分为永久、长期、短期三类。

在进行分类时，需要注意的是，应取消传统的“案卷”这一层次单位，直接以“件”为单位进行操作。

如果所收集的档案中存在一些实物档案、电子档案、声像档案，那么应首先将这些特殊载体的档案与纸质档案区分开。本任务主要针对纸质档案进行分类操作，其他档案可以根据时间、内容等特征参照纸质档案分类方法进行分类、管理和陈列。

二、归档文件的分类

在对所有归档文件进行整理和装订之后（具体操作方法参见本书课题二任务二“文书整理与归档”的相关介绍），李芸按照“年度—机构—保管期限”的方法对档案进行分类，需要分别确定所有文件的年份、机构和保管期限。

1. 确定归档文件年度

大多数文件的年度特征是明确的，一些特殊文件的年度需要根据一定的原则来确定。在确定归档文件年份归属的过程中，李芸遇到了几个问题。

（1）一份文件具有多个年度特征。如《A 房地产集团第一分公司 2010—2015 年发展规划》，公司早在 2008 年年末就开始着手了，历时一年多，2009 年年末才形成征求意见稿，2010 年 3 月经总公司批准后形成最终文件。这一份文件涉及了多个年度，应以正式文件的批准日期为准，据此判定文件所属年度，最终将其归在了 2010 年度。同理，在为公司计划、规划、总结、预决算、统计报表以及法规性文件等内容涉及不同年度的文件确定归档年度时，统一按文件签发日期判定文件所属年度，如将 2009 年形成的《A 房地产集团第一分公司 2008 年工作总结》归入了 2009 年度，将 2009 年制定、2010 年生效的《A 房地产集团第一分公司职工管理暂行规定》归入了 2009 年。

（2）跨年度形成的文件。2009 年 12 月 8 日上报的《A 房地产集团第一分公司关于申请科研经费支持的请示》，上级业务主管单位的批复则在 2010 年 1 月 18 日才收到，李芸将该请示连同办理过程中形成的其他文件一起归入了 2010 年。

（3）没有标注日期的文件。本任务中诸如《A 房地产集团第一分公司职工考勤管理暂行规定》等文件没有标注日期，可通过与其他相关文件对照等手段来考证和推断文件的准确日期或接近日期，并据此按年度合理归类；对于有专门年度的文件，如《A 房地产集团第一分公司 2009 年度企业财务决算报表》《A 房地产集团第一分公司 2010 年度企业工资报表》等文件则分别归入了 2009 年度和 2010 年度。

2. 确定归档文件的机构（问题）

确定文件的机构（问题）时，根据公司的机构设置，将归档文件分为办公室、财务部、销售部、安全部等归档单位，将公司“创先争优活动办公室”等临时机构形成的诸如《A 房地产集团第一分公司创先争优活动第一阶段工作小结》等文件单独归为一类，将上级总公司来文归为一类，将当地行政主管机关的来文归为一类。

3. 确定归档文件的保管期限

根据文件材料自身所具有的使用价值，逐件划定归档文件的保管期限。如将《A 房地产集团第一分公司关于解决职工住宅有关问题的请示》《A 房地产集团第一分公司 2008 年职称改革工作安排意见》《A 房地产集团第一分公司 2010—2015 年中长期发展规划》等有长远利用价值的归档文件的保管期限确定为“永久”；将《A 房地产集团第一分公司公共财产事故损失责任查究办法（暂行）》《A房地产集团第一分公司接待工作暂行规定》等有查考利用价值的文件的保管期限确定为“长期”（或30年）；将《A房地产集团第一分公司关于2010年国庆节放假的通知》《A房地产集团第一分公司关于印发陈××董事长在依法治企经验交流会议上的讲话的通知》等一般事务性文件的保管期限确定为“短期”（或10年）。

4．复式分类结果

本任务中使用复式分类方法对归档文件分类形成如下基本结构形式（以2010年为例）：

2010年：办公室……永久、定期
　　　　财务部……永久、定期
　　　　施工部……永久、定期
　　　　销售部……永久、定期
　　　　总公司……永久、定期
　　　　政府部门……永久、定期

根据这一分类方案所形成的分类结构，可以列出所有归档文件的分类结果列表（见表4—1—2）。

表4—1—2　　归档文件分类结果

年度	机构	保管期限	归档文件名称
2010	办公室	永久	第一分公司2010年工作计划 第一分公司2010年度工作总结 第一分公司印发应急预案的通知 聘请常年法律顾问合同 第一分公司关于成立安全施工领导小组的通知 第一分公司关于与长河公司经济纠纷情况的报告 第一分公司关于表彰2010年度工作先进单位和先进个人的决定 ……
		定期	第一分公司2010年办公会会议记录 第一分公司关于参加DG20100541号地块招标的请示 第一分公司关于村民搬迁申请机械施工的报告 第一分公司关于对2010年度安全稳定工作后进单位实行“一票否决制度”的决定 第一分公司关于对张思佳同志处分的决定 第一分公司2010年办公会会议记录 ……
	财务部	永久	第一分公司关于解决缴纳拖欠医保资金的申请 第一分公司2010年度企业工资报表 第一分公司2010年度企业财务决算报表 ……
		定期	第一分公司关于申请科技研发补助资金的报告 ……
	……	……	……
2009	……	……	……

表4—1—2 最右侧的分类结果文件列表仅仅注明了每个类目下的文件名称，没有对同一类目下文件的次序进行合理排列，所以文件的排列顺序是混乱的。为了使归档文件形成更加紧密的关系，同时也为了便于管理和利用，就需要对每一类目下的所有文件进行必要的排序。

三、归档文件的排列

经过以上的档案分类操作之后，归档文件整体上具有了一定的系统性，基本明确了每一类目下的文件。但是在各个类目中，归档文件的次序还不尽合理，具体到每一类内部仍处于零散杂乱的状态，这样会严重影响后续的保管工作，尤其是给查找利用带来极大的不便，同时也影响了文件之间的逻辑关联关系。因此还需要通过排列使归档文件内部的联系进一步系统化。

本着“遵循文件的形成规律，保持文件之间的有机联系”这一整理原则，将同一事由的相关文件排列在一起，由于事由是一个比较抽象模糊的概念，可以是指一件具体的事、一个具体的问题、或一段较紧密的工作过程等。在分类完成后，就需要根据文件内容事由的关联性进行排序。在此以会议文件为例说明操作的思路和方法。

将“2010——办公室—定期”中的“第一分公司2010年办公会会议记录”按照会议召开时间的顺序进行排列，即：

第一分公司2010年1月8日办公会会议记录
第一分公司2010年2月5日办公会会议记录
第一分公司2010年3月5日办公会会议记录
第一分公司2010年4月2日办公会会议记录
第一分公司2010年5月7日办公会会议记录
第一分公司2010年6月4日办公会会议记录
……

将“第一分公司2010年度总结表彰大会”看为一个事由，将会议期间的有关文件按时间顺序进行排列，即：

第一分公司关于召开2010年度总结表彰大会的请示
总公司关于同意召开2010年度总结表彰大会的批复
第一分公司2010年度总结表彰大会筹备计划
第一分公司关于召开2010年度总结表彰大会的通知
第一分公司2010年度总结表彰大会受表彰单位与个人名单
第一分公司2010年度总结表彰大会筹备工作报告
第一分公司2010年度总结表彰大会议程
第一分公司2010年度总结表彰大会宣传提纲
2010年度总结表彰大会开幕词
张清经理在2010年度总结表彰大会上的讲话
受表彰单位代表发言稿
2010年度总结表彰大会闭幕词
2010年度总结表彰大会简报

技能训练

刘春在一所医院负责档案管理工作。为了迎接上级档案主管部门的档案检查工作，他以医院全部档案实体为分类对象，依据医院工作职能，结合档案构成的内容、特点进行重新分类，制定了《××医院档案分类方案》。

一、文书档案

1. 党群、宣传类；2. 综合类；3. 组织人事类；4. 劳动工资类；5. 基建、设备、财务类；6. 医疗、行政类；7. 其他类。

二、科技档案

1. 设备档案：订购仪器设备的合同、协议书以及图纸、说明书、操作规程、合格证书、装箱单等；安装调度及验收记录、报告；运行使用过程中取得的实效记录，大、中修记录，事故记录及处理报告等；仪器报废的技术鉴定材料、报告及上级主管单位的批件。

2. 基建档案：计划任务书、合同、协议书、证明书及批准文件等；选址报告、工程、水文、气象、地质等基础材料；初步设计、工程技术设计及设计修改、变更材料；施工安装图纸、说明书、施工日记和记录；工程概算、预算、决算；全套竣工图纸、验收报告、竣工总结；工程改建、扩建维修、使用中变更的图纸及有关材料；改建、维修水电设施有关材料、图纸；其他材料。

三、会计档案（财务会计、基建会计、工会会计）

1. 会计凭证类：记账凭证；收据存根；

2. 会计账簿类：现金日记账；银行日记账；总账；收、支明细账；固定资产明细账；材料物资明细账；

3. 会计报表类：年度会计报表、预决算；会计月报、季报；

4. 其他会计资料类：工资汇总表、名册、调整通知；会计档案移交清册；会计档案保管清册；会计档案销毁清册。

四、特种载体档案（照片、磁介质、光盘、实物）

1. 反映本院主要职能活动、基本历史面貌；

2. 上级领导、专家、教授来院检查、学术指导等重要活动；

3. 本院重大手术、新技术、新项目；

4. 本院开展大型、小型医疗咨询，下乡医疗服务；

5. 本院党委、工会、团委组织的有关宣传、教育方面的活动；

6. 其他有保存价值的特种载体。

五、卫技干部档案（医生专业技术材料、护士专业技术材料）

六、业务档案

1. 护理类：关于护理管理、带教、重要专项护理的材料，其他材料；

2. 医教类：关于医疗质量管理、医疗纠纷、科研项目、科教带教、院内感染防治管理性材料，其他材料；

3. 门诊记录：门诊日记；

4. 科研项目：重大、一般科研项目的管理性、评审结果、原始调查记录。

七、专题档案（抗非典专题、甲型流感专题、创“三级甲等”医院专题、全国慢性病综合防治示范点专题、绿色医院）

认真阅读该分类方案，并针对以下问题进行讨论：

1. 该分类方案对一级类目划分的标准是什么？采用这一标准是否合理？
2. 该分类方案中是否存在类别交叉现象？
3. 在医疗服务这类部门中，档案分类的重点和难点分别是什么？
4. 在这个分类方案中，如果要进行档案排列，应注意哪些事项？
5. 请修改该分类方案。

任务二　文件编号、编目与装盒

教学目标

- 了解归档文件的编号、编目与装盒的基本要求
- 能够按照规则为每件档案编号
- 能够正确使用归档章
- 能够正确完成文件的编目与装盒工作
- 能够按照规则完成排架工作

任务导入

在上一个任务中，李芸按照确定的分类方案对归档文件进行了分类并且排列了全部文件的次序。但是，这时的归档文件只是在实体状态中形成了有序的体系，文件上面缺乏整体关联的标志，无法便捷地进行管理和利用。同时，所有的归档文件全部摆在整理台的桌面上，还需要按照一定的规范将它们装入到多个档案盒中，并将档案盒有规律地放入档案柜内。

假定你是李芸，请根据以上背景，运用规范的编号、编目以及装盒等档案管理方法，解决全部归档文件的保管问题。

任务分析

对归档文件进行分类和排序后，整理工作进入到关键的下一个阶段，即编号与编目以及档案装盒的阶段。编号的目的是使每一件档案文件都获得一个独立的代码，从而为以后的管理与利用工作提供便利；编目是为所有归档文件编制目录，将为管理和查找档案提供极大便利，同时这个目录也进一步体现了档案分类方案以及档案文件之间的密切关系；档案盒是保护、管理档案的重要装具，档案文件一般都是在档案盒中存放的。将整理好的归档文件装入档案盒时，必须填写封面、盒脊和备考表等项目。装盒完成后，需要将所有档案盒规范地摆放入档案柜中，这一工作称为“上架”。上架标志着档案整理工作基本结束。

相关知识

一、编号和编目的概念及作用

1. 编号

归档文件的编号，就是将每一件归档文件在全宗中的位置标注为一个符合特定规则的代码符号，并以归档章的形式在档案文件上注明。

编号必须以已经确定的分类方案和合理的排列顺序为前提，每件档案只能有唯一的一个编号。编号的作用主要体现在以下几个方面：第一，编号能够固定分类方案，尤其是最低层次中文件的顺序；第二，编号能够使归档文件之间的逻辑关系更加紧密；第三，编号为统计、查找、利用和保管档案提供了线索和便利，这是编号最重要的作用。

编号需要统一填写在每件归档文件首页的归档章的特定区域中。

2. 编目

编目是对归档文件进行著录、标引和组织、制作目录的工作，是档案管理中的一项重要内容。首先是在档案整理过程中进行初步编目，包括案卷封面编目（拟定案卷标题、确定和填写卷内文件起止日期等），编制案卷目录和卷内文件目录，以固定整理工作的成果，为档案保管提供方便，其成果也是检索档案的基本工具。其次在初步编目的基础上编制全宗目录、案卷（文件）分类目录、主题目录、专题目录和档案馆指南等，以提供各类档案检索工具和报道目录，为查阅档案者服务。

二、归档章的使用要求

归档章是为了便于填写编号而设计的固定格式的图章，式样如图 4—2—1 所示。它的必备项目有全宗号、年度、保管期限、室编件号、馆编件号等五项。每一件归档文件必须填写这五项的编号。另外，“机构或问题”项为选择项目，如果分类方法是“年度—保管期限”则可以不用填写该项目。

(全宗号)	(年度)	(室编件号)
*（机构或问题）	（保管期限）	（馆编件号）

16　8　3 × 15

单位：mm

注：带有“*”号为选择项

图 4—2—1　归档章式样

使用归档章主要注意以下几方面：

第一，归档章的加盖位置应在每件归档文件的首页上端，可以是左上端或右上端，档案盒中所有文件的加盖归档章的位置应保持一致。

第二，归档章加盖时不能遮盖文件材料的文字。如果文件上端的空白区已经有了领导批办意见等文字，加盖时应注意避让。如果文件首页没有足够的空白加盖归档章，那么应在首页前面另附一张纸页加盖，并将附纸和文件装订在一起。

第三，归档章的印迹应清晰、端正，填写其中的项目时手写字迹应工整、清晰，使用专用的书写工具。

第四，加盖归档章所使用的颜料应为专用的红色油墨或印泥，不应使用印台油。

知识链接

书写材料的耐久性

最耐久的字迹材料：墨、墨汁、红印泥、碳素墨水、蓝黑墨水、黑油墨。

比较耐久的字迹材料：彩色油墨（红、蓝色等）。

不耐久字迹材料：各种彩色墨水、圆珠笔、复写纸字迹、印台油、铅笔。

三、档案盒使用要求

档案盒是存放档案文件最基本和最常用的装具，是保护档案的最后屏障，所有的档案文件都应存放在特定的档案盒中。

第一，使用质量合格的产品。符合质量标准的档案盒不仅做工精良、经久耐用，而且使用无酸性纸制造，这样在与档案文件接触时不会对档案产生腐蚀侵害。

第二，档案盒内的文件数量应合理。根据档案盒的厚度确定盒内文件数量，如果文件过多会使档案盒无法严密扣合，既影响美观，也可能对档案盒造成损坏。如果文件过少，竖立摆放时就会使盒内文件出现弯曲，影响档案寿命。档案盒内一般可以存放的文件材料为100页左右。

第三，档案盒中应存有盒内文件目录表、备考表。档案盒内的目录和备考表可以提供盒内文件及其变化信息，有助于查找和管理档案。

第四，档案盒的封面、盒脊所列出的项目应填写完整，字迹应工整、清晰，书写工具符合要求。

四、排架要求

经过整理、装盒等操作后，各类书面材料已经基本完成了从文件到档案的转化。档案根据要求装盒后，需要将所有档案盒放入档案柜（架）中以便提供更好的保护和管理。在档案柜（架）上排列档案盒的工作简称为“排架”。排架时需要注意以下几点：

第一，排架的总原则是便于档案的调取和归还，对于藏量较多的档案馆（室），还要便于档案人员的分工和分库管理。

第二，排架时要注意合理使用档案柜（架）空间，做到节约库位。档案排架应充分利用库房的空间，以扩大库房容量，为日后逐步接收档案留有余地。

第三，档案盒在档案柜（架）上的位置应保持相对稳定，避免重复劳动，减少档案磨损，有利于档案管理人员熟悉掌握馆藏情况。

第四，排架应利于档案的保护和保密。

任务实施

本任务要完成的主要工作包括编号、编目、装盒和排架。这几个工作环节的前后顺序不可错乱，每一项工作都是后面工作的基础。下面分别介绍各个工作环节的操作方法。

一、为归档文件逐件编号

首先，在前述分类与排序工作的基础上，为归档文件逐件编号。在此以“2010——办公室—定期”中若干文件为例说明编号方法。这些归档文件标题分别为：

第一分公司 2010 年 1 月 8 日办公会会议记录

第一分公司 2010 年 2 月 5 日办公会会议记录

第一分公司 2010 年 3 月 5 日办公会会议记录

……

第一分公司关于参加 DG20100541 号地块招标的请示

……

在上述每“件”文件首页上端的空白位置加盖归档章并填写相关内容，如第一份会议记录的归档章填写效果如图 4—2—2 所示。

全宗号	年度	室编件号
W071	2010	001
机构或问题	保管期限	馆编件号
办公室	定期	

图 4—2—2　填写的归档章

其中的“全宗号”应填写当地档案管理部门为该立档单位分配的代号。如果没有该编号，也可以将此项保留空白。在本任务中，档案局给 A 房地产集团第一分公司的全宗号为 W071，清晰填入即可。

“年度”一项为文书材料的形成年度，以四位阿拉伯数字标注公元纪年，直接填入“2010”。

“室编件号”和“馆编件号”是归档文件件号的两种类型，室编件号需要在归档文书材料整理时填写，馆编件号需要在档案移交给档案馆时编制。室编件号即归档文件分类方案的最低一级类目内的排列顺序号，从 1 开始编起，也就是同一年度、同一部门、同一保管期限中文书材料的顺序号。本任务中，《第一分公司 2010 年 1 月 8 日办公会会议记录》为首的一系列会议记录为一“件”，因此在第一份会议记录上面加盖归档章并填写室编件号为 001，第二件文件为《第一分公司关于参加 DG20100541 号地块招标的请示》，它的室编件号就是 002，以此类推。由于馆编件号按进馆要求标注，而目前归档文件还在第一分公司的档案室保管，因此暂时不需标注。

“保管期限”则根据整理时确定的文书材料保管期限填入。本任务中，由于这“件”文件为“2010——办公室—定期”中的一“件”，所以李芸在这一栏填写“定期”即可。

“机构或问题”作为分类方案类目的机构（问题）名称或规范化简称，在此填写“办公室”，需要指出的是此项目为选择项，不选用时则无须填写。

应注意的是，归档章一般应加盖在归档文件首页上端居中的空白位置；如果领导批示或收文章等占用上述位置，可将归档章盖在首页的其他空白位置，但以上端为宜。如果机关发文有文件签发单的，或收文有文件处理单的，也可放在最前面作为首页，这样可在其上加盖归档章，以更好地保护文件正本的原始面貌。文件首页确无盖章位置或重要文件须保持原貌的，也可在文件首页前另附纸页加盖归档章。归档章不要压住文件字迹，也不宜与批示文字或收文章等交叉。

二、归档文件编目

根据《归档文件整理规则》要求，还需要对归档文件编制归档文件目录，即按照分类、排列、编号的结果，逐类逐件编制目录，以系统、全面地揭示归档文件的全貌。归档文件目录采用 A4 纸，设置件号（室编件号、馆编件号）、责任者、文号、题名、日期、页数、备注等项目，样式参见表 4—2—1。

表 4—2—1　　归档文件目录式样

件号	责任者	文号	题名	日期	页数	备注
001	办公室		〔第一分公司 2010 年办公会会议记录〕	20100108－20101230	72	共 22 份记录
002	办公室	×〔2010〕×号	第一分公司关于参加 DG20100541 号地块招标的请示	20100823	3	
003	办公室	×〔2010〕×号	第一分公司关于村民搬迁申请机械施工的报告	20100928	3	
004	办公室	×〔2010〕×号	第一分公司关于对 2010 年度安全稳定工作后进单位实行“一票否决制度”的决定	20101024	4	
…	……	……	……	……	……	

“件号”为归档文件的排列顺序号，应和归档章中的室编件号相一致。

“责任者”为制发文件的组织或个人，即文件的发文机关或署名者。

“文号”为归档文件的发文字号，如果没有可以省略。

“题名”为归档文件的标题，应和文件上的题目一致。如果是多份文件合并为一“件”的，可以为该“件”档案拟订一个标题。没有标题或标题不规范的，可自拟标题，外加“〔〕”号。如在表 4—2—1 中，第一件档案是 2010 年度一系列会议记录的集合，因此给该件档案的题名写为“〔第一分公司 2010 年办公会会议记录〕”。

“日期”为归档文件的形成时间，一般采用文件中注明的发文时间，标注方式是用阿拉伯数字注明年月日，年为四位，月、日均为两位。如果是多份文件合并为一件的，可以写明第一件和最后一件的时间。

“页数”填写每件档案的页面总数，此时要注意文件中有图文的页面为一页。

归档文件目录还可设“备注”项，填写文件需说明的情况，如密级、缺损、修改、补充等信息。备注项的内容不可过多，否则就会使整个目录格式错乱。如果需要说明的备注信息较多时，可以在盒内的备考表中具体说明（备考表的使用见后文介绍）。

归档文件目录可以打印多份，用于不同的需要，其中一份需要装入档案盒，其他的可以装订成册并为其编制封面。归档文件目录封面可以视需要设置全宗名称、年度、保管期限、机构（问题）等项目，式样如图4—2—3所示。其中全宗名称即立档单位的名称，填写时应使用全称或规范化简称。

归档文件目录

全宗名称：A房地产集团

第一分公司

年　　度：2010年

保管期限：定期（10年）

机构（问题）：办公室

图4—2—3　归档文件目录封面式样

三、装盒

装盒也就是将整理好的归档文件装入到档案盒中，主要包括三方面的工作内容。

1. 装入档案材料

根据分类方案，选择最低的同一类目下的文件材料装入一个档案盒中。文件材料的页数应和档案盒厚度大体一致，防止出现过厚或太少的现象。选择文件时，同一保管期限的文书材料按室编件号顺序依次装入档案盒，不要将不同年度、不同保管期限的档案装入同一盒内，每盒装满后再换下一盒。装盒操作时需要将文件在桌面上整理整齐，装入时不要出现折皱。

归档文件目录应排列在盒内的所有归档文件的前面，以便于查找盒内文件。备考表应放在所有归档文件之后。

2. 填写备考表

备考表是档案盒内存放的一份独立的文件，用以说明盒内文件的状况，如文件缺损、移出、补充、销毁以及其他需要说明的信息。备考表的式样如图4—2—4所示，包含的基本项目有盒内文件情况说明、整理人、检查人以及时间等。

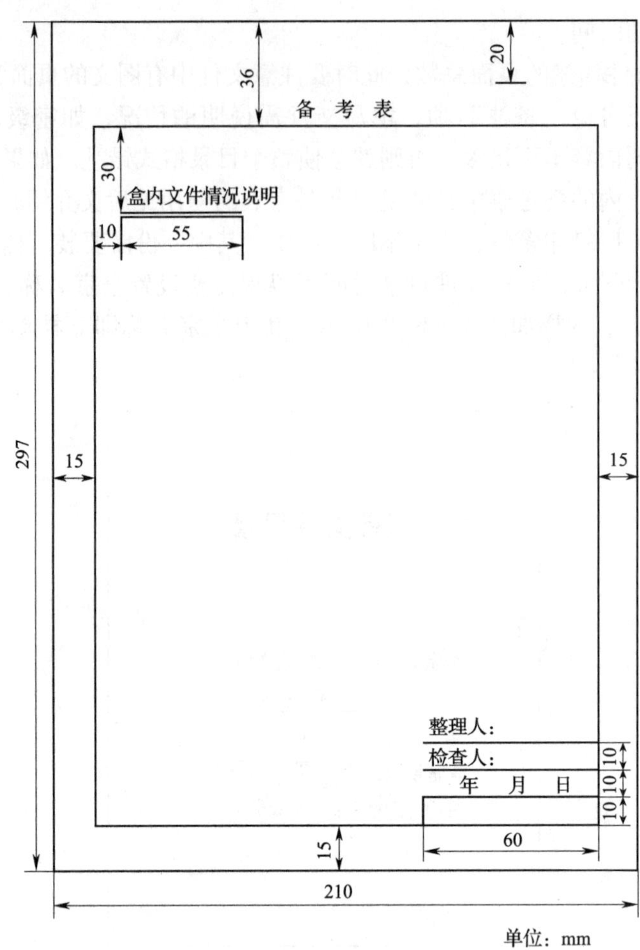

图 4—2—4　备考表式样

盒内文件说明应使用简洁的语言将档案文件比较重要的情况表达出来，如在本任务中可以将第 004 份文件的缺损情况作如下说明：

《第一分公司关于对 2010 年度安全稳定工作后进单位实行“一票否决制度”的决定》于 2011 年 3 月 14 日由××借阅时，将第 2 页撕裂，裂缝长约 5 厘米，已裱衬修补。

整理人项填写具体负责整理归档文件的工作人员姓名，本任务中可以填写“李芸”；检查人项应填写负责检查归档文件整理质量的人员姓名，一般为主管领导，本任务中可以填写办公室主任“岳爱华”；日期项填写归档文件整理完毕的时间。

3. 填写档案盒封面、脊背和盒底

档案盒封面的规格及式样如图 4—2—5 所示，其填写比较简单，主要在封面所示横线上方填写全宗名称即可。

档案盒背脊（见图 4—2—6）主要由全宗号、年度、保管期限、机构（问题）等项目构成，填写的内容和归档文件目录相同，此处不再赘述。需要注意的是，起止件号填写盒内第一件文件和最后一件文件的件号，中间用“—”号连接；盒号即档案盒的排列顺序号，在档案移交进馆时按进馆要求编制，可暂时不填。

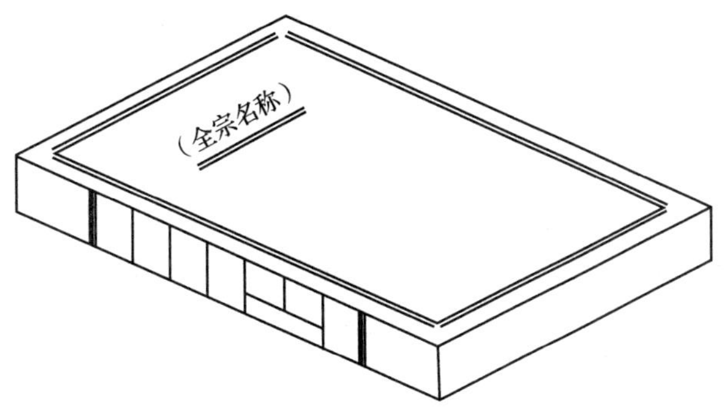

图 4—2—5　档案盒封面式样

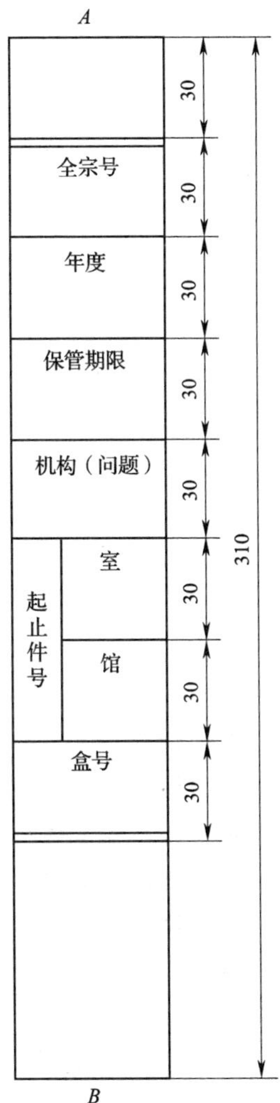

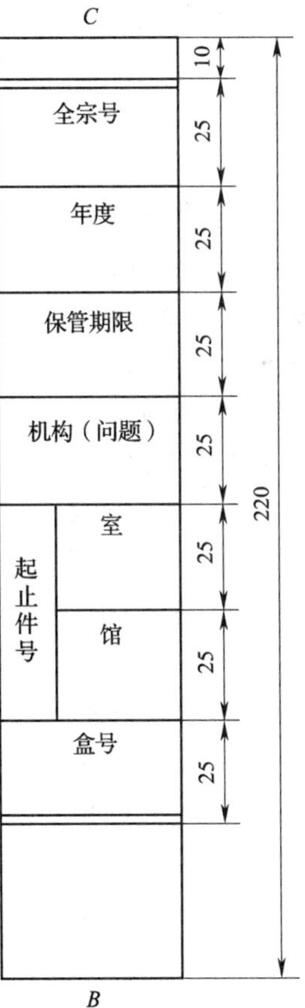

A.档案盒脊背式样　　B.档案盒盒底式样

图 4—2—6　档案盒脊背和盒底式样

档案盒盒底的填写方法与背脊相同。填写背脊和盒底应使用碳素墨水，不可使用圆珠笔、铅笔等书写工具。

四、排架

排架是对档案室中的存储空间资源的安排和使用，因此需要首先统计全部可用于存放档案盒的空间，在此基础上合理分配档案柜（架）。在本任务中，共有 5 个档案柜，每个档案柜可以存放档案盒约 70 个。将近三年的档案整理装盒后需要排架的档案盒为 15 个，完全可以在一个档案柜中盛放。因此可以先从 1 号档案柜开始排起。

按照“年度—机构—保管期限”这一分类方案，需要将同一年度的档案材料排列在一起，这样可以将所有的档案盒依次排列，中间无须预留空间，便于排架操作。从 1 号柜的最上层档格从左向右开始依次排列档案盒。在排列过程中需要注意以下几点：

第一，相邻的两个档案盒脊背上的盒内文件起止编号应相互衔接，防止档案盒的次序错乱。

第二，可以根据档案柜（架）档格的高低确定档案盒的放置方式，如果采用竖放式，那么可以使背脊向外，也可以使盒底向外，既便于取放，也能有效利用空间。

第三，排架完成后，要在档案柜（架）的相应位置粘贴指示牌，注明所存放档案的年度、保管期限等信息。

技能训练

一、某单位归档文件包含下列文件：

①×××镇 2008 年党委会议纪要

②×××镇 2009 年党委会议纪要

③×××镇 2010 年党委会议纪要

④关于×××同志任职的通知

⑤×××镇 2010 年办公会议纪要

⑥×××镇 2009 年办公会议纪要

⑦×××镇 2008 年办公会议纪要

⑧关于×××镇第四十届镇人大、副主席及候选人的请示

⑨关于×××镇第四十届镇人大、副主席及候选人的批示

⑩关于×××股份经济合作社第一届董事会、监事会选举结果的请示

⑪关于×××股份经济合作社第一届董事会、监事会选举结果的批复

⑫关于建立×××镇第四十届人民代表大会第一次会议临时党支部的通知

⑬关于“两会一节”期间不稳定因素领导包案的通知

⑭关于扎实做好春节前各项工作的通知

⑮关于做好 2007 年度民主评议党员、民主评议党支部工作的意见

⑯关于×××镇 2008 年度经济发展单项奖励的通知

⑰关于表彰×××镇 2006 年度先进集体、先进工作者的通知

⑱×××镇 2007 年综治信访维稳平安创建工作要点

⑲2006 年度党员领导干部民主生活会的报告

⑳关于组建×××经济合作社股份制改革筹备委员会的批复

㉑×××镇第十四届一次人代会材料

㉒关于×××村应沙堤塘抛石抢险工程要求资金补助的函

㉓关于×××村企业厂房翻建立项的请示

㉔关于×××等同志困难补助的报告

㉕×××区政府关于通报表彰2005年度爱国卫生先进单位和个人的决定

㉖×××市审计局关于表彰2006年度内审工作先进集体的决定

㉗×××市教育局关于表彰2006年度教育先进工作者的通知

㉘关于×××地区建设工作例会纪要

㉙关于落实×××区工业用地出让计划的专题会议纪要

请对以上归档文件进行分类，并以“件”为单位，按要求对其进行整理。

二、张军是××档案馆的工作人员，他在接收档案进馆过程中，经常发现有些基层单位和部门的档案室保存的档案，有些案卷卷内备考表是空白的。有些案卷卷内备考表虽然填写了，但不准确。本卷情况说明一栏多数也没填写，立卷人、检查人一栏，有的填写单位负责人、档案员，有的填写档案业务部门业务指导人员，五花八门，致使卷内备考表失去了原有的意义。

请从一个专业人员的角度，对如何填写档案卷内备考表谈谈自己的看法。

课题五

特殊档案管理

任务一　管理声像档案

教学目标

- 掌握声像档案的存档范围
- 掌握声像档案的特殊处理程序
- 能够正确地完成以照片、磁带和光盘为载体的档案管理

任务导入

A 集团第一分公司档案室投入使用之初接收的主要是纸质载体的档案材料，后由于购置了摄像机等办公设备，开始出现声像材料，到年底的时候，共收集了几十张照片、3 盒录像带、6 张光盘。领导要求这些声像资料也要作为档案保存起来。

假定你是公司档案室管理员李芸，请根据以上背景，完成声像档案的存档工作。

任务分析

随着科技的发展，企事业机关单位越来越多的部门开始采用音像和图像的方式记录工作信息，反映本单位工作的声像资料也随之越来越多，声像档案管理工作的重要性越来越突出。

要完成声像材料的归档工作，需要注意以下几点：首先，要明确声像材料的归档范围，从众多的材料中选择应归档的材料；其次，应该能对声像档案进行正确的分类，建立合理的分类体系，使每一份档案在体系中的位置明确；最后，根据不同档案载体类型，分别进行整理、撰写文字说明、编订目录。另外，在日常管理中要采取适当的措施保护这些特殊档案的安全。

相关知识

一、声像档案及其类型

声像档案是指国家机构、社会组织或者个人在社会活动中形成的对国家和社会有保存价值的以音像、图像等方式记录信息的特殊载体，并辅以文字说明的历史记录。声像档案也称

音像档案、视听档案。声像档案运用的载体主要包括：照片、影片、唱片、录音带、录像带、磁带、光盘。声像档案如图 5—1—1、图 5—1—2 所示。

图 5—1—1　声像档案

图 5—1—2　照片档案

声像档案根据存放条件的不同一般分为照片档案、录音、录像档案和光盘（磁带）四大类。其中照片档案、录音录像档案是最常见的声像档案。

1. 照片档案

是以照片为载体并辅以文字说明的具有保存价值的照片资料。照片档案主要由底片、照片以及文字说明三部分构成。

（1）底片。分为原底片和翻版底片。原底片是照片在形成过程中，最初产生的底片，是照片档案的最原始材料，也是照片档案的重要部分。翻版底片，也叫复制底片。复制底片的目的是为了保护原底片，及时补充缺损或遗失的底片。一旦原底片损坏或损失就可以将翻版底片补充进去。由于数码相机的广泛应用，胶片相机逐渐退出主流地位，因此底片也越来越少。数码相机所拍摄的电子数码照片也可以经过冲印而成为实体图片，这两者之间的关系类似于传统底片和照片的关系，因此也可以参照对底片管理要求对电子照片实施管理工作，具体做法可参见课题五任务五“电子档案管理”的相关介绍。

（2）照片。它是通过底片洗印而成的。归档的照片应图像清晰。归档的每张底片都应配有一张照片，在底片损毁或损失时还可以根据照片翻制。

（3）文字说明。主要包括照片的题名和文字说明材料两部分。由于照片只能记录事件的某一个或几个片段，反映事实具有局限性，所以存档的照片都需要有文字说明加以补充。

2. 录音档案

是以录音带、磁带、唱片、光盘为载体并辅以文字说明的具有保存价值的声音材料。

3. 录像档案

是以录像带、影片、光盘为载体并辅以文字说明的具有保存价值的声像材料。

二、声像资料的收集

收集声像资料是归档的前提，对属于收集与归档范围的照片，应按照规定定期向本单位档案机构或档案工作人员归档，集中管理，任何单位或个人不得据为己有。

1. 收集的基本原则

为了将有保存价值的声像资料收集完整，档案工作者应认真贯彻“以我为主，突出主题，质量精良，内容齐全”的工作原则。

“以我为主，突出主题”就是以本单位的职能活动为中心，围绕本单位的主要工作来收集声像资料；“质量精良，内容齐全”就是所收集的声像资料应画面清晰、影像完整，相关的底片、照片、说明、解说词、脚本等配套资料应齐全。

2. 收集的主要方法

声像资料往往分散在各个职能部门，档案工作者应通过各种途径保证收集的资料完整。

第一种方法是定向收集，也就是向某项活动的主办方、承办方或负责人进行征集；第二种方法是集中收集，即根据工作计划安排在特定时间段内重点开展收集工作；第三种是档案工作者在参与相关活动时主动拍摄现场情况并集中保存相关资料；第四种是分散收集，即档案工作者在日常工作中要留意活动信息，及时发现线索并跟踪去收集相关声像资料。

3. 收集过程中的鉴定与筛选

在收集过程中应对声像资料的真伪、质量等方面进行严格把关，将存在问题的资料排除在外，以免给后续工作带来不便。对存有真伪疑义的照片应采取必要措施进行鉴定。对反映同一内容的若干张照片，应选择其主要照片归档。主要照片应具备主题鲜明、影像清晰、画面完整、未加修饰剪裁等特点。底片与照片影像应一致。

三、声像资料的归档范围

在单位工作中，往往会产生数量庞大的声像材料，并不是所有的声像材料都需要归档。原则上而言，声像资料的归档范围与纸质文件是相同的，凡是本单位在公务活动中产生的具有凭证和参考价值的照片、录音带、录像带、磁盘等材料，都应作为声像档案归档保存，见表5—1—1。

表5—1—1　　声像资料的归档范围

序号	类型	具体资料
1	反映本单位基本概况的声像材料	本单位的宣传片，单位基础设施照片、领导人照片，本单位重大事件、重大事故及其他异常情况和现象的声像材料
2	反映本单位主要职能活动和重要工作成果的声像材料	重要工程建设、重大技术改造和技术引进中形成的声像材料，上级授予的奖状、奖旗、奖牌、奖杯的照片，新产品的照片、宣传片等
3	领导人和著名人物参加与本单位有关的重大公务活动的声像材料	上级领导视察的录像、录音和照片，社会名人到访的声像资料
4	本单位组织或者参加的重要外事活动的声像材料	主办或承办的研讨会、交流会等活动的照片、录像和录音，人员外出参加各类会议的照片、录像等，外宾或友好单位来参观的照片与录像等
5	其他具有保存价值的声像材料	本单位制作的广告片，各类效果图等

四、声像档案的归档要求

1. 保证归档声像档案的质量

归档的声像材料必须是原版、原件（当原版损毁或丢失时可以采用翻版底片），底片与照片影像应一致；归档的声像材料应加以相应的文字说明；归档的声像材料必须图像清晰，声音清楚，底片不得磨损。

2. 适当使用光盘作为存储介质

归档的数码照片必须按照规定格式和规格制作光盘保存；对于需要永久、长期保存以录音带、录像带和磁带等磁性材料为载体的声像资料，立档单位应将其制成光盘；光盘与录音带、录像带和磁带等同时归档，分别整理、编目、保管，并注明互相参见号。

3. 分类整理并明确保管期限

声像档案应按照其保管期限和载体的不同，分别进行整理、编号。声像档案的保管期限分为永久、定期。保管期限的划分按照《国家档案局关于机关档案保管期限的规定》等有关规定执行。

4. 注意保密

声像档案涉及保密内容的还应按照《中华人民共和国保守国家秘密法》和《中华人民共和国保守国家秘密法实施办法》等有关规定执行。

五、声像档案的保管要求

1. 日常管理要求

声像档案的保管，应符合防火、防水、防潮、防日光及紫外线照射、防污染、防有害生物、防盗、防震和防磁等要求。

2. 存放要求

照片与底片应分开存放。录音带、录像带、磁带、光盘应放入盒中保管；照片、底片册、录音带、录像带、磁带和光盘等应垂直放置，不得堆积平放，以防相互粘连。磁性载体的声像档案应存储在具有磁屏蔽功能的库房、防磁柜（见图5—1—3）或者装具内。定期检查声像档案的保管情况，若发现问题，应查明原因，及时采取补救措施。录音带、录像带应每两年重新缠绕一次，缠绕时应用正常播放速度。

3. 温度与湿度要求

声像档案应恒温、恒湿保存，在24小时内温度变化不得超过±3℃，相对湿度变化不得超过±5%；照片、底片存储温度应控制在2～21℃，相对湿度应控制在20%～50%之间；录音带、录像带、磁带、光盘的存储温度应控制在15～27℃，相对湿度应控制在40%～60%之间。如过于潮湿，可以使用除湿机（见图5—1—4）。

六、移交声像档案，办理移交手续

对于需要永久和长期保存的声像档案，秘书还应做好将声像资料向档案机关移交的工作。移交时应注意办理移交手续。即填写归档清单一式两份，交接双方各留一份备查。

图 5—1—3 防磁档案柜

图 5—1—4 除湿机

任务实施

本任务中，李芸收集的声像档案载体具有多种类型，不同载体的档案管理方式也有所不同，因此首先需要对这些声像档案进行分类，然后分别针对照片、录像磁带和光盘进行整理。

一、对声像档案材料进行分类

将声像档案进行分类，不同的声像载体使用的存档方法和保存要求不同，在进行声像材料归档前应按照声像材料的不同载体进行分类。声像档案的常用载体有照片、录音带、录像带、磁带、光盘等。其中按照声像档案的存档方法分为照片档案的存档和录音带、录像带（磁带）、光盘的存档。

具体到本任务，需要归档的声像资料分为三类，即照片、录像（录音）带和光盘。

二、照片档案的整理

对照片档案的整理归档主要包括设置类别、筛选、编号、入册、撰写文字说明、编目等工作环节。

1. 设定类别

根据本单位的工作内容和性质，结合档案室的分类设定照片档案的类目。如果照片数量比较多，时间跨度很长，那么所设定的类目应比较复杂，也可以使用类似于纸质档案的“年度—机构—保存期限”这样的复式分类方法。如果照片数量不多，反映的内容相对集中，那么所设定的类别可以比较简单。

在本任务中，由于照片数量并不多，类别划分相对简单，可以主要着眼于内容标准，李芸设定本单位的照片类目有：建设面貌类、人物类、会议类。

2. 照片分类、筛选与排列

依据照片的类目对所有归档照片进行分类。35 张照片分成了 3 类，建设面貌类有 10 张照片，人物类有 12 张照片，会议类有 13 张照片。

从每组众多照片中筛选出符合归档质量要求且能够基本反映该问题的照片，大约 4 ~ 6

张。选择照片的质量要求是照片图像清晰，底片保存完好。

在本任务中，李芸选择了5张反映建设面貌类的照片，5张人物类的照片，4张会议类的照片用以存档。

将每一类照片进行排列，依据的标准可以是时间或重要程度。如果有需要保密的照片，那么应将保密照片单独排列在一起。

3. 照片、底片编号

照片号是固定和反映每张照片在全宗内分类与排列顺序的一组字符代码，由全宗号、保管期限代码，册号、张号或全宗号、保管期限代码、张号组成。每张照片应编制唯一的号码。

照片号的基本格式为：全宗号—保管期限代码—（册号）—张号

其中的全宗号为档案馆给立档单位编制的代号；保管期限代码分别用“1、2、3”或“Y、C、D”对应代表永久、长期、短期；册号是在某一全宗某一保管期限内照片册的排列从“1”开始的顺序编号，如果照片册数量较少，可以省略；张号是指照片在册内的排列从“1”开始的顺序编号。

例如在本任务中为第1张照片所拟定的编号如图5—1—5所示。

底片的编码规则与照片相同，而且应和照片号对应。底片的编号应使用铁笔横排刻写在胶片乳剂面片边处（刻写不下时，前段可不写），不得影响画面；也可采用其他方式将底片号附着在胶片乳剂面片边处，不得污染胶片。

底片按时间先后顺序编号，编号应与照片号对应。底片号应贴在乳剂面边缘，注意粘贴时不要污损底片，将粘贴好底片号的底片装入底片袋中，在底片袋外写明底片号，将底片袋装入底片册中。

4. 照片入册

将照片装入专用的照片档案夹（见图5—1—6）。照片册一般由297 mm×210 mm大小的若干芯页和封面、封底组成。芯页以30页左右为宜，有活页式和定页式两种。将所有照片按照分类、排列顺序即照片号顺序固定在芯页上，组成照片册。

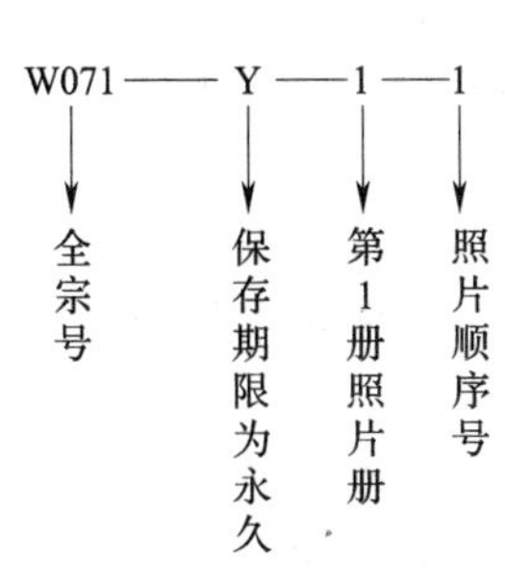

图5—1—5　照片编号规则

图5—1—6　照片档案夹

幅面比较大的照片，在入册时会遇到困难，可将其放入专用的档案袋或档案盒中，按照照片号顺序排列。如竖直放置，应首先将照片固定在专用的纸板上。再放入袋、盒中；如水平放置，照片的堆放高度不宜超过 5 cm。以竖直放置为宜。

底片的入册工作与照片类似，入册之前应先将底片装入到底片袋中，底片袋的材料为表面略微粗糙和无光泽的中性偏碱性纸制作，胶黏剂也应为中性，接缝在袋边。底片册一般由 297 mm×210 mm 大小的若干芯页和封面、封底组成。按照底片号顺序将底片袋依次插入底片册。芯页的插袋上应标明相同的底片号。

对幅面超过底片册芯页尺寸的大幅底片，应在乳剂面垫衬柔软的中性偏碱性纸张后，放入专用的档案袋或档案盒中，按底片号顺序排列。

5. 撰写文字说明

照片的文字说明有两种类型，一是针对单张照片的说明，二是针对一组照片的说明。

（1）编写单张照片说明。说明应用横写格式，分段书写。其主要项目有：题名、照片号、底片号、参见号、时间、摄影者、文字说明。说明的位置根据照片固定的位置来决定，可以在照片的右侧、左侧或正下方书写。

本任务中以奠基仪式上的照片为例介绍单张照片说明的编写方法。编写完成的说明如图 5—1—7 所示。

题名：李×董事长在××项目奠基仪式上致辞

照片号：W071—Y—1—3

底片号：W071—Y—7

参见号：2010—办公室—永久—24

时间：20100516

摄影者：张建国

文字说明：照片由总公司办公室张建国先生拍摄、提供。

图 5—1—7　单张照片说明

题名应简明概括、准确反映照片的基本内容、人物、地点、事由等要素。

照片号和底片号根据编制的结果填写。若采用照片、底片合一编号法，可不填写底片号。

参见号是指与本张照片有密切联系的其他载体档案的档号，其格式为：（相关档案种类）档号。

照片的拍摄时间用 8 位阿拉伯数字表示，第 1 ~4 位表示年，第 5 ~6 位表示月，第 7 ~8 位表示日。如 2009 年 3 月 2 日应写作 20090302。

摄影者一般填写个人，必要时可加写单位。文字说明应综合运用事由、时间、地点、人物、背景、摄影者等要素，概括提示照片影像所反映的全部信息；或仅对题名未涉及内容作出补充。其他需要说明的事项亦可在此栏表述，例如照片归属权不属于本单位的，应注明照片版权、来源等。

（2）编写组合照片和大幅照片的说明。一组（若干张）联系密切的照片按顺序排列后，可拟写组合照片说明。采用组合照片说明的照片，其单张照片说明可以从简。组合照片说明可放在本组第一张照片的上方，也可放在本册所有照片之前。

组合照片说明的基本项目与单张照片说明类似，此外还应概括提示该组照片所反映的全部信息内容及其他需要说明的事项，尤其是要指出所含照片的起止张号和数量。

同组中的每一张照片均应在单张照片说明的左上角或右上角标出组联符号。组联符号按组依次采用“①”“②”“③”……同组中的照片其组联符号相同。如册内只有一组照片和其他散片时，组联符号采用“①”。组联符号不宜越册。

对大幅照片的说明可另纸书写，与照片一同保存。一组联系密切的照片中的大幅照片，应随该组照片一同在册内编号，填写单张照片说明，并注明其存放地址。

6．填写照片册册脊、册内备考表

照片册的封面应印制“照片册”字样，如果封面设置有其他项目则也应如实填写。入册完成后需要进一步完善照片册的相关信息，主要是填写册脊和册内备考表。

照片册册脊的项目包括：全宗号、保管期限、册号、起止张号。本任务中填写完成效果如图5—1—8所示。

照片档案册的备考表（见图5—1—9）作用和纸质档案的盒内备考表相同。册内备考表项目包括：本册情况说明、立册人、检查人、立册时间。本册情况说明主要指册内底片或照片存在的缺损、补充、移出、销毁等情况。对底片册立册以后发生或发现的问题，应由有关的档案管理人员填写说明，并签名、标注时间。册内备考表应放在册内最后位置。

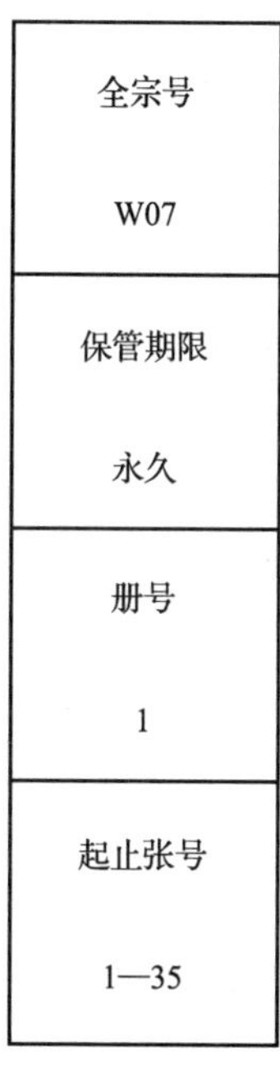

图5—1—8　照片档案册册脊式样

册内备考表

本册情况说明

1. 2011年3月4日整理照片，2张照片存在轻微折皱破损，原因是展出时被雨水打湿。

2. ……

立册人：李芸
检查人：岳爱华
立册时间：2011年3月10日

图5—1—9　册内备考表式样

7．编制目录

照片档案目录种类包括基本目录、册内目录、分类目录、主题目录、摄影者目录等。本任务中分类并不复杂，而且照片数量和摄影者人数并不多，因此不需要编制分类目录、主题目录和摄影者目录。下面说明册内目录和基本目录的编制方法。

（1）编制基本目录。照片档案基本目录的必备项目是：照片号、题名、时间、摄影者、底片号、备注，可根据需要增加项目。基本目录的条目应按照照片号排序。本任务编制的基本照片目录见表5—1—2。

表 5—1—2　　　　　　　　　　　册内目录

照片号 / 底片号	题名	时间	拍摄者	备注
……	……	……	……	
W071 - Y - 1 - 3 W071 - Y - 7	李×董事长在××项目奠基仪式上致辞	20100516	张建国	
……	……	……	……	

(2) 编制册内目录。册内照片目录为选择性目录，其组成项目是：照片号、题名、时间、页号、底片号、备注。册内目录的条目应按照片号排序，册内目录位于册内最前面。

各类目录编制完成后，应统一装订成册，以便保管和查阅。

三、录像（录音）档案的管理

录像（录音）档案的基本管理流程与照片档案有非常大的相似性，只是针对载体而采取的保护措施与纸质档案有很大不同，下面简要介绍录像档案的管理方法。

1. 分类与编号

分类是将录音和录像两种资料分开，如果两种档案的数量非常多，还要进一步按其反映的内容分类。在整理过程中，同一类型和同一内容的再按归档时间顺序编流水号。数量少的可以不分类，直接按归档时间顺序编流水号。其编号由类别代码和盒（盘）号组成。编号时应注意，录像（录音）带盒体编号应与外包装上的编号相一致。

具体到本任务，收集的录音带、录像带不多，可以不必分类，可以按照归档时间顺序编流水号。李芸应将 4 盒录音带，3 盒录像带分别编号。录音带编号为：SX2—1，SX 代表声像档案，2 代表录音带类，1 代表第一盒。其余三盒的编号分别为 SX2—2，SX2—3，SX2—4。录像带编号为 SX3—1，SX 代表声像档案，3 代表录像带类，1 代表第一张。其余录像带编号为 SX3—2，SX3—3。

2. 撰写文字说明

归档的录音带、录像带必须要有文字说明。归档的录音带的文字说明应包括：讲话内容、讲话人姓名、职务、录制日期、密级、带长（时间）等。归档的录像带应简要说明内容、制式、语别、密级、规格、声道、带长（时间）等。

本任务中，李芸应编写 7 份文字说明，其中包括 4 份录音带说明和 3 份录像带说明。在此分别列出两个录音与录像的文字说明为例。

SX2—1：公司召开加强安全生产动员会的会议录音。讲话人：刘青苗；职务：副经理；录制日期：2010 年 8 月 27 日；密级：公开；带长：40 分钟。

SX3—1：××项目奠基仪式录像。拍摄时间：2010 年 5 月 16 日；制式：PAL；语别：汉语；密级：公开；声道：双声道；带长：40 分钟。

3. 装入装具

录像（录音）带、光盘由于载体不同，分别进行排序，同类载体的材料集中在一起。将所有的声像档案材料统一进行整理、排序后，就需要装入到专用的装具之中。录像（录音）带一般有配套的外壳，每一盘录像带都需要使用外套保护起来。光盘档案应使用专用的光盘夹，如图 5—1—10 所示。等后续的所有工作完成后，声像档案还应放入防磁柜中，以防外界磁场对磁带造成干扰。

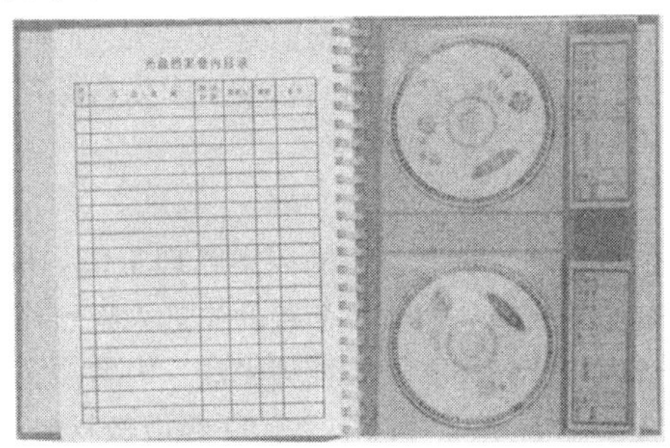

图 5—1—10　光盘档案夹

知识链接

保存载体

以磁性材料为载体的录音带、录像带逐渐退出了应用主流地位，取而代之的是数码录音和录像设备。录像（录音）带容易受到磁场的影响而出现失真，同时需要专用设备进行播放，不便于使用计算机管理。因此，在进行声像档案管理的时候，一般要求将录像（录音）带转制为计算机存储的电子数码文件。在转制过程中需要借助于专用设备，同时转化成的电子文件应当采用通用的格式。保存由录像（录音）带转制的电子文件的主要载体也可以采用光盘。

4. 制作标签

标签内容包括编号、参见号、片名、播放时间、摄制单位、摄制时间、规格、格式、密级、主要人物姓名及身份等。声像档案的标签一般随录像（录音）带、光盘存放在装具之中。如果是录像带，需要竖立放置，录像带的脊背标签也应载明这些项目信息。

5. 编制录像带、光盘目录

针对录像（录音）带和光盘编制归档目录。如果档案资料比较多，将录像（录音）和光盘区别开，分别编制目录；如果资料较少，那么可以编制一份目录。目录中应注明的信息项目包括：编号、类型、题名、存放位置等。

在本任务中，编制的目录见表 5—1—3。

表 5—1—3　　录像（录音）带、光盘目录

编号	类型	题名	时间	存放位置	备注
SX2－1	录音	副经理刘青苗在公司加强安全生产动员会上的讲话	2010 年 8 月 27 日	1 号册	
……	……	……	……	……	
SX3－1	录像	××项目奠基仪式实况	2010 年 5 月 16 日	2 号册	
……	……	……	……	……	

四、装订声像档案目录

“声像档案目录”是指由照片、录像（录音）带、光盘的基本目录、册内目录等各种形式目录组成的一种声像档案检索目录，既便于检索查找档案，同时也便于在归档移交时清点档案。这些目录应装订成册，或者存放在专门的目录册中妥善保存。

技能训练

李霞是××公司的办公室秘书，负责公司的档案管理工作。最近两个月单位有 45 张照片需要整理归档，照片内容涉及反映公司建设面貌的先进人物照片、一次表彰大会形成的照片和一次职工代表大会形成的照片；还有 4 张视频光盘，内容涉及表彰大会、职工运动会开幕仪式、第五次职工代表大会、安全生产调度会，这些声像材料都需要入档。请完成以下练习：

1. 说明这些档案材料的分类类目，并列出分类体系示意图；
2. 列出视频光盘档案目录；
3. 编写视频光盘档案的文字说明。

任务二　管理科技档案

教学目标

- ◆ 了解科技档案的概念、特点与类型
- ◆ 掌握科技档案的收集方法
- ◆ 能够根据要求完成基建工程档案的整理与提交验收等工作

任务导入

A 房地产集团第一分公司新建了一座设备仓库。工程完工后，施工部门向档案室移交了一批与工程有关的资料文件。这些文件所涉及的内容非常广泛，有立项审批文件、勘察设计文件、监理文件、施工管理文件、设备材料文件、竣工验收文件以及各种财务报表。

假定你是该公司档案室工作人员李芸，请根据以上背景，对这些与工程相关的档案进行管理。

任务分析

本任务中的基建工程档案属于科技档案的一种类型。科技档案管理工作的基本内容和其他类型的档案没有实质差异，但是科技档案自身的特殊性对收集、整理等工作提出了新的要求。

档案管理人员必须充分理解把握科技档案的特点，这是做好管理工作的前提。针对科技档案的特点，需要完成以下工作：①从接收的所有科技文件材料中选择需要归档的材料，②对需要进行归档的文件材料进行排列、装订、编号、编目，③将整理完毕的档案材料根据规定提交验收。

相关知识

一、科技档案简介

1. 科技档案的概念

科技档案，即科学技术档案。国家标准 GB/T 11822—2008《科学技术档案案卷构成的一般要求》对科技档案的定义为："企事业单位和国家机构、社会组织及个人从事生产、科研、基建及管理活动形成的对国家和社会具有保存价值的应归档保存的科技文件材料。"这些科技文件材料主要是记录和反映生产、科研、基建、设备及其管理活动的文字、图表、声像等不同形式的技术文件。

在科技档案的管理工作中，还经常接触到所谓的"科技资料"。严格来讲，科技档案与科技资料是不同的两类文件材料，二者的差异主要体现在以下方面：第一，从反映的内容来看，科技档案一般是对本单位科技活动的直接记录，而科技资料往往是外单位科技活动的记录；第二，从产生的来源看，科技档案是由本单位的技术部门形成的原始记录，科技资料是从本单位以外收集、交换或者购买来的；第三，从作用效果来看，科技档案主要起着依据与凭证的作用，而科技资料则起着参考与借鉴作用。

2. 科技档案的特点

（1）专业性强。科技档案形成于特定的专业技术领域，是相应的专业技术活动的记录和产物，集中地反映了特定专业的科技内容及相关的科技方法和手段。

（2）类型多样。档案材料的类型是由它所记载的社会实践活动的内容和方式决定的。社会中的科技活动涉及的领域十分广泛，科技手段比较复杂，这就决定了科技档案的多样性，以适应科技内容和手段的多样性。科技档案是所有种类的档案中，类型最为丰富多样的一种。

（3）关系密切。科技档案材料之间的关系比较密切，大大超过其他类型的档案，这是由科技、生产活动的特点决定的。科技、生产活动往往是以一个独立的项目或某一特有的对象为中心进行的，所形成的档案材料是一整套的。例如工程档案是围绕一个工程项目形成的一系列相关的科技文件，记载和反映了该项目的全部过程和成果，构成了一个反映该项目全部活动的文件整体。

二、科技档案的类型

科技档案包含的档案材料十分丰富，根据不同标准可以划分多种类型，详见表5—2—1。

三、科技档案的收集工作

收集工作是科技档案工作的基础，是保证科技档案完整、准确、系统、安全的重要前提。

1. 科技档案收集的基本要求

基层档案部门在进行科技档案的收集工作时，一要注意在法律法规的指导下进行收集，遵循集中统一管理的原则；二要遵循科技档案的自然形成规律，确定适当的收集归档制度；三要保证科技档案的质量，保证科技档案的完整、准确、系统。

表 5—2—1　　科技档案的类型

分类标准	类型	说明
信息载体与表达形式	科技图样	又称图纸，是按国家规定的制图标准，绘制在一定载体平面上的表示物体、建筑物、构筑物的形状、结构、大小或其他自然现象的几何图形 按其产生领域可划分为机械图样、建筑图样、地质图样、气象图样、农业图样、测绘图样、天文图样、水文图、地震图、环保图样等 按绘制手段、制成材料和用途的不同可划分为草图、原图、底图、副底图、复印图、空白图等
	科技目录和表格材料	用表格形式填入文字和数字而形成的一种科技文件材料
	科技文字材料	用文字、数据及其他符号来表示和传递科技信息，记录科技活动及其成果的科技文件材料
	科技声像材料	在科技活动中形成的照片、影片、录像等视听型的文件材料
专业领域	工业生产技术档案	在工业产品的设计、研制和生产、制造活动中形成的科技档案。显著特点是以型号成套，一般包括技术任务书、设计和研制文件、工作图（底图和蓝图）、工艺文件、检验文件、定型和总结文件等
	农业科技档案	在农、林、牧、渔各行业的生产技术活动中形成的档案。农业科技档案种类繁多，综合性较强，包括种子档案、作物栽培档案、植物保护档案、林业档案、畜牧档案、水产档案及农业生态环境和农业区划档案等
	基建工程档案	各种建筑物、构筑物、地上地下管线等基建工程所形成的科技档案。特点是以工程项目成套，一般包括可行性研究报告、任务书、设计文件、工程管理文件、施工文件、竣工文件、生产技术准备文件以及其他资料等
	设备仪器档案	各种器械设备和仪器仪表的档案材料。其特点是以型号成套，主要有外购设备档案、自制设备档案等
	科技研究档案	在自然科学技术研究活动中形成的具有保存价值的文字、图表、数据、声像等各种形式和载体的文字材料。基本特点是以课题成套，一般包括课题论证和文献综述、基金申报文件和任务书、协议书、研究计划和设计方案、试验大纲和各种原始记录、研究报告或论文专著、课题工作总结和经费决算、成果验收鉴定和评审文件、成果申报文件、奖励文件、专利文件、推广应用方案、技术转让合同等
	专门技术档案	在某些专门技术活动中形成的科技档案，如地质档案、水文档案、气象档案、测绘档案、天文档案等
记录媒介	科技电子文件	计算机应用于科技生产活动后的产物，指能被计算机系统识别、处理，按一定格式存储在磁带、磁盘或光盘等介质上，并可在网络上传递的数字代码序列。包括各种类型的图像文件、图形文件、数据文件、文字处理文件、程序文件等
	科技纸质材料	采用传统的纸张记载科技信息而形成的各种科技档案文件

2. 科技档案收集的基本方法

科技档案材料往往分散在相关的业务部门或人员手中，档案管理者在日常工作中一般不参与科技活动，因此收集科技档案会存在一些困难。为解决这一问题，档案管理者应采用以下相应的方法保证档案能够及时收集。

（1）建立与单位情况相适应的科技档案制度，保证科技档案管理秩序。首先，应明确规定将科技档案的收集工作与基建、生产、科研、设备管理活动同步进行；其次，各业务部门要将科技档案的收集工作纳入计划管理；再次，明确基建、设备、科研等业务部门的岗位职责，即把科技档案的收集、积累、移交归档工作列入该部门的职责范围，并责任到人；最后，根据单位的具体情况和各种科技活动的特点，明确各类科技档案的收集与归档范围。

（2）在科技活动开始之前的筹备、申报等工作中，档案管理部门和人员应对科技档案的数量、质量要求、立档单位、移交时间等提出明确要求，作为科技档案接收时的依据。

（3）在科技项目或工作正式运作过程中，档案管理部门和人员应负责组织、监督和检查有关单位（如勘察、设计、施工、监理等单位）科技档案的形成、积累、整理、移交工作，做到边施工边收集边整理。

（4）在科技项目或工作结束之后，档案管理部门和人员应参与到科技成果的评审、检查、验收等工作中，对与科技成果相关的档案材料及时收集。

（5）档案管理人员参加新购各类设备的验收，履行签字手续，并对现场形成的文件材料和设备开箱后的随机材料进行现场收集。

四、科技档案归档要求

1. 归档基本要求

（1）归档的文件材料应为原件。

（2）归档的文件材料内容必须齐全、完整、准确、系统。

（3）文件材料应采用耐久性强的书写工具书写，不得使用易退色的书写工具，否则必须复印。

（4）文件材料应字迹清楚，图样清晰，图表整洁，签字盖章手续完备。

（5）图纸应折叠或使用 A4 纸张，所有竣工图均应在图标栏上方空白处加盖竣工图章，竣工图章应使用不易退色的红印泥。

（6）组卷所用的各种目录、表格、封面（底）、卷盒一律采用符合档案行业标准的产品。

2. 归档时间要求

（1）基建工程档案归档时间。工程前期文件（依据性、基础性文件）在工作完成后一次性归档。施工、监理、竣工文件视工程规模确定归档时间，规模较小的工程可在竣工验收后三个月内一次性立即归档，规模大、周期长的工程可在通过单项验收后归档。

（2）设备、仪器档案归档时间。大型设备应在安装、调试成功，交付使用时归档，小型设备仪器开箱验收时即可归档。

（3）科研课题档案归档时间。一般情况，在研究结束并完成成果鉴定后归档。研究周期长的课题可按阶段归档或按年度归档。

（4）产品、工艺档案归档时间。一般应在产品定型验收、正式投产时归档，也可视周期长短分阶段归档。

3. 归档份数

基建工程档案一般不少于 2 套，一套（原件）由建设单位保管，一套（原件）移交当地城建档案馆。其他档案一般归档 1 套，较重要的和利用频繁的文件材料可根据实际情况增加归档份数。

4. 归档手续

档案交接时，应编制移交清单，一式两份，交接双方签字、盖章后方可交接。

任务实施

一、收集与接收基建工程档案

基建工程档案应根据建筑物实体而确定收集与归档单位，也就是说建筑物产权所在单位应完成工程档案的收集、归档与管理等工作。在本任务中，可以确定的是，设备仓库的产权应归 A 房地产集团第一分公司所有，那么就应由该公司档案管理部门来负责收集与管理。

1. 确定收集与接收基建工程档案范围

基建工程实施过程中会产生大量各类文件资料，因此在收集与接收档案时，必须首先明确基本范围。从总体上看，基建工程产生的文件资料主要包括：基建管理文件、监理文件、施工文件、竣工图等材料。

（1）基建管理文件。基建管理文件是工程项目建设单位为了保证工程的顺利实施而进行的审批、协调、监督等日常管理工作中产生的各类文件材料，主要有：

1）立项阶段文件，如立项申请及批复、可行性论证报告、环境影响报告等；

2）用地、征地、拆迁文件，如建设用地批准文件、国有土地使用证、建设工程规划许可证等；

3）勘察、设计文件，如岩土工程勘察报告、水文地质勘察报告、建设用地钉桩通知单、地形测量和拨地测量成果报告、施工图设计文件、技术设计图纸和说明等；

4）招投标文件，如施工招投标文件（中标通知书）、施工承包合同、监理招投标文件（中标通知书）、监理委托合同；

5）工程质量监督文件，如建设工程质量监督书；

6）开工审批文件，如建设项目年度计划申报文件、建筑工程施工许可证；

7）财务文件，如工程投资估算资料、工程施工图预算资料、工程决算资料、交付使用财产总表和财产明细表等；

8）工程竣工验收备案文件，如竣工报告、竣工验收报告、公安消防验收意见书、环保验收合格证等。

（2）监理文件。监理是具有监理资质的主体根据相关法律法规、合同和技术标准对承包商的生产、进度、质量和投资等行为进行监督的工作。在对基建工程实施监理过程中会产生一系列的文件，主要有：

1）承包单位各类工作用表，如工程开工（复工）报审表、施工组织设计（方案）报审表、主要施工机械设备报审表、施工测量放线报验单、工程计量报审表等。

2）监理单位各类工作用表，如工地会议纪要、延期审批表、监理工作总结、监理单位工程质量评估报告、监理日志等。

（3）施工文件。施工单位在工程施工过程中所形成的各类管理资料、技术资料等文件，主要包括：

1）施工管理资料，如工程概况表、工程开工（复工）报审表、施工组织设计（方案）报审表、施工组织设计、施工现场质量管理检查记录表、施工日志、混凝土施工日志、见证取样试验（记录）汇总表、见证取样记录等；

2）施工技术资料，如技术交底记录、设计图纸会审记录、工程变更单、设计变更文件、工程洽商记录等；

3）工程测量记录，如工程测量定位放线记录、基槽验线记录等；

4）物料质量检验资料，如各类建筑材料的质量检测报告等；

5）施工记录，如施工检查记录、工序交接检查记录、各类施工点检查记录、施工验收记录等。

（4）竣工图。工程完工后形成的经勘测符合工程实际状况的各类图纸资料，主要包括：

1）综合竣工图，如总平面布置图、竣工工程平面位置实测图、竖向布置图等；

2）专业工程竣工图，如结构工程竣工图、装饰装修工程竣工图、给排水（消防）工程竣工图、采暖通风空调工程竣工图、电气（智能）工程竣工图、燃气工程竣工图等。

以上介绍的工程文件收集范围主要是从宏观的角度指出了收集工作的大体界限。为了防止遗漏资料，收集与接收工作要尽可能地将工程开展过程中产生的文件都收集起来。

2. 收集与接收基建工程档案要求

（1）基建工程档案收集与接收的时间要求是，必须在项目竣工验收后三个月内完成。在本任务中，由于工程规模比较小，为了节省时间，提高效率，可以在工程施工之前，将立项阶段的各类文件资料收集完毕。对于大型工程，可以在工程实施过程中，注意根据工程进度，分阶段收集。本任务工程比较简单，工期较短，可以在全部工程竣工验收之后三个月内进行收集与接收。

（2）在收集与接收基建工程档案时，尤其要注意检验竣工图的质量。竣工图是真实反映建设工程项目施工结果的图样，是工程档案的重要组成部分。竣工图必须做到字迹工整、图样清晰，严禁用圆珠笔、铅笔或易退色的书写材料书写。所有竣工图均应加盖竣工图章。竣工图章的基本内容应包括：“竣工图”字样、施工单位、编制人、审核人、技术负责人、编制日期、监理单位、总监、现场监理。尺寸为50 mm×80 mm。竣工图章式样如图5—2—1所示。

竣工图章应使用不易退色的红印泥，加盖在图标栏上方空白处。

（3）基建工程档案的载体材料应质地优良，不得有污垢、受潮、破裂等现象。

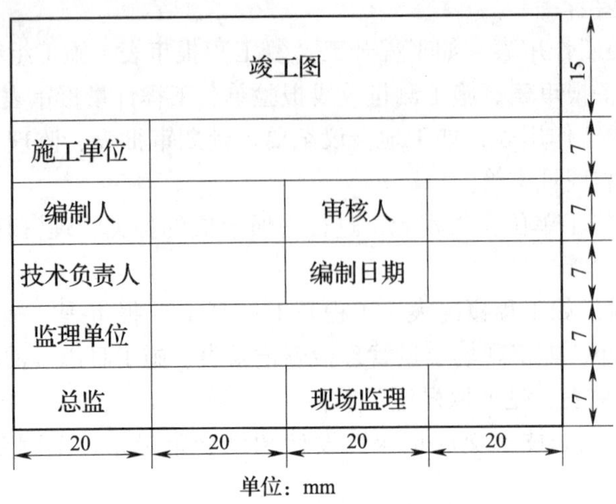

图 5—2—1　竣工图章式样

3. 收集与接收基建工程档案的方法与流程

（1）工程开工前。本任务中，档案人员在建设项目的立项阶段就应参加到工程的相关工作中，熟悉工程开展过程中所产生的各类文件材料。

（2）工程实施过程中。为了完成某一项工程，一般会成立专门的项目部来负责工程的全部工作。项目部的全体人员中，有两类员工会具体负责基建材料的管理。一是项目部秘书，具体负责各类管理文件；二是施工或技术负责人，具体负责各类施工技术资料。档案工作者应与这两类工作人员建立起相互协作的密切关系，随时了解产生的各类文件情况，指导其正确管理文件资料，并及时收集有关材料。

（3）工程竣工验收之前。根据 BG/T 50328—2001《建设工程文件归档整理规范》的要求，在组织工程竣工验收前，应首先对工程档案进行预验收，未取得工程档案验收认可文件，不得组织工程竣工验收。因此在工程竣工验收之前，档案管理人员应及时完成工程档案的收集与整理工作，并提请当地城建档案管理部门进行验收，避免因基建档案管理问题而造成工程验收拖后。

二、基建工程档案整理工作

整理基建工程档案应遵循档案材料形成的自然规律，保持文件之间的有机联系。同时充分利用档案原有的整理基础，对基建档案进行分门别类的整理。整理的结果应便于保管和利用。

基建工程档案整理工作的主要内容包括：归档鉴定、分类组卷、卷内文件排列与编号、编目、装盒等。

1. 归档鉴定

归档鉴定的主要任务是筛选出不符合归档范围的文件和重复的文件。由于对重复文件的处理比较简单，所以此处不在赘述，重点介绍一下根据归档范围对收集的文件材料进行筛选。

在收集或接收基建工程档案时，对所收集的文件材料还需要进行进一步的筛选，以便确定最终的归档文件。筛选的主要依据是《建设工程文件归档整理规范》的附表《建设工程文件归档范围和保管期限表》（该表的部分内容见表5—2—2）。该表将需要归档保存的建设工程文件划分了5个大类（工程准备阶段文件、监理文件、施工文件、竣工图、竣工验收文件）共约300多种文档，并明确了保管单位和保管期限。

表5—2—2　　建设工程文件归档范围和保管期限表（部分）

序号	目录编号	归档文件	保管单位和保管期限				
			建设单位	施工单位	设计单位	监理单位	城建档案馆
1	1	工程准备阶段文件					
2	1.1	立项文件					
3	1.1.1	项目建议书	永久				√
4	1.1.2	项目建议书审批意见及前期工作通知书	永久				√
5	1.1.3	可行性研究报告及附件	永久				√
6	1.1.4	可行性研究报告审批意见	永久				√
7	1.1.5	关于立项有关的会议纪要、领导讲话	永久				√
8	1.1.6	专家建议文件	永久				√
9	1.1.7	调查资料及项目评估研究材料	长期				√
10	1.2	建设用地、征地、拆迁文件					
11	1.2.1	选址申请及选址规划意见通知书	永久				√
12	1.2.2	用地申请报告及县级以上人民政府城乡建设用地批准书	永久				√
13	1.2.3	拆迁安置意见、协议、方案等	长期				√
14	1.2.4	建设用地规划许可证及其附件	永久				√
15	1.2.5	划拨建设用地文件	永久				√
16	1.2.6	国有土地使用证	永久				√
17	1.3	勘察、测绘、设计文件					
18	1.3.1	工程地质勘察报告	永久		永久		√
19	1.3.2	水文地质勘察报告、自然条件、地震调查	永久		永久		√
20	1.3.3	建设用地钉桩通知单（书）	永久				√
21	1.3.4	地形测量和拨地测量成果报告	永久		永久		√
22	1.3.5	申报的规划设计条件和规划设计条件通知书	永久		长期		√
23	1.3.6	初步设计图纸和说明	长期		长期		√
24	1.3.7	技术设计图纸和说明	长期		长期		√
25	1.3.8	审定设计方案通知书及审查意见	长期		长期		√
26	1.3.9	有关行政主管部门（人防、环保、消防、交通、园林、市政、文物、通讯、保密、河湖、教育、白蚁防治、卫生等）批准文件或取得的有关协议	永久				√

续表

序号	目录编号	归档文件	保管单位和保管期限				
			建设单位	施工单位	设计单位	监理单位	城建档案馆
27	1.3.10	施工图及其说明	长期		长期		
28	1.3.11	设计计算书	长期		长期		
29	1.3.12	政府有关部门对施工图设计文件的审批意见	永久		长期		√
…	……	……	……	……	……	……	……

在本任务中，档案管理人员为项目建设单位的工作人员，因此应根据上表的要求，对需要由本单位负责保管的各类文件材料进行归档整理。

2. 分类与组卷

档案的分类是根据特定的标准，将某些具有内在联系的归档文件材料划分为不同的集合。基建工程档案一般分为五种类型，每一类型下面再细分为若干子类，如图5—2—2所示。

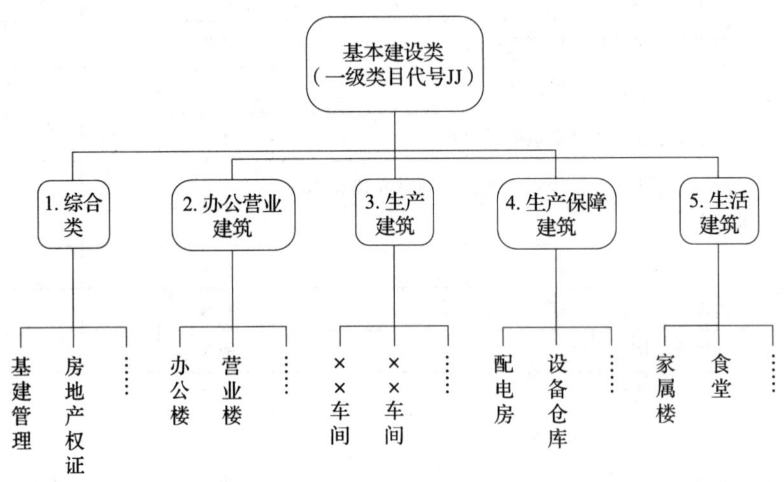

图5—2—2　基建工程档案分类体系

在传统的档案管理工作中，分类往往和组卷相结合。组卷，就是把一组有联系的文件，以卷、册、袋、盒等形式组合在一起，以便于保管、保密和利用。国家档案局在2006年12月发布的《归档文件整理规则》取消了“卷”这一单位，以“件”代替“卷”，以“案盒”代替“案卷”。但是在基建工程档案管理中，还在沿用传统的“卷”这一概念，不严格区分案卷与案盒。

基建工程档案分类组卷的方法比较单一，即以单项工程或某一建筑物为单位组卷，一个工程项目组成一卷或数卷，装入一个或多个案盒中。例如，某单位新建办公楼项目，归档时设置分类为“办公楼工程档案”，后又建了一栋职工宿舍楼，其归档时设置分类为“职工宿舍楼工程档案”，两个工程项目的档案材料分别组卷装盒。

大中型建设项目的归档文件一般分为两大类：文字表格类和竣工图类。小型建设项目的归档文件可按阶段组卷（即按开工前准备阶段、监理、施工、竣工验收这几个阶段组卷），也可直接按单项工程组卷（即1个工程1卷，文字材料在前，图纸在后）。

本任务中，由于仓库工程项目较小，建设过程并不复杂，因此可以将仓库工程的所有档案组成一个案卷。

3. 卷内文件排列

一个案卷或案盒内的文件数量比较多，为了便于保管，尤其是便于查找利用，就需要将这些文件有序化，也就是使每一份文件都有各自恰当的位置。排列文件应按照文件的形成规律和必然联系，系统地、有规则地进行排放。

基建工程档案的文件类型主要是文字（表格）和图纸两种。总体的原则是：文字材料在前、图纸在后。具体顺序可以参考《建设工程文件归档整理规范》的附表《建设工程文件归档范围和保管期限表》来确定。需要注意以下几个方面：

第一，对于文字材料的排序，可以参考普通文书档案的排列方法。整体上按时间（工作程序进度）也就是按照前期文件、工程设计、工程施工、监理、竣工验收的顺序排列。正文在前，底稿、附件在后；批复在前，请示在后；原件在前，复印件在后。

第二，图纸的排序可以根据图纸目录排列，也可以根据图纸号排序。

第三，图纸应进行折叠以便装入档案盒。不同幅面的工程图纸应按国家标准GB/T 10609.3—2009《技术制图　复制图的折叠方法》统一折叠成A4幅面，图标栏露在外面便于查阅。

第四，如果文件原件已经装订成册，一般不拆散重新排列。

4. 编制卷内文件页号

为了便于查找文件，可以为卷内（或盒内）有书写内容的页面编制统一的页码，每卷单独编号。除空白页（卷内文件目录、案卷封面、封底）外，文字与图纸逐一编号，页号从“1”开始。页号用铅笔书写，单面文件在右下角，双面文件正面在右下角、背面在左下角，折叠后的图纸一律在右下角。

5. 加盖归档章并填写档号

《建设工程文件归档整理规范》没有明确规定为每件工程文件编制档号和加盖归档章。有的单位为了便于借阅管理，为每一份文件编制档号并加盖归档章，这样在借阅者归还档案时就能明确其具体次序。

在案卷内每一件文件首页右上角空白处加盖统一刻制的“档号章”（关于件的确定规则，可以参看本书课题二“文书整理与归档工作”中的任务二“文书整理与归档”的相关介绍）。档号章的内容主要包括档号和序号两部分，式样如图5—2—3所示。

档号由基建代码、项目名称（编号）、案卷编号。其中的基建代码、项目名称与编号可以在档案分类体系中确定（参见图5—2—1）。在本任务中，设备仓库工程的第一个案卷文件的档号可以确定为：JJ—4·2—1。JJ代表基建档案类别，4·2代表

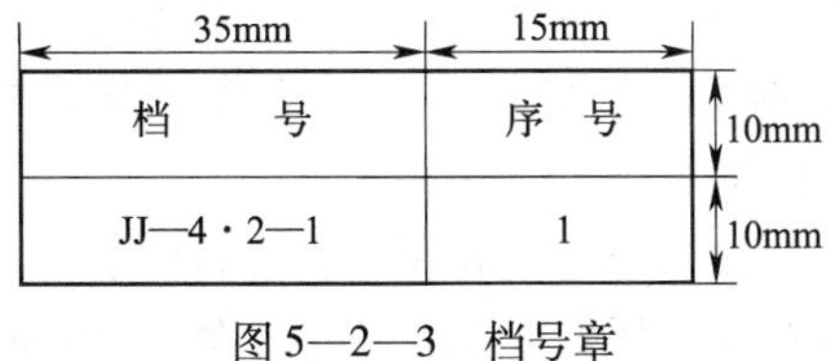

图5—2—3　档号章

第四种建筑类型中的第二种建筑子类（即设备仓库），1 代表第一盒案卷。

序号为每一份文件在案卷中的顺序号，例如第一份文件的编号为 1。

6. 编写目录

为了便于查找卷内文件，应编写卷内目录。卷内文件目录式样见表 5—2—3。

表 5—2—3　　基建工程档案卷内文件目录

序号	文件编号	责任者	文件材料题名	日期	页数	备注
…	……	……	……	……	…	
5	×字〔2011〕12 号	总公司	关于同意建设设备仓库的批复	20110305	1	
…	……	……	……	……	…	

序号即卷内文件的顺序号，从 1 开始流水编制；文件编号即文件的发文字号，图纸为图号，许可证为证上编号；责任者是制发文件的组织，即文件的发文机关；文件材料题名即文件的标题，没有标题或标题不规范时须重新拟制标题，并加“［ ］”标明；日期填写文件的成文日期，格式如“20110305”；页数为每份文件的总页数；备注栏写明需要说明的其他情况。本任务中，第五份文件填写完成后效果见表 5—2—3。

按卷内文件排列的顺序抄写，卷内目录应放在文件最前边，用钢笔填写。

7. 填写卷内备考表

备考表是对案卷或案盒内档案文件基本情况的说明，主要内容包括：标明卷内文件的件数与页数；说明卷内文件残缺破损情况（无者不写）；填写立卷人、检查人姓名及日期，日期为立卷的完成时间；互见号（反映同一内容而载体不同另行保管的档案的档号，该档号后应注明载体形式，并用括号括起）。

关于备考表的具体使用方法，可参看本书课题四“档案整理”任务二“文件编号、编目与装盒”中的相关介绍，此处不再赘述。

8. 填写封面与档案盒脊背

用来存放基建工程档案的档案盒应符合相关的标准，封面应具备必要的项目。这些项目主要包括：档号、档案馆（室）号、案卷题名、编制单位、编制时间、保管期限、密级。

（1）填写档号与档案馆（室）号。档号是根据本单位档案分类体系，尤其是基建工程档案分类体系而编制的，具体编号方法参见上文的相关介绍。在本任务中，档号为 JJ—4 · 2—1，将其填入档案盒封面的相应位置。

档案馆（室）号是档案馆或档案室的代号。如果档案在单位内部的档案室保管，档案室一般没有编号，所以可以不填这一项目；如果档案移交到了当地档案主管部门，那么则由其将档案馆号填入。本任务中，基建工程档案目前是在单位内部的档案室保管，因此可以不填档案室号。

（2）填写案卷题名。案卷题名也就是案卷的标题，作用是揭示卷内文件的内容。工程档案案卷题名主要由工程名称、分项名称和文种构成，一般不超过 50 个字。

1）文字材料类案卷题名主要包括责任者、工程项目名称和文种。如在本任务中，相关的前期文字档案案卷题名可以拟订为：××房地产公司关于设备仓库建设项目的请示、会议纪要。

2）表格、图纸材料类案卷题名主要由工程项目名称、子项名称和表格（图纸）名称构成。例如，在本任务中，施工质量检验的相关案卷题名可以拟订为：××房地产公司设备仓库门窗工程质量评定表。又如，竣工图案卷标题可以拟订为：××房地产公司设备仓库竣工图。

（3）填写编制单位名称。编制单位应填写案卷内文件的形成单位或主要责任者。本卷内所有文件的形成单位，编制单位必须用全称或通用简称；多个编制单位的可按照其重要程度有选择地填写两个到三个。

（4）填写编制时间。这里的编制时间并不是指在整理归档工作中编制案卷的时间，而是指本卷内文件形成的时间跨度，因此，有时候也叫“起止日期”。应填写案卷内文件最早和最晚的日期，年月日齐全。

（5）填写保管期限。基建工程档案的保管期限根据《建设工程文件归档范围及保管期限表》确定。若干卷内文件分属不同的保管期限，那么应以较长的为准。

（6）填写密级。“密级”即保密等级，分为绝密、机密、秘密三种。基建工程档案一般不适合对外公开，因此密级一般填写为“秘密”。如果同一案卷内有不同密级的文件，应以较高级别作为本卷密级。

以上为档案盒封面各项目的填写要求，档案盒脊背的项目与封面大体相似，其内容也应与封面一致，此处不再赘述。

9. 基建案卷排列

如果一项工程的档案资料比较多，组成了多个案卷，或者使用了多个档案盒的，那么应对这些案卷或档案盒进行排序。排序的方法比较简单，一般按照项目依据性材料、基础性材料、工程设计（含初步设计、技术设计、施工图设计）、工程施工、工程监理、工程竣工验收等排列。

三、提交验收

工程档案经过工程施工单位整理归档后，为了保证其规范性，还需要提交到当地的城建档案馆进行预验收。对工程档案进行预验收，是工程竣工验收的前提。《建设工程文件归档整理规范》规定：“列入城建档案馆（室）档案接收范围的工程，建设单位在组织工程竣工验收前，应提请城建档案管理机构对工程档案进行预验收。建设单位未取得城建档案管理机构出具的认可文件，不得组织工程竣工验收。”

本任务中的工程项目为企业的仓库，按照相关规定，应属于城建档案馆档案接收范围的工程，因此需要提交进行预验收。

1. 提交验收申请

项目竣工验收 3 个月之前，由项目建设单位（法人）向当地城建档案馆（或档案馆）提出书面验收申请，一般需要填写相关的申请表（主要内容和式样见表 5—2—4）。

表 5—2—4　　××市建设项目档案专项验收申请表

项目名称	A 房地产集团第一分公司设备仓库建设项目		
审批（核准）机关	A 房地产集团总公司	立项日期	2011 年 3 月 5 日
投资规模	15 万元	建设时间	2011. 3. 15—2011. 4. 30
建设单位（法人）	A 房地产集团第一分公司		
设计单位	A 房地产集团第一分公司		
主要施工单位	A 房地产集团第一分公司		
主要监理单位	无		
计划档案验收日期	2011. 5. 10	计划竣工验收日期	2011. 5. 15
联系人	张清	联系电话	12345678
地址/邮编	××市××区××路×号（123456）	电子信箱	××××@163. com
申请单位 自检意见	经我公司自检，该项目档案符合《建设工程文件归档整理规范》等相关规定，提请验收。 （单位盖章） 2011 年 5 月 6 日		
验收组织 单位意见	（单位盖章） 年　月　日		

2. 组织验收与移交档案

由当地城建档案馆（或档案馆）组织对项目档案进行预验收。项目档案正式验收以会议的形式进行，验收组对项目档案进行评价，出具验收意见，颁发《建设工程档案初验认可证》。

建设单位在项目竣工验收后 6 个月内向城建档案馆移交应归档的项目档案。

技能训练

一、请查阅相关资料，编制出常用的设备仪器档案的归档范围和保管期限表。

二、请查阅相关资料，编制出科技研究档案的归档范围和保管期限表。

任务三　管理人事档案

教学目标

- 了解人事档案的基本内涵、类型与作用
- 了解人事档案的归档范围
- 掌握人事档案的归档方法
- 能够完成人事档案的保管和提供利用工作

任务导入

张婷婷是 A 房地产集团人力资源部的工作人员，专门负责本单位人事档案管理工作。2010 年 12 月，她一共收到 6 份人事档案材料，分别是：贾川的退休审批表、赵连升的小组考核登记表和先进人物登记表、张丽的续聘审批表、杜林的入党申请书和王一山的党员组织关系调动材料。

假定你是张婷婷，请根据以上背景，完成以上人事档案材料归档工作。

任务分析

要完成人事材料的归档工作，首先，要明确人事档案材料的归档范围，从众多的材料中选择应归档的材料；其次，对应归档的人事档案材料进行正确的分类并排列；最后，装订、补充卷内目录并办理归档手续，入柜，还需修改计算机里的有关信息。

相关知识

人事档案是各类社会组织在履行职能或经营管理中必然产生的一类特殊档案，也是档案管理工作经常面对的对象。

一、人事档案的概念

人事档案是专门档案的一种，是组织、人事、劳动等管理部门或其他有关部门在人事管理活动中形成的，关于个人经历、思想品德、学识能力、工作业绩的，以个人为单位集中保存起来以备查考的文字、表格以及其他形式的记录资料。

二、人事档案的特点与作用

人事档案具有真实性、全面性、动态性和保密性的特点。真实性是指人事档案材料的来源、内容以及形式必须符合实际，能够客观反映当事人的基本情况，这是人事档案最重要的特征；全面性指人事档案能够概括反映当事人各方面的信息，为了解对象提供比较完善的信息；动态性指档案内容会随着当事人的工作与生活情况发生变化；保密性是指人事档案往往会涉及当事人的个人或家庭隐私，甚至会涉及单位或国家的秘密，因此在提供利用时必须做好保密工作。

人事档案的作用主要体现为以下几方面：一是能够帮助了解、考察员工，作为对其进行基本评价的依据；二是能够作为解决当事人个人问题的凭证；三是为澄清历史事实、编写人物传记以及专业史料提供宝贵的素材。

三、人事档案的分类

我国的人事档案往往根据当事人身份分为学生档案、工人档案、干部档案和军人档案四大类。主体是干部档案和工人档案，这里主要介绍干部档案。

“干部”是一个外来词，在我国主要指党和国家机关、军队、人民团体、科学、文化等部门和企事业单位中担任一定公职的人员。随着我国人事管理制度改革和公务员制度的推行，“干部”的内涵发生了很大的改变，主要指在行政机关中担任一定的领导工作或管理工作的人员。“干部档案”的内涵也发生相应的变化。

《干部档案工作条例》中规定：各级组织、人事部门对所管理的干部都要建立干部档案。干部档案分为正本和副本，副本根据工作需要建立。干部档案正本由历史地、全面地反映干部情况的材料构成，干部档案副本由正本中一些材料的复制件（或重复件）构成。

四、人事档案的管理机构

1990 年中央组织部颁布的《干部档案工作条例》规定：“县以上（含县）的组织、人事部门，应建立相应干部档案管理工作机构，并负责对本地区、本部门、本系统的干部档案工作进行指导、监督和检查。每管理 1 000 人的档案需配备一名专职干部，有业务指导任务的单位，要配备相应的业务指导人员。县以下实行集中或相对集中管理档案的单位，根据上述原则应配备专职人员。不需要建立机构的单位，必须配备专职或以干部档案工作为主的兼职档案工作人员。”

1992 年颁发的《企业职工档案管理工作规定》指出：“职工档案由所在企业的劳动（组织人事）职能机构管理。实行档案综合管理的企业单位，档案综合管理部门应设专人管理职工档案。”

人事档案一般放在有人事管理权的单位，这些单位存放内部档案一般是免费的。随着用人制度的改革，在我国出现了“人事代理”的管理方式。有些单位没有人事管理权，其员工的人事档案可以办理人事代理。人事代理是指由政府人事部门所属的人才服务中心，按照国家有关人事政策法规要求，接受单位或个人委托，在其服务项目范围内，为多种所有制经济尤其是非公有制经济单位及各类人才提供人事档案管理、职称评定、社会养老保险金收缴、出国政审等全方位服务，同时向委托方收取托管费。

如今的用人机制使工作岗位与人事档案之间的关系不如原来密切，导致很多人在流动中放弃档案，出现所谓的“死档”“弃档”。虽然档案的某些功能有所弱化，但是，人事档案并非没有用了。现实生活中就有很多人因为弃档，给评职称、办理养老保险和退休手续等造成不利影响。因此必须重视个人档案的管理。

五、人事档案材料的归档范围

人事档案具有动态性的特点，单位每年都会产生一些人事档案材料，但并不是所有的人事档案材料都需要归档。归档的指导思想必须体现“德才兼备”的原则，即凡是记录个人经历和社会活动，反映个人政治思想表现、文化专业水平、工作态度和工作表现、工作业绩和贡献等的人事材料，都应该作为人事档案收集起来。以企业职工档案为例，具体包括以下材料：

第一类，履历材料：职工简历表、履历表，各类登记表，个人简历材料，更改姓名的有关材料。

第二类，自传及属于自传性质的材料。

第三类，鉴定（含自我鉴定）、考察、考核材料：以鉴定为主要内容的各类登记表，组织正式出具的鉴定性的表现情况材料。

第四类，评定岗位技能和学历材料：报考各类学校学生登记表、审查表、毕业登记表，学习（培训结业）成绩表，学历证明材料，评定专业技术职务（包括技师、高级技师）、技术等级材料，聘任专业技术职务（包括技师、高级技师）审批表，职工的创造发明、科研成果等材料的目录。

第五类，政审材料：入党、入团、参军、出国等政审材料，更改年龄和参加工作时间的组织审查意见。

第六类，加入党团组织的材料：入党志愿书、申请书和转正申请书、党员登记表、不予登记的决定，组织审批意见及所依据的材料；民主评议党员中形成的组织意见或党员登记表，认定为不合格党员被劝退或除名的主要事实材料和组织审批材料；取消党员资格的组织意见；入团志愿书、申请书、团员登记表、退团材料，加入民主党派的有关材料。

第七类，奖励材料：各类先进人物登记表，先进模范事迹、嘉奖、通报表扬等材料。

第八类，违犯党纪、政纪、国法等材料：处分决定、查证核定报告、本人对处分的意见和检查交代材料、通报材料；法院审判工作形成的判决书等。

第九类，招用、劳动合同，调动、聘用、复员退伍、转业、工资、保险福利待遇、出国、退休、退职等材料。

第十类，其他可供组织参考的有保存价值的材料，如残疾体检表、残疾等级材料、非正常死亡的调查报告及遗书等。

六、人事档案的归档与保管要求

1. 归档基本要求

归档的人事档案必须是原件，各部门不得以任何理由积压截留档案材料。必须是办理完毕的正式文件材料。

归档材料应真实，完整齐全，文字清楚，对象明确，手续完备，需经组织审查盖章或本人签字的，盖章签字后方能归入本人档案。

2. 档案材料要求

人事档案材料，必须统一使用标准16开规格的办公用纸，不得使用圆珠笔、铅笔或红色及纯蓝色墨水和复写纸书写。

凡归档材料不符合要求的，必须返回经办部门补齐或补办手续，达到要求后，方可归档。

3. 保管要求

人事档案管理部门，在收到人事档案材料后，应在3日内归入档案库房。零散材料袋内的人事档案材料应在半个月之内归入档案盒内。每年对人事档案材料集中归档一次。

人事档案的保管期限一般是永久。

任务实施

一、人事档案的筛选

人事档案的筛选主要目的是选择符合归档范围且内容真实可靠的档案材料，并将无须归档的材料以适当的方式处理。归档前的筛选与鉴别是人事档案管理的一项常规工作，应定期或不定期进行。

1. 人事档案材料的鉴别

收集的材料在归档前必须经过认真审查、鉴别，使归档材料的内容真实、齐全完整、文字清楚、对象明确、手续完备，符合要求的才能归档。未经鉴别，任何人都不得擅自销毁人事档案材料，不得私自将不属归档范围的材料归档或从人事档案中撤出材料。凡是人事档案材料归档或从人事档案中撤出材料，必须由专人把关，对比较重要材料的取舍，应请示主管领导。

属于下列情况之一的材料，不得归入人事档案：一是属于“同名异人”“张冠李戴”或对象不明确的材料；二是虽属于本人的但不需归档的材料，如结婚证书、残疾证、一般性学术论文、奖状、荣誉证书、任命书、本人或他人撰写的传记、年谱、回忆录、日记等；三是属于来往文书、资料、会议记录等材料；四是凡规定应由组织盖章而未盖章，应由本人签字而未签字，应说明批准机关、批准时间和文号而未说明等不完备材料。

鉴别归档材料还应注意档案所使用的纸张和书写工具。凡归档的材料统一使用 16 开（185 mm×260 mm）规格的办公用纸，用蓝黑墨水、黑色墨水、墨汁填写或用计算机打印，不得使用圆珠笔、铅笔、红色及纯蓝色墨水和复写纸书写。

具体到本任务，张婷婷发现：张丽的续聘审批表缺少组织盖章，显然不属于归档范围，应该退还张丽本人，盖好章后，再归档。本公司没有叫王一山的员工，王一山的党员组织关系调动材料是误转来的，因为单位的名称书写潦草，被误认为是本单位的人员。经仔细辨认和核对，正确的单位名称应是“B 房地产公司”。张婷婷和该公司取得联系，得知王一山正是该公司的员工，应该把这份材料转给 B 房地产公司。

2. 对不需归档材料的处理

经鉴别不需作为人事档案保管的材料，要对其进行妥善的处理。其方法有四种：

（1）转递。是将收到的档案材料转交传递给适当的单位或机构。有特殊价值的材料，应填写《企业职工档案材料转递通知单》并严密包封，转递时要做到及时、准确、安全。调到外省、市，通过机要渠道转递；调往本市各单位可派专人取送。一般不使用平信、挂号、特快专递、包裹邮寄等或本人自带。不能保管人事档案的单位，须凭人事部门所属人才服务机构出具《流动人员档案转递通知单》办理转档。人事档案转出一个月，对方单位不退回执，应催问、查询以防档案丢失。接收人事档案必须核查，准确无误退返回执，然后进行登记、造册、整理、归档等工作。

在本任务中，填写完成后的《企业职工档案材料转递通知单》如图 5—3—1 所示。

企业职工档案材料转递通知单

字第 011 号

B房地产公司：

兹将＿王一山＿同志等＿壹＿人的档案材料转去，请按档案目录清点查收，并将回执及时退回。

2010 年 12 月 29 日

姓 名	档案材料名称	转递原因	数量	备注
王一山	党员组织关系材料	误转至A房地产集团	壹份	

联系地址：××市××路8号　A房地产集团　人力资源部　邮编：××××××
联系电话：12345678
联系人：张婷婷

回执

你处于　　年　　月　　日转来　　　字　　　号
　　同志等　　人的档案共　　　卷，材料共　　份，
已全部收到，现将回执退回。

收件人签名：　　　　　　　收件机关盖章

年　　月　　日

图 5—3—1　企业职工档案材料转递通知单式样

（2）退还。是将收到的不符合要求的档案材料退给提供者。退还时要开列清单，然后报领导审批。批准后人事档案管理部门要保存退还材料清单。有关单位或个人接收退还材料时，要对退还材料进行清点，并在退还材料清单上签字或盖章。

张婷婷报请领导批准后，填写了退还材料审批表（见表 5—3—1），把续聘审批表退还给张丽，并签字。

表 5—3—1　　企业职工档案材料退回审批表

退回材料名称	退回原因	数量、页数	接收人签字	经办人签字
续聘审批表	无公章	壹份　壹页	张丽	张婷婷
主管领导审批意见	同意退回 刘青 2010 年 12 月 29 日			

（3）留存。对于虽然不属于人事档案的范围，但是对于组织、人事部门的工作具有一定的参考价值的材料，经整理后可由组织、人事部门妥善保存起来，供日后工作时参考。

（4）销毁。经过鉴别，没有保存价值的材料，应按有关规定予以销毁。凡是准备销毁的材料，应仔细审查，逐份填写销毁清册，经主管领导批准后，方能销毁。最好的销毁方法是化为纸浆，在不便送往造纸厂时可以用焚毁的方法，严禁将档案出售。销毁时应由二人监销并在彻底销毁后，在销毁清册上签字，以示负责。关于销毁的进一步详细介绍可参看课题七任务三“销毁档案”的相关知识。

二、人事档案的分类

人事档案的分类就是根据人事档案材料的性质、内容和名称等属性，把性质相同、内容上相互联系的集中在一起，不同的区别开来，使每一个人的档案都成为一个条理清晰、内容系统的有机体系。按照《干部档案整理工作细则》的规定：“整理干部档案，须做到认真鉴别、分类准确、编排有序、目录清楚、装订整齐。通过整理使每卷档案达到完整、真实、条理、精练、实用的要求。”

人事档案的正本分为十大类，前面已经介绍过，这里不再赘述。只是要说明一点，每一类都有一张对应的分类纸（类似彩色的宣传单），上面印着每一类的名称，如“第一类　履历材料”，所有履历类材料都要放在这张分类纸的后面，分类纸起到了导引的作用。

在本次任务中，贾川的退休审批表应属于第九类，赵连升的小组考核表应属于第三类，赵连升的先进人物登记表应属于第七类，杜林的预备党员转正申请书应属于第六类。

三、人事档案的整理与技术加工

为便于装订、保管和利用，延长档案材料的寿命，在不损害档案材料的文字内容，保持档案材料历史原貌的前提下，对一些纸张不规则，纸张质地较软，纸张破损、卷角、折皱，应进行技术加工。加工的方法有：剪裁或折叠、裱糊、加边；拆除档案材料上的大头针、曲别针、订书钉等金属品，以防止其氧化锈蚀档案材料。关于折叠、裱糊等具体操作过程，这里不再详细介绍。

财力、人力、物力较好的单位应做到案卷四面整齐，条件较差的，以装订线一边和下边两面对齐，右边和上边基本对齐。人事档案材料的技术加工应以实用为主要目的，不必过度要求外观整齐划一，否则会导致工作人员终日忙于烦琐的折叠、加边，无暇顾及档案资源的开发。

本次任务中的这些档案材料，只有杜林的预备党员转正申请书用的是16开的纸，其他材料都是用的A4纸（210 mm ×297 mm）。而且所有材料都保存完好，没有金属物。所以，张婷婷对A4纸进行裁边即可，注意裁边时不要损坏字迹，尤其要注意留出装订边。

四、人事档案材料的排列和编号

1. 排列

人事档案材料的排列就是将各类型的材料按照一定的顺序排列起来。其作用在于通过排列，使每一份文件都有一个固定的位置，使之更有条理、更系统地反映各类材料之间的内在联系，更进一步地体现分类的作用。基本的排列方法有：

（1）按照材料形成时间的先后顺序进行排序。第一类、第二类、第三类、第四类、第七类、第十类可采用这种方法。

（2）按照材料内容的主次关系及材料之间的联系进行排序。第五类、第六类、第八类可采用这种方法。

（3）既可按形成时间排序，也可按材料性质相对集中排序。第九类可采用这种方法，按材料性质相对集中排序的方法是：

1）工资情况的材料。

2）录用、任免材料。

3）保险福利待遇材料。

4）出国材料。

在这四小类里再根据形成材料的时间顺序排列。

2. 编号

（1）材料排列完毕后，用铅笔在每份材料的右上角编上类号和顺序号。也可以刻成“类件号”章（见图5—3—2）加盖在归档文件首页右上方空白位置。在此以赵连升的小组考核表为例说明编号方法。

类号	件号	页数
3	2	5

图5—3—2　“类件号”章式样

其中的“类号”按照“十大类”的次序号填入，如第一类为履历材料，那么这类档案的类号为“1”。本任务中为鉴定考核材料，是第三大类，所以类号填写为“3”。

“件号”为档案材料在所属类别中的顺序号，是排序工作固定下来的次序决定的。本任务的这份材料是第三大类里的第二份材料，故应在“件号”中填入“2”。该份材料共有5页。这样这份材料的编号就为3—2。

（2）在材料正面的右下角、背面的左下角依次写上页号（注：托裱若干小幅面材料的一张托裱纸按一页进行编号）；封面、封底、衬纸不计算页数；备考表作为一份独立的材料，单独计页。

在这次任务中，贾川的退休审批表应排在其档案第九类的第一小类，即工资情况材料类，类号可编为“9—1”。在第一小类中已经有五份材料，所以按照时间顺序，这份退休审批表应排在第六份，编号为9—1—6。

赵连升的先进人物登记表应排在第七类，由于这一类还没有材料，所以这份材料应排在这一类的第一份，编号为7—1。

杜林的预备党员转正申请书应排在第六类，这一类已经有杜林的入党志愿书、入党申请书各一份（注意：入党志愿书要排在入党申请书的前面），所以按照规定的顺序，这份转正申请书应排在这一类的第三份，编号为6—3。

需要注意的是，最好每次只整理一个人的档案，以免出错。

五、人事档案的装盒

2001年1月1日实施的《归档文件整理规则》中提出，不必整卷装订，可以以“件”为单位整理。在人事档案的整理中，也可以这样处理。每个员工的档案材料整理成件之后，应单独装盒（或档案袋）。同时要注意以下方面：

第一，盒内目录置于所有材料的最前面，材料排列顺序与目录相符。

第二，对超出16开规格的档案材料，在不影响材料的完整和不损伤字迹的条件下，可酌情进行剪裁；不能剪裁的材料，须进行折叠。折叠时，要根据材料的具体情况，采用横折叠、竖折叠、横竖交叉或梯形折叠等办法。折叠后的档案材料，要保持整个案卷的平整，文字、照片不被损坏，便于展开阅读。

第三，后续档案材料，可以根据情况每半年到一年整理一次，将材料内容填写到相应的目录中，将材料装到案盒中。

把装订好的材料装盒，填写盒的正面、盒脊等处的项目，注意盒脊上一定要体现编号的结果。尤其要注意填写员工的姓名、所在部门名称。

六、人事档案材料的编目

所谓编目就是编制人事档案材料的目录，即“盒内文件目录”。目录是所保管的人事档案材料的清单，对人事档案材料所在的位置起固定和指引作用，要放在人事档案盒里的首页。

人事档案目录上的主要项目一般包括以下几项：一是类号和顺序号，即人事档案材料在一个人的档案中的分类号和排列顺序号。二是人事档案材料的题名，没有题名的材料应自拟题名；题名过于复杂和烦琐的，可以进行适当的简化；在对人事档案中的材料题名进行处理时，新的题名必须准确反映材料的主要内容和特点。三是人事档案材料形成的时间。四是页数，页数的计算采用图书编页法，每面一页，备考表作为一份独立的材料，单独计页。五是备注，注明人事档案内材料的变化状况，如果从中取出了材料要注明材料取出的时间及原因等。

卷内目录的填写要用钢笔或毛笔，不得使用圆珠笔、铅笔，不得使用红墨水、纯蓝墨水。要求字迹工整、文字规范，严禁勾、抹、涂、划，严禁开天窗或粘贴。每类目录之后，须留出适量的空格和空页，供补充档案材料时使用（有的单位用十页卷内目录，分别用来填写十类档案材料的信息）。

具体到本次任务，编制的目录式样见表5—3—2。

表5—3—2　　盒内文件目录

类号	顺序号	题名	时间	页数	备注
三	1	自我鉴定	2008. 03. 24	2	
	2	企划部员工考核表	2009. 12. 15	2	
	3	企划部员工考核表	2010. 12. 18	2	

七、档案盒的编号与排列

人事档案往往以个人为单位装盒，也就是将个人的全部档案材料装入一个盒中，每人独立占用一盒。所有员工的档案会占用比较多的档案盒，就需要对所有的案盒进行编号和排列。

在给人事档案编号时，可以结合单位的具体情况，以编号唯一、操作简便、便于保管和便于利用为原则。可以用电子计算机来管理人事档案的编号，便于查找。常用的编号方法有以下几种：

1. 姓氏拼音字母编号法

按姓氏的拼音字母次序排列，编大流水号。遇到重名的员工，可以按照入职时间编号，入职早的排在前面。例如，某公司有50份人事档案，就可以采用这种编号法。如丁洋的档案是01号，丁一的档案是02号，以此类推。本任务中，张婷婷所在的A公司共有1539份人事档案，数量较多，不适宜采用这种编号法。

2. 姓氏笔画编号法

按照姓氏的笔画多少来排列，遇到相同姓氏并且名字的笔画数目相等，就可以考虑姓氏后面的第一个字的音序或不相同的第一笔是横还是竖、撇、捺、折。还以上面的例子来说，如果按照笔画排列，那么丁一的档案就排在丁洋的前面。丁一是01，丁洋是02。再比如：李天和李云，他们的姓名笔画数目相同，但是“天”的第三笔是撇，“云”的第三笔是折，所以，李天的档案要排在李云的前面。本任务中张婷婷所在的单位人事档案数量多，不适宜采用这种编号法。

3. 部门—年度编号法

按照部门结合员工入职年度排列，每个部门有一个固定的代号，该部门的员工按入职时间先后编流水号。如销售部2008年入职的第一个员工的档案可编号为XS—2008—01。

具体到本次任务，可以采用这种排列法。贾川是后勤处的员工，其档案的编号是HQ—1987—08；赵连升是企划部的员工，其档案的编号是QH—2007—03；杜林是财务处的员工，其档案的编号是CW—1999—04。

编完号后，就可以对所有档案盒按照编号顺序进行排列了，此处不再赘述。

八、案盒目录的编制

人事档案入柜后，要编写案盒目录，用来固定每一个员工人事档案的顺序，也可以起到统计人事档案数量的作用。案卷目录至少一式三份，一份日常使用，其他备用。本任务编制的员工档案盒目录见表5—3—3。

表5—3—3　　员工档案盒目录

案盒编号	员工姓名	归档时间	份数	存放位置	备注
……	……	……	……	……	
HQ—1987—08	贾川	20101229	39	1号柜	
……	……	……	……	……	
CW—1999—04	杜林	20101229	25	1号柜	
……	……	……	……	……	
QH—2007—03	赵连升	20101229	13	1号柜	
……	……	……	……	……	

九、履行归档手续

整理完毕后应及时随其他档案一同归档，履行归档手续。填写归档清单一式两份，交接双方各留一份备查。由于张婷婷负责管理本公司的所有档案，整理和归档全部由她一人完成，所以归档手续比较简便，只需在登记簿上登记即可。另外，由于公司使用计算机来管理档案，所以还需要修改里面的对应信息。

技能训练

小王是××公司的办公室秘书，兼管公司的人事档案管理工作。近日收到本公司员工的10份人事档案材料，见表5—3—4。这些材料手续完备、用纸符合要求，都需要归档。

表5—3—4　　归档人事档案目录

序号	姓名	材料名称	时间	页数
1	马永建	职工履历表	2010. 09. 26	2
2	李易军	员工考核表	2010. 05. 23	2
3	张兰娇	专业技术职务任职资格评审表	2010. 10. 13	11
4	刘美丽	员工续聘审批表	2010. 07. 03	2
5	卢硕	入党申请书	2010. 09. 20	2
6	陈天歌	退休审批表	2010. 02. 23	2
7	李雷	培训结业登记表	2010. 07. 16	2
8	贾杉杉	更改姓名审批表	2010. 08. 06	3
9	胡军义	中国公民因私出国（出境）申请审批表	2010. 03. 16	2
10	鲁海琴	民主党派代表会议登记表	2010. 06. 17	4

请完成以下练习：

1. 说明这些档案材料分别属于哪一类，并列出分类体系示意图；
2. 把这些材料按照一定的顺序排列；
3. 给每份材料编写类号和顺序号，页码；
4. 以“件”为单位装订，必要时进行简单的技术加工；
5. 装盒，正确填写盒上的项目；
6. 编订盒内目录。

任务四　管理会计档案

教学目标

- 了解会计档案的基本内涵、类型与作用
- 了解会计档案的归档范围
- 掌握会计档案的归档方法
- 能够完成会计档案的保管和提供利用工作

任务导入

李芸是A房地产集团第一分公司档案室的管理员。元旦后某天，公司办公室主任交给她一项任务：与财务处的会计詹丽共同合作，整理上一年度的会计档案，并移交到档案室保管。

假定你是李芸，请根据以上背景，完成该任务。

任务分析

会计工作是一项专业性极强的业务工作，其中会产生大量的诸如账簿、凭证、财务报告等文件材料。这些文件材料就形成了会计档案，必须得到妥善保管。在各类机构中，档案管理人员及部门虽然并不直接参与具体的会计业务工作，但是负有会计档案管理的责任。

为做好会计档案的管理，首先，应了解会计档案的概念，明确会计档案的主要类型，为进行相关的管理工作积累必要的知识；其次，能够指导监督会计部门根据国家相关的法规对会计档案立卷，规范地使用会计档案装具，掌握办理会计档案的移交与接收手续；最后，能够在管理工作中，正确办理移交、借阅、销毁等工作。

相关知识

一、会计工作与会计档案

会计档案是在会计工作中产生的，因此为了更好地理解会计档案的概念，有必要先了解一下会计工作。

1. 会计工作

“会计”一词有时指一种职业或从事这一职业的人，有时指一项专业性较强的工作。这里的“会计”是后一种意义。会计工作是一种管理活动，它以货币为主要计量单位，采用一系列专门的方法和程序，对经济交易或事项进行连续、系统、综合的核算和监督，并提供经济信息，参与预测决策。

2. 会计档案

会计档案是在会计工作流程中，围绕会计工作的目标而产生的会计凭证、会计账簿和财务报告等会计核算专业材料，是记录和反映单位经济业务的重要史料和证据。

会计档案记录着社会组织的经济活动情况，是档案的重要组成部分。会计档案的重要作用体现为以下几个方面：第一，会计档案为决策提供有用信息，可以提高决策的科学性和可行性，防范经济风险；第二，会计档案能够为保护财产提供有力的保障，在打击经济犯罪方面发挥不可替代的作用；第三，会计档案如实记录单位的经济状况，是研究社会经济及其发展规律的可靠史料。

二、会计档案的类型

在档案的大家族中，会计档案的类型是最为明确的，主要有凭证类、账簿类和报告类三种类型。除此之外，也包括银行存款余额调节表等。需要特别注意的是，与会计工作有关的预算、计划、制度、合同等文件材料不属于会计档案，而应按照普通文书材料进行归档管理。

1. 会计凭证类

会计凭证是记录经济业务的发生、明确经济责任，按一定格式编制的据以登记会计账簿的书面证明。会计凭证的类型见表5—4—1。

表5—4—1　会计凭证类型表

序号	类型	内涵	常用凭证
1	原始凭证	记录经济业务已经发生、执行或完成，用以明确经济责任，作为记账依据的最初的书面证明文件。原始凭证是在经济业务发生的过程中直接产生的，是经济业务发生的最初证明，在法律上具有证明效力，所以也称“证明凭证”	出差乘坐的车船票、采购材料的发货票、到仓库领料的领料单
2	记账凭证	会计人员根据审核无误的原始凭证或汇总原始凭证，用来确定经济业务应借、应贷的会计科目和金额而填制的，作为登记账簿直接依据的会计凭证	收款凭证、付款凭证、转账凭证

2. 会计账簿类

会计账簿简称账簿，是由具有一定格式、相互联系的账页所组成，用来分时、分类地全面记录一个机构经济业务事项的会计簿籍。设置和登记会计账簿，是连接会计凭证和会计报表的中间环节。会计账簿的类型见表5—4—2。

表5—4—2　会计账簿类型表

分类标准	类型	内涵
按用途分类	日记账	是按照经济业务发生或完成时间的先后顺序逐日逐笔进行登记的账簿。按其记录内容的不同，又分为普通日记账和特种日记账两种
	分类账簿	对全部经济业务事项按照会计要素的具体类别而设置的分类账户进行登记的账簿。分类账簿按其提供核算指标的详细程度不同，又分为总分类账和明细分类账
	备查账簿	又称辅助账簿，是对某些在日记账和分类账簿等主要账簿中都不予登记或登记不够详细的经济业务事项进行补充登记时使用的账簿。它可以为某些经济业务的内容提供必要的参考资料
按账页格式分类	两栏式账簿	只设有借方和贷方两个基本金额的账簿。各种收入、费用类账户都可以采用两栏式账簿
	三栏式账簿	设有借方、贷方和余额三个基本栏目的账簿
	多栏式账簿	账簿的两个基本栏目及借方和贷方按需要分设若干专栏的账簿
	数量金额式账簿	借方、贷方和金额三个栏目内都分设数量、单价和金额三小栏，借以反映财产物资的实物数量和价值量的账簿
	横线登记式账簿	在同一张账页的同一行，记录某一项经济业务从发生到结束的相关内容的账簿

续表

分类标准	类型	内涵
按外形特征分类	订本式账簿	简称订本账，是在启用前将编有顺序页码的一定数量账页装订成册的账簿。这种账簿一般适用于重要的和具有统驭性的总分类账、现金日记账和银行存款日记账
	活页式账簿	简称活页账，将一定数量的账页置于活页夹内，可根据记账内容的变化而随时增加或减少部分账页的账簿。活页账一般适用于明细分类账
	卡片式账簿	简称卡片账，是将一定数量的卡片式账页存放于专设的卡片箱中，账页可以根据需要随时增添的账簿。卡片账一般适用低值易耗品、固定资产等的明细核算。我国一般只对固定资产明细账采用卡片账形式

3. 财务报告类

财务报告也称“财务会计报告”，是反映社会机构财务状况和经营成果的书面文件，主要包括各类财务报表及其说明。构成财务报告的有资产负债表、利润表、现金流量表、所有者权益变动表、附表及会计报表附注和财务情况说明书等。

4. 其他类

会计档案除了以上几种主要的类型，还包括银行存款余额调节表、银行对账单等。会计核算专业资料、会计档案移交清册、会计档案保管清册、会计档案销毁清册等文件资料也应归入会计档案管理与保管范畴。

三、会计档案的管理部门及其主要工作内容

会计档案的管理工作主要由两个部门承担，即会计部门和档案部门，二者担负的工作职能也有所区别。

1. 会计部门的会计档案管理工作

（1）按照归档要求，负责整理立卷，装订成册，编制会计档案清册；

（2）当年形成的会计档案，在会计年度终了后，可暂由会计机构保管一年，期满之后，应由会计机构编制移交清册，移交本单位档案机构统一保管；

知识链接

会 计 年 度

会计年度是以年度为单位进行会计核算的时间区间，是反映单位财务状况、核算经营成果的时间界限。我国《会计法》规定，会计年度自公历1月1日起至12月31日止。

（3）未设立档案机构的单位，应在会计机构内部指定专人保管。出纳人员不得兼管会计档案；

（4）建设单位在项目建设期间形成的会计档案，应在办理竣工决算后移交给建设项目的接收单位，并按规定办理交接手续。

2. 档案部门的会计档案管理工作

（1）监督指导会计部门开展会计档案的整理立卷、装订等工作。

（2）接收由会计部门所移交的本单位会计档案。接收时原则上应保持原卷册的封装。个别需要拆封重新整理的，档案机构应会同会计机构和经办人员共同拆封整理。

（3）安全保管会计档案。

（4）对会计档案提供借阅、复制服务。

（5）对会计档案进行价值鉴定和销毁等工作。

四、企业和其他组织会计档案保管期限

会计档案的保管期限，从会计年度终了后的第一天开始计算。会计档案的保管期限分为永久、定期两大类。永久档案需长期保管，不可销毁；定期档案的保管期限分为 3 年、5 年、10 年、15 年、25 年 5 种。企业和其他组织的各类会计档案的保管期限见表 5—4—3。财政总预算、行政事业单位和税收会计档案的保管期限，见表 5—4—4。

表 5—4—3　　企业和其他组织会计档案保管期限表

序号	档案名称	保管期限	备注
一	会计凭证类		
1	原始凭证	15 年	
2	记账凭证	15 年	
3	汇总凭证	15 年	
二	会计账簿类		
4	总账	15 年	包括日记总账
5	明细账	15 年	
6	日记账	15 年	现金和银行存款日记账保管 25 年
7	固定资产卡片		固定资产报废清理后保管 5 年
8	辅助账簿	15 年	
三	财务报告类		包括各级主管部门汇总财务报告
9	月、季度财务报告	3 年	包括文字分析
10	年度财务报告（决算）	永久	包括文字分析
四	其他类		
11	会计移交清册	15 年	
12	会计档案保管清册	永久	
13	会计档案销毁清册	永久	
14	银行余额调节表	5 年	
15	银行对账单	5 年	

表 5—4—4　　财政总预算、行政事业单位和税收会计档案保管期限表

序号	档案名称	保管期限			备注
		财政总预算	行政单位事业单位	税收会计	
一	会计凭证类				
1	国家金库编送的各种报表及缴库退库凭证	10 年		10 年	
2	各收入机关编送的报表	10 年			

续表

序号	档案名称	保管期限			备注
		财政总预算	行政单位事业单位	税收会计	
3	行政单位和事业单位的各种会计凭证		15 年		包括原始凭证、记账凭证和传票汇总表
4	各种完税凭证和缴、退库凭证			15 年	缴款书存根联在销号后保管 2 年
5	财政总预算拨款凭证及其他会计凭证	15 年			包括拨款凭证和其他会计凭证
6	农牧业税结算凭证			15 年	
二	会计账簿类				
7	日记账		15 年	15 年	
8	总账	15 年	15 年	15 年	
9	税收日记账（总账）和税收票证分类出纳账			25 年	
10	明细分类、分户账或登记簿	15 年	15 年	15 年	包括辅助账簿
11	现金出纳账、银行存款账		25 年	25 年	
12	行政单位和事业单位固定资产明细账（卡片）				行政单位和事业单位固定资产报废清理后保管 5 年
三	财务报告类				
13	财政总预算	永久			
14	行政单位和事业单位决算	10 年	永久		
15	税收年报（决算）	10 年		永久	
16	国家金库年报（决算）	10 年			
17	基本建设拨、贷款年报（决算）	10 年			
18	财政总预算会计旬报	3 年			所属单位报送的保管 2 年
19	财政总预算会计月、季度报表	5 年			所属单位报送的保管 2 年
20	行政单位和事业单位会计月、季度报表		5 年		所属单位报送的保管 2 年
21	税收会计报表（包括票证报表）			10 年	电报保管 1 年，所属税务机关报送的保管 3 年
四	其他类				
22	会计移交清册	15 年	15 年	15 年	
23	会计档案保管清册	永久	永久	永久	
24	会计档案销毁清册	永久	永久	永久	
25	银行余额调节表		5 年		
26	银行对账单		5 年		

任务实施

根据工作职责分工，会计部门承担会计档案的收集、整理等工作，档案部门予以辅助和指导，对会计档案是否符合归档技术要求进行监督。在本任务中，档案工作者李芸应在会计詹丽整理会计档案时，重点检查分类是否恰当，装订是否符合规范，并及时办理接收手续，将会计档案实体放入档案室中妥善保管。

一、整理会计档案

会计档案的整理工作主要包括分类组卷、装订案卷和填写装具封面。这些工作主要由会计部门完成，档案工作人员应予以协助，并对案卷进行检查，及时发现问题并进行修正。

1. 确定会计档案分类方法

建立会计档案案卷的过程，实质上也是对所有现存的会计档案进行分类的过程，分类的结果体现在所形成的案卷体系上。决定会计档案分类（组卷）的因素主要有档案形成的年度、档案类型（形式）、保管期限、产生的部门以及会计业务类型等。

受到这些因素的制约，会计档案分类组卷常用的方法一般有四种：形式（名称）—年度—保管期限分类法、年度—形式（名称）—保管期限分类法、年度—组织机构—形式（名称）—保管期限分类法、年度—会计业务类型—形式（名称）—保管期限分类法。其中比较常用的是第一种、第二种。

（1）形式（名称）—年度—保管期限分类法。首先，将本单位的会计文件材料按凭证、账簿、财务报告以及其他等形式类型分开；其次，将同一形式类型内的材料按照年度分开；最后是划分保管期限。按照这种分类方法组成的案卷，编写案卷目录见表5—4—5。

表5—4—5　　会计档案案卷目录

案卷号	类别	案卷名称	起止年月日	卷内页数	保管期限	存放地点	备注
1	凭证类	××公司2009年1月份记账凭证（1）	2009.1.1—2009.1.15	1～30	15年		
…	……	……	……	……	……		
12	账簿类	××公司2009年度会计总账	2009.1.1—2009.12.31	1～60	永久		
…	……	……	……	……	……		
16	凭证类	××公司2010年1月份记账凭证（1）	2010.1.1—2010.1.15	1～50	15年		
…	……	……	……	……	……		
22	账簿类	××公司2010年度会计总账	2010.1.1—2010.12.31	1～60	永久		
…							

立卷人：詹丽　　档案保管人：李芸

这种分类组卷的方式，优点是同类会计档案集中存放，按类型查找比较方便，组卷时操作比较简便；缺点是保存工作中需要每年调整一次案卷以便将新产生的案卷放入到同类之中，增加了档案保管工作量。在本任务中，该公司档案室每一年度都需要接收档案，因此不便采用这种分类组卷的方法，档案管理员李芸在协助会计詹丽组卷时，应注意避免采用这种方法。

（2）年度—形式（名称）—保管期限分类法。首先，将会计文件材料按年度分开；其次，将同一年度内的会计核算专业材料分为凭证、账簿、财务报告、其他四大类；最后是为每一卷档案划分保管期限。按照这种分类方法组成的案卷，编写案卷目录见表5—4—6。

表5—4—6　　2010年度会计档案案卷目录

案卷号	类别	案卷名称	起止年月日	卷内页数	保管期限	存放地点	备注
1	凭证类	××公司2010年1月份记账凭证	2010. 1. 1—2010. 1. 31	1～30	15年		
…	……	……	……	……	……		
30	账簿类	××公司2010年现金日记账	2010. 1. 1—2010. 12. 31	100	25年		
…	……	……	……	……	……		
36	报表类	××公司2010年财务决算报表	2011. 1. 5	10	永久		
…	……	……	……	……	……		

立卷人：詹丽　　档案保管人：李芸

这种分类组卷的方式，优点是同一年度的会计档案集中存放，保管档案比较灵活，只需在已有档案后面增加新的案卷，不用调整已有的档案。在本任务中，档案室每一年度都需要接收档案，会计档案首先是根据年度划分的，因此应采用这种分类组卷的方法。

2. 组卷与装订

根据年度—形式（名称）—保管期限分类法，将应归档2010年度的全部会计档案进行整理，使之形成案卷。整理会计档案时，原则上应保持原卷册的封装，个别需要拆封整理的应会同财会部门和原经办人共同拆封整理。

（1）会计凭证的组卷与装订。装订前首先应将凭证进行整理，主要是对凭证进行排序、粘贴和折叠。按凭证产生的日期顺序排列整理；按凭证汇总日期归集（如按上、中、下旬汇总归集）确定装订成册的本数；摘除凭证内的金属物（如订书钉、大头针、回形针），对大的张页或附件要折叠成同记账凭证大小，且要避开装订线，以便翻阅时保持数字完整；整理检查凭证顺序号，如有颠倒要重新排列，发现缺号要查明原因；检查附件（如领料单、入库单、工资、奖金发放单等）是否随附齐全；检查记账凭证上有关人员（如财务主管、复核、记账、制单等）的印章、签字是否齐全。

装订会计凭证时应注意以下几方面：对于纸张面积大于记账凭证的原始凭证，可按记账凭证的面积尺寸，先自右向后，再自下向后两次折叠。注意应把凭证的左上角或左侧面让出来，以便装订后还可以展开查阅；对于纸张面积过小的原始凭证，一般不能直接装订，可先按一定次序和类别排列，再粘在一张同记账凭证大小相同的白纸上，粘贴时以胶水为宜。小票应分张排列，同类同金额的单据尽量粘在一起，同时，在一旁注明张数和合计金额。如果是板状票证，可以将票面票底轻轻撕开，厚纸板弃之不用；对于纸张面积略小于记账凭证的原始凭证，可以用回形针或大头针别在记账凭证后面，待装订凭证时，抽去回形针或大头针。原始凭证附在记账凭证后的顺序应与记账凭证所记载的内容顺序一致，不应按原始凭证的面积大小来排序。经过整理后的会计凭证，为汇总装订打好了基础。

用“三针引线法”装订，装订凭证应使用棉线，在左上角部位打上三个针眼，实行三眼一线打活结，结扣应在封面里面，装订时尽可能缩小所占部位，使记账凭证及其附件保持尽可能大的显露面，以便于事后查阅。装订凭证厚度一般为 1.5 cm。

（2）会计账簿的组卷与装订。各种会计账簿年度结账后，除跨年使用的账簿外，其他账簿应按时整理立卷。同一个会计年度内账簿种类组卷，一本账为一卷，原则上保持原基础。其中整本为“死页账”的不必拆去空页。装订账簿的基本要求是：

1）账簿装订前，首先按账簿启用表的使用页数核对各个账户是否相符，页数是否齐全，序号排列是否连续；然后按会计账簿封面、账簿启用表、账户目录、该账簿按页数顺序排列的账页、会计账簿装订封底的顺序装订。

2）活页账簿装订要求：保留已使用过的账页，将账页数填写齐全，去除空白页和撤掉账夹，用质好的牛皮纸做封面、封底，装订成册；多栏式活页账、三栏式活页账、数量金额式活页账等不得混装，应按同类业务、同类账页装订在一起；会计账簿应牢固、平整，不得有折角、缺角现象，不得有错页、掉页、加空白纸的现象；会计账簿的封口要严密，封口处要加盖有关印章。

（3）财务报告的组卷与装订。如果有下级机关财务报告的，首先将本机关财务报告与下级机关的财务报告分开。财务报告按时间组卷，将年报、季报、月报分开；如果季报、月报数量少，可将其合并组卷。

会计报表在年度决算后整理装订。一般应将本单位与下属单位的报表分开组卷，组卷时，将年报、季报、月报分开，如果数量少时，可将季报、月报合并组卷。组卷时应注意财务报告的文字材料，这些材料是对会计报表的分析和说明，必须与会计报表在一起组卷，以保持内容的密切联系。

会计报表装订顺序为：会计报表封面、会计报表编制说明、各种会计报表按会计报表的编号顺序排列、会计报表的封底。

需要注意的是，各种类型的档案案卷，应附有卷内目录和备考表。

3. 填写案卷装具封面

案卷装具主要有案卷封面、案卷盒或案卷袋。这些装具封面所设置的项目基本相同或相似，填写要求也大体相似。

（1）填写会计凭证案卷封面。凭证外面要加封面，封面规格略大于所附记账凭证，应使用较为结实、耐磨、韧性较强的纸作为封面。会计凭证档案封面所要填写的项目主要包括凭证类型（也可以写作“案卷题名”）、立档单位、起止日期、数量、案卷编号、会计主管、经办会计等。各项目的填写要求可参见表 5—4—7 的介绍。

（2）填写会计账簿、财务报告案卷封面。会计账簿、财务报告类档案硬（牛皮纸）卷盒封面的项目有：全宗号、分类号、案卷题名、案卷号、起止日期、件（张）数、保管期限。各项目的填写要求见表5—4—7。

表5—4—7　　会计档案案卷封面常用项目与填写要求

序号	项目名称	填写要求	示例
1	立档单位	立档单位的名称，填写单位全称或规范简称	
2	案卷题名	即案卷标题。一般应由单位名称、会计年度、会计档案类型名称组成，一般不应超过50个字 案卷盒上未书写标题的，应在案卷封面书写	××公司2010年会计总账
3	起止日期	填写本卷内档案材料形成的最早和最晚日期，用阿拉伯数字书写具体年、月、日 会计账簿填写账簿启用日期和终止日期；财务报告填写报告形成的最早和最晚日期	2010. 1. 1—2010. 12. 31
4	册数（数量）	填写本卷内档案材料的数量或本案盒内案卷的数量	本卷共2件30张
5	财会主管	填写主管会计姓名，也可加盖私人印章；无主管会计的可填财务部门负责人姓名	
6	经办会计	填写经手办理的会计姓名，可盖私人印章	
7	全宗号	档案馆为立档单位设定的编号。单位内部档案室保存的档案，可不用填写	
8	分类号	案卷所属会计档案实体分类的编号，由字母和数字结合表示，字母“KJ”表示会计类档案，数字代表各业务类型	KJ02代表会计档案中的凭证类档案
9	案卷号	本年度会计档案中同一类型档案中每一本案卷的顺序号，可以从1开始编起	01、02
10	保管期限	填写立卷时划定的案卷具体保管期限	5年、15年、永久

4. 编制会计档案案卷目录

当所有的会计档案立卷装订完毕后，应对本次整理装订的所有案卷进行登记，便于以案卷为单位进行保管和利用。因此，应编制会计档案案卷目录，包含的主要项目有案卷编号、案卷题名、起止日期、卷内页数、保管期限、存放地点等。编制的结果参见表5—4—5和表5—4—6。案卷目录应单独装订成册，与案卷一同移交给档案室。

二、移交与归档

当完成会计档案的整理、立卷、装订、编制目录等相关工作后，经档案工作人员检查符合归档要求，即可着手向档案室移交和归档。

1. 办理移交手续

会计部门在向档案室移交档案实体时，必须办理移交手续，认真填写《会计档案移交清册》。清册的内容项目主要包括案卷号、类别号、案卷名称、起止月日、卷内页数、存放地点等，见表5—4—8。

表5—4—8　　会计档案移交清册

案卷号	类别	案卷名称	起止月日	卷内页数	存放地点	备注
01	凭证类	××公司2010年1月份记账凭证	2010.1.1—2010.1.31	26		
…	……	……	……	……		

移交人：詹丽　　接收人：李芸　　监交人：方明

在移交过程中，会计部门工作人员、档案管理部门工作人员以及上级主管应同时到场，对照移交清册逐件核对清查每一个案卷，清点无误后，移交人、接收人和监交人在清册上签署自己的名字。

2. 排列案卷

档案管理部门在接收会计档案后，应及时将档案妥善放入到档案柜中保存。这时就需要合理排列案卷的顺序，以便保管和查阅。排列会计档案案卷的方法主要有四种方式：一是按照类别—年度排列，即案卷按凭证、账簿、财会报告三类分开，再按年度内时间先后进行排列；二是按照年度—类别排列，即将一年的会计档案按账务报告—账簿—凭证—其他顺序统一排列，然后再按年度的先后排列；三是会计类型单一，会计档案数量较多的单位，应单独排列，可采用先按保管期限，再按年度，然后再按形式（名称）的方法排列；四是银行、税务等单位的会计档案类型较多，先按保管期限，再按年度，然后按会计类型，最后按形式（名称）排列。

在本任务中，由于会计档案的整理立卷工作是按照年度—形式（名称）—保管期限这一顺序来进行的，所以，在排列案卷时适于按照第二种方法排列。将本年度的全部档案排列在上一年度之后，然后再将本年度的档案按照类别排列。

三、提供服务

会计档案的提供服务工作，和其他类型的档案没有本质差异。但是由于会计档案的保密要求比较高，而且副本较少，因此在提供利用服务时要求更加严格。

会计档案原件上原则不得借出，遇有特殊需要，要经过上级主管单位或负责人批准，在不拆散原卷册的前提下，可以提供查阅或复制，并应履行借出手续和限期归还。

四、鉴定与销毁会计档案

按照一定的原则标准，划定保管期限，对超过保管期限的会计档案重新鉴别其保存价值，对于已经失去保存价值的会计档案应及时予以销毁。

1. 会计档案的鉴定工作

（1）初步鉴定。初步鉴定主要由会计人员和档案管理人员来实施。会计人员对所受理的各种会计材料进行认真鉴定，严格按照《会计法》办理，对不真实、不合法的原始凭证不予受理。在会计档案立卷时，会计人员和档案管理人员根据《会计档案保管期限表》对档案材料进行鉴定，确定每个案卷的保管期限。

（2）期满鉴定。档案部门对保存的会计档案在保存期限到期后，根据《会计档案管理办法》及《会计档案保管期限表》的要求，会同会计人员对档案进行复查鉴定，其目的是确定是否销毁或延长保管期限。

（3）销毁鉴定。对保管期满，应该销毁的会计档案，由档案部门提出意见，经鉴定确系无保存价值的会计档案，要做出销毁结论，写出销毁报告，编制会计档案销毁清册，先报本单位领导同意后，再报上级主管部门审查备案或批准后可进行销毁处理，并在当地保密局指定的造纸厂销毁，由二人负责监销。

2．会计档案的销毁工作

单位会计档案保管期满经过鉴定需要销毁的，可以按照以下程序和要求进行：

（1）编制会计档案销毁清册。保管期满的会计档案，应由单位档案管理机构提出销毁意见，会同会计机构共同审查和鉴定。所有需要销毁的会计档案应编制清册，对档案的基本信息进行登记，主要包括类别、题名、编号、年度、应保管期限、已保管期限、销毁日期等。会计档案销毁清册的样式见表5—4—9。

表5—4—9　　会计档案销毁清册

序号	类别	案卷或文件题名	目录号	案卷号	起止年度	应保管期限	已保管期限	销毁日期	备注

知识链接

不得销毁的会计档案

（1）保管期满但未结清的债权债务原始凭证；

（2）涉及其他未了事项的原始凭证；

（3）正在建设期间的项目会计档案。

（2）审批。在销毁档案之前，必须由主管部门、单位负责人以及财会部门进行审批，只有经过批准后方可销毁。审批所使用的《会计档案销毁清册审批表》式样见表5—4—10。

（3）销毁会计档案。销毁会计档案的具体流程如下：

1）选择销毁方式。档案销毁的方式一般有碎纸机粉碎、造纸厂化浆等方式。如果档案数量比较少，可以采用粉碎的方式；档案数量较多，可到保密部门指定的造纸厂化浆。

2）确定监销人。销毁会计档案应由单位的档案部门和会计部门共同派人监销，监销人的职责是监督销毁全过程，保证应销必销。

3）清点销毁档案。监销人在销毁会计档案前，应按照会计档案销毁清册所列内容清点核对所要销毁的会计档案。

表 5—4—10　　会计档案销毁清册审批表

<table>
<tr><th>会计档案名称</th><th>卷数</th><th>合计</th><th>起止年度</th><th>应保管年限</th><th>已保管年限</th></tr>
<tr><td></td><td></td><td></td><td></td><td></td><td></td></tr>
<tr><td></td><td></td><td></td><td></td><td></td><td></td></tr>
<tr><td></td><td></td><td></td><td></td><td></td><td></td></tr>
<tr><td></td><td></td><td></td><td></td><td></td><td></td></tr>
<tr><td></td><td></td><td></td><td></td><td></td><td></td></tr>
<tr><td colspan="3">主管部门审批：
（盖章）
年　月　日</td><td colspan="3">单位负责人审批：
（签名）
年　月　日</td></tr>
<tr><td colspan="3">财会部门意见：
（签名盖章）
年　月　日</td><td colspan="3">鉴定领导小组负责人：
（签名）
年　月　日</td></tr>
<tr><td colspan="3">监销人员：
（签名盖章）
年　月　日</td><td colspan="3">销毁人员：
（签名盖章）
年　月　日</td></tr>
</table>

4）销毁档案。按照适当的方式，将会计档案销毁。销毁过程中，监销人应始终在场，监督整个过程。销毁后，监销人应在会计档案销毁清册审批表上签字，并将销毁情况及时报告本单位负责人。

技能训练

一、请分别指出以下会计档案材料合理的保管期限，并填入表 5—4—11 中。

表 5—4—11　　××公司部分会计档案材料

序号	档案名称	保管期限
1	××公司 2010 年车辆使用税费的各类凭证	
2	××公司 2010 年会计总账	
3	××公司 2010 年第 1 季度财务报告	
4	××公司 2010 年度财务报告	
5	中国××银行××账户对账单（2011 年 5 月）	

续表

序号	档案名称	保管期限
6	××公司 2010 年工资发放表	
7	××公司 2010 年 1—6 月差旅报销凭证	
8	××公司 2010 年会计档案移交清册	
9	××公司 2010 年度资产负债表	
10	××公司 2010 年度出纳日记账	

二、马明是某汽车销售公司的档案管理员，负责保管公司所有的文书档案材料，其中包括客户购车时提交的各种证件、发票、完税证明等资料的复印件。有一天，公司销售员小李来询问他去年的一个客户的情况，马明翻出那位客户的资料后交给小李，小李提出想再复印一份。马明想，反正这个客户是小李服务过的，就让他复印去吧。两小时后小李将客户的资料还给马明，马明在放回档案时发现，柜子里面的档案实在是太多了，已经没有多少空间了。马明想，如果将比较早的档案处理掉，应该会腾出很大的空间存放新的档案。于是，他找出了几本 5 年前装订好的发票案卷，将它们塞入碎纸机粉碎了。

请根据以上介绍思考并讨论以下几个问题：

1. 马明在工作中尤其是会计档案管理过程中存在哪些问题？应如何纠正这些问题？
2. 客户的资料是否属于会计档案的范畴？为什么？

任务五　管理电子档案

教学目标

- 了解电子档案的概念、来源与特性
- 了解电子档案的常见类型
- 掌握电子档案管理的基本要求
- 掌握电子档案的归档范围与归档方法

任务导入

A 房地产集团第一分公司基本实现计算机办公后，每年都会产生大量的电子文件。过去因无专人管理，这些电子文件分散在各个部门之中，往往会由于员工的离职而导致一些有用的文件无从查阅。档案室成立之后，办公室领导要求档案管理员李芸承担起全公司电子文件的归档管理工作。

假定你是李芸，请根据以上背景，将公司办公室去年全年所发布的正式公文的电子文档按照电子档案管理的规范进行管理。

任务分析

随着办公信息化程度的提高，办公室工作中产生的电子文件和电子档案的数量日益庞大。与传统纸质档案相比，电子档案不仅产生的渠道更加多样，类型更加丰富，而且呈现出了新的特性，这些都对管理工作提出了新的要求。

电子档案管理工作的基本内容与传统纸质档案工作大体相似，但是由于电子档案的特殊性，又使得管理工作的具体方法和要求有所不同。第一，管理者应能够根据电子档案收集范围与类型确定收集的合理渠道，保证做到应收尽收；第二，对收集而来的电子文件进行必要的检测和整理，使其转化为归档文件；第三，为归档电子文件移交到档案室办理相关的手续；第四，能够根据电子档案的特性做好日常管理、提供利用以及鉴定销毁等工作，保障电子档案的安全与有效性。

相关知识

一、电子文件与电子档案

文件是档案的前身和基础，档案是由使用完毕并具有保存价值的文件转化而来的。这种联系也体现在电子文件和电子档案两者的关系之中，因此为了正确理解电子档案的概念，应首先对电子文件有所了解。

电子文件在计算机科学领域中一般指以计算机硬盘等为载体存储的信息的集合，如电子图书、电子杂志、电子消息、电子资料，甚至病毒、乱码等也可被视为“文件”。这些电子文件显然不能作为档案学意义上的文件来对待。

在档案学领域中，对电子文件的理解主要依据的是我国档案行业的两个标准，即 DA/T 1—2000《档案工作基本术语》和 GB/T 18894—2002《电子文件归档与管理规范》。第一个标准将电子文件界定为：以代码形式记录于磁带、磁盘、光盘等载体，依赖计算机系统存取并可在通信网络上传输的文件。后者将电子文件定义为：在数字设备及环境中生成，以数码形式存储于磁带、磁盘、光盘等载体，依赖计算机等数字设备阅读、处理，并可在通信网络上传送的文件。这两种定义虽然具体的文字表述有所差异，但对电子文件本质的认识是一致的。

综合“电子文件”与“档案”两个概念，可以将“电子档案”界定为：具有保存价值并经过归档而实行档案化管理的电子文件及其相应的软件、参数和相关数据。换言之，电子档案就是“归档电子文件”，电子档案依然是由电子文件转化而来的。由于电子文件存在于必要的数字环境之中，因此归档后所形成的电子档案也要将这些环境信息进行必要的保存，所以电子档案还包括除主要信息之外的其他关联信息。

二、电子档案的来源和收集渠道

电子档案的前身是电子文件，因此电子档案与电子文件的来源是一致的。只有了解了电子档案的产生来源，才能在收集电子档案时确定适当的收集渠道。

1. 办公自动化系统

办公自动化（Office Automation）系统是对办公信息进行自动操作（如文字处理、文档管理）的数字处理系统，能够完成工作流程处理、事项审批、会议管理、信息传达等任务。

在这一过程中，会产生大量的电子文件和电子档案。收集电子档案时应将办公自动化系统作为主要渠道之一。

2. 计算机辅助设计和计算机辅助制造

计算机辅助设计和辅助制造是指计算机辅助技术在工程或产品设计与制造领域中的应用，能够从根本上改变传统的手工绘图、发图，凭图纸组织整个生产过程的技术管理方式，极大地缩短开发周期，使生产效率得到大幅提高。计算机辅助设计和辅助制造工作中会产生以数据和图形文件为主的电子档案。档案管理人员在档案收集工作中，应根据本单位计算机辅助设计和辅助制造应用情况，充分考虑设计部门和生产部门中的电子档案归档需求。

3. 模拟信息向数字信息的转换

为了便于使用计算机处理信息，工作中往往需要将模拟信息转换成数字信息，所使用的设备主要有扫描仪和数码相机（数码摄像机）。

扫描仪能够将模拟的图像信息转换成计算机处理的数字信息，把已存在的文字、图片、图形等通过扫描使其转化为信息输入到计算机中，进而实现对这些信息的处理、存储、管理、输出、使用等。数码相机（数码摄像机）将影像的模拟信号转换成数字信号存储在磁介质上，可以便捷地把数据传输给计算机。这两种模数转换设备都已得到较为广泛的应用，并产生大量的数字信息，它们所形成的电子文件可以作为重要的电子档案收集对象。

4. 电子商务

电子商务是通过计算机和网络来完成商品或产品的交易、结算等一系列活动的商业行为，具有无纸支付、营运成本低、价格竞争力强、用户范围广、无时空限制，以及能同用户直接互动交流等特点。在电子商务领域中，为了进行交易而产生大量的电子文件，如电子订单、支付凭证、反馈信息等电子文件也是电子档案的重要组成部分。

5. 电子邮件

电子邮件是利用计算机网络进行信息编制、存储和传递的一种现代化通信方式。各种信息，如公务文件、私人信函和各种计算机文档等，均可以用电子邮件快速而方便地传递给接收者。在电子档案的收集工作中，应对有存档价值的电子邮件及其附件进行收集整理。

三、电子档案的特性及管理要求

与传统的以纸张为主要载体的档案相比，电子档案具有一系列的特性，从而对管理工作提出了新的要求。

1. 信息的非人工识读性和对软硬件系统的依赖性

电子文件和电子档案用于记录信息的数字代码，是人类凭借自身的生理感官所无法直接识别的，必须借助于计算机等设备进行转换和处理。正因如此，电子档案对软件和硬件系统形成高度的依赖性。文件的制作、处理，以至于归档后的全部管理活动都必须借助于计算机系统才能实现。离开计算机系统，人既无法识读，更无法对电子文件施加任何影响，管理活动便无从谈起。另外，软件与硬件系统之间的兼容性也对电子档案形成制约。在某一系统下产生的电子档案如果转移到不兼容的另一系统下时，就会无法识别和管理。电子档案的这些特性要求管理者在工作中必须采用符合通用标准的软硬件系统。

2. 信息与载体的可分离性与信息的易变性

电子档案中的信息与其载体之间不再是稳固的物理对应关系，信息可以根据需要随时扩展、缩小、改变或迁移其存储空间。可以说，信息摆脱了载体的“束缚”而极易被修改和删除。这种特性要求管理者在对电子档案的管理过程中，必须充分重视信息安全，防止出现未经授权的修改行为。

3. 信息存储的高密度性

电子档案存储的主要介质是硬盘与光盘，这两种存储设备的密度大大高于以往各种人工可识读的信息介质。目前普通硬盘的容量已经能够达到 TB 级，光盘的容量也可达到 GB 级。高密度的存储器一旦出现损坏或丢失，将造成巨大的信息损失，因此在电子档案管理工作中，必须严格遵守备份制度，防止因存储设备故障而带来无法估计的损失。

4. 多种媒体信息的集成性

纸质档案文件主要承载文字或图形信息，而电子档案则能够集成文字、图形、图像、影像、声音等各种信息形式，形成“多媒体文件”，实现更加全面的信息记录和再现。

四、电子档案的类型

根据不同的分类标准，电子档案可以划分为各种不同的类型。例如，根据文件的功能，可以分成主文件和支持性、辅助性、工具性文件；根据生成方式，可以分为直接生成的原始文件和传统文件经模数转化而成的电子文件；根据属性，可以分为普通文件、只读文件、隐含文件、加密文件、压缩文件等；根据存储载体，可以分为磁盘文件、磁带文件、光盘文件等。

目前比较通用的一种标准是按照电子档案信息存在的形式进行分类，可分为文本文件、数据文件、图形文件、图像文件、影像文件、音频文件、可执行文件等，详细介绍见表 5—5—1。

表 5—5—1　　电子档案文件的类型

序号	类型	说明	常用格式
1	文本文件	使用文字处理类软件生成的电子文件，由文字、数字或其他符号组成的文件。公务文件一般都是这种类型	. txt. doc. wps . xls. xml. rtf
2	数据文件	又称为数据库文件。它是使用数据库软件处理生成的。一个数据库由若干记录组成，一个记录由若干字段（数据项）组成。机关、企事业单位和个人的各类信息都可以建成数据库文件	. mdb. dat. mdf . dbf. myd
3	图形文件	也称矢量图，是计算机根据一定算法而绘制的表示数据内在联系的各种画面，例如图表、曲线图等。在计算机辅助设计与辅助制造过程中形成的电子文件许多都属于图形文件	. cdr. eps. 3ds . dxf. wmf
4	图像文件	由一系列排列有序的像素组成。一般可以使用数字设备采集或制作，如用扫描仪扫描的各种原件画面，用数码相机拍摄的照片等。图像文件的分辨率与存储空间成正比	. jpeg. tiff . bmp. gif

续表

序号	类型	说明	常用格式
5	视频文件	使用视频捕获设备录入的数字影像或使用动画软件生成的二维、三维动画等各种动态画面，如数字影视片、动画片等。视频文件有不同的格式或标准，播放时需要使用相关的设备和程序	. mpeg. avi. rm . mov. asf. wmv . flv
6	音频文件	计算机对声音进行识别并编码而形成的文件	. mav. mp3. cda. wav . mid. wma. ape
7	可执行文件	又称计算机程序，是为了得到某种结果而采用计算机语言编写的可执行的指令序列构成的文件	. exe

任务实施

电子档案的管理工作主要包括以下内容：电子文件收集与积累、电子文件整理与归档、归档电子文件移交、电子档案日常管理、电子档案提供利用、电子档案鉴定与销毁。在本任务中，档案管理员李芸需要完成的主要工作是收集电子文件并进行归档移交处理。

一、电子文件收集与积累

本任务中，档案管理人员要收集的电子文件主要是电子公文。狭义的电子公文是指各地区、各部门通过由国务院办公厅统一配置的电子公文传输系统处理后形成的具有规范格式的公文的电子数据，除了极为重要的文件之外一般不会打印成为纸质公文。广义的电子公文可以指各类社会机构中使用的公文的电子文档，一般有与之相应的纸质文件。这里，我们采用广义的电子公文概念。

1. 收集渠道与方式

在本任务中，收集的对象主要是电子公文，可以通过三种方式开展收集工作。第一种方式是找到办公室的办文人员，向其索要公文电子文档；第二种方式是使用具有较高权限的用户名登录内部的办公自动化系统，将电子公文下载到档案管理计算机中；第三种方式是针对外单位的来文，可以使用扫描仪将其转化为图片进行收集。

2. 收集范围

电子公文的收集范围参照国家有关纸质文件的归档范围进行归档并划定保管期限。具体内容可参见本书课题二“文书收集整理与归档工作”中的相关介绍，此处不再赘述。除此之外，还要注意以下几点：

第一，记录了重要文件的主要修改过程和办理情况，有查考价值的电子文件及其电子版本的定稿均应被保留。

第二，正式文件是纸质的，如果保管部门已开始进行向计算机全文的转换工作，则与正式文件定稿内容相同的电子文件应保留，否则可根据实际条件或需要，确定是否保留。

第三，具有永久和长期保存价值的电子公文，制成纸质公文与原电子公文的存储载体一同收集，并使两者建立互联。

第四，电子公文的收发登记表、机读目录、相关软件、其他说明等应与相对应的电子公文一同收集。

3. 支持软件的收集

电子文件对特定的支持软件具有高度的依赖性，因此在收集时应对必要的支持软件予以保留。

对于文字处理软件生成的文本型电子文件，不仅要在收集时注明文字存储格式、文字处理工具等信息，而且必要时同时保留文字处理工具软件。

使用扫描仪等设备获得的采用非通用文件格式的图像电子文件，整理时应将其转换成通用格式，如无法转换，则应将相关软件一并收集。

对用计算机辅助设计或绘图等设备获得的图形电子文件，也应注明其软硬件环境及相关数据。

对用视频或多媒体设备获得的文件以及用超媒体链接技术制作的文件，应同时收集其非通用格式的压缩算法和相关软件。对于音频设备获得的声音文件，应同时收集其属性标识、参数和非通用格式的相关软件。

对通用软件产生的电子文件，应同时收集其软件型号、名称、版本号和相关参数手册、说明资料等。专用软件产生的电子文件原则上应转换成通用型电子文件，如不能转换，收集时则应连同专用软件一并收集。

计算机系统运行和信息处理等过程中涉及的与电子文件处理有关的参数、管理数据等应与电子文件一同收集。对套用统一模板的电子文件，在保证能恢复原形态的情况下，其内容信息可脱离套用模板进行存储，被套用模板作为电子文件的元数据保存。

4. 收集登记

收集到的每份电子公文均应进行登记，所用的登记表见表5—5—2和表5—5—3。这两个表应配合使用，表5—5—2所填写的内容是对表5—5—3所列全部文件的综合情况的反映。

表5—5—2　　电子文件登记表（首页）

<table>
<tr><td rowspan="5">文件特征</td><td>形成部门</td><td colspan="4">A房地产集团公司第一分公司办公室</td></tr>
<tr><td>完成日期</td><td colspan="2">2010年12月22日</td><td>载体类型</td><td>硬盘</td></tr>
<tr><td>载体编号</td><td colspan="4"></td></tr>
<tr><td>通信地址</td><td colspan="4">××市××路××号</td></tr>
<tr><td>电话</td><td colspan="2">12345678</td><td>联系人</td><td>×××</td></tr>
<tr><td rowspan="4">设备环境特征</td><td>硬件环境（主机、网络服务器型号、制造厂商等）</td><td colspan="4">××品牌××型号台式机</td></tr>
<tr><td rowspan="3">软件环境（型号、版本等）</td><td>操作系统</td><td colspan="3">Microsoft Windows XP Professional（32位/Service Pack 3）</td></tr>
<tr><td>数据库系统</td><td colspan="3"></td></tr>
<tr><td>相关软件（文字处理工具、浏览器、压缩或解密软件等）</td><td colspan="3">WPS Office商业版</td></tr>
</table>

续表

<table>
<tr><td rowspan="4">文件记录特征</td><td rowspan="2">记录结构
（物理、逻辑）</td><td rowspan="2"></td><td rowspan="2">记录类型</td><td rowspan="2">□定长
☑可变长
□其他</td><td>记录总数</td><td>10</td></tr>
<tr><td>总字节数</td><td>2000kb</td></tr>
<tr><td>记录字符、图形、音频、视频文件格式</td><td colspan="5">.doc</td></tr>
<tr><td>文件载体</td><td colspan="2">型号：希捷 ST31000524AS
数量：1
备份数：1</td><td colspan="3">□一件一盘　☑多件一盘
□一件多盘　□多件多盘</td></tr>
<tr><td rowspan="2">制表审核</td><td colspan="6">填表人（签名）
李芸
2010 年 12 月 25 日</td></tr>
<tr><td colspan="6">审核人（签名）
岳爱华
2010 年 12 月 25 日</td></tr>
</table>

表 5—5—3　　电子文件登记表（续页）　　第 1 页

文件编号	题名	形成时间	文件稿本①代码	文件类②别代码	载体编号	保管期限	备注
A 文字〔2010〕1 号	关于 × × 的通知	2010. 1. 12	F	T		5 年	
……	……	……	……	……		……	
……	……	……	……	……		……	

①电子文件稿本代码：M—草稿性电子文件；U—非正式电子文件；F—正式电子文件。

②电子文件类别代码：T—文本文件；I—图像文件；G—图形文件；V—影像文件；A—声音文件；O—超媒体链接文件；P—程序文件；D—数据文件。

填好的电子文件登记表应与电子文件同时保存。电子文件登记表如果制成电子表格，应与电子文件一同保存，永久保存的电子表格应附有纸质等拷贝件并与相应的电子文件拷贝一起保存。

二、电子文件整理与归档

对收集而来的电子文件进行必要的整理，使其格式符合要求，同时对其进行必要的鉴定检测，保证其真实性、完整性和有效性。整理工作应以“件”为单位来进行，对电子文件进行必要的分类。整理完成之后，需要进行归档处理，就是通过电子计算机将整理好的电子文件和它生存的环境条件一并转存在磁性记录材料或光盘等载体上储存。只有具有参考和利用价值的电子文件才可归档保存，电子文件归档后即形成电子档案。

1. 电子文件的技术处理

电子文件的类型及格式数量比较复杂，为了便于管理，在进行整理时应将其转化为相应的常用格式。这些格式类型参见表 5—5—1。

2. 电子文件的鉴定检测

电子文件归档时，要对电子文件的真实性、完整性、有效性进行鉴定。确定密级，是否属于归档范围，划定保管期限。具体包括以下几方面的工作。

（1）按照单位制定的归档范围，确定电子文件是否需要归档。

（2）检测电子文件的真实性、完整性和有效性。真实性指对电子文件的内容、结构和背景信息进行鉴定后，确认其与形成时的原始状况一致；完整性指电子文件的内容、结构、背景信息和元数据等无缺损；有效性指电子文件应具备的可理解性和可利用性，包括信息的可识别性、存储系统的可靠性、载体的完好性和兼容性等，有效性依赖于硬件和软件两种环境。

（3）检测电子文件是否感染了计算机病毒或木马程序。

（4）填写归档电子文件移交、接收检验登记表（见表5—5—4），负责人签署审核意见。

表5—5—4　　归档电子文件移交、接收检验登记表

检验项目	单位名称：A房地产集团公司第一分公司	
	移交部门：第一分公司办公室	接收部门：第一分公司档案室
载体外观检验	正常	正常
病毒检验	未发现	未发现
真实性检验	正常	正常
完整性检验	正常	正常
有效性检验	正常	正常
技术方法与相关软件说明	无	无
填表人（签名）	王丽 2010年12月25日	李芸 2010年12月25日
审核人（签名）	岳爱华 2010年12月25日	岳爱华 2010年12月25日
单位（印章）	（办公室公章） 2010年12月25日	2010年12月25日

3. 电子文件分类

电子文件归档前整理的一项重要内容是分类。电子文件的分类方案可以采用纸质档案的分类方案（相关介绍可参见本书课题四“档案整理与保管”），即按照年度—机构（问题）—保管期限这种分类方法整理，在计算机中建立相应的文件夹，将电子文件存放在文件夹中。完成分类的电子文件要集中存放，按类别代码集中保存在存储载体上。

4. 归档处理

电子文件归档可分两步进行，对实时进行的归档先进行逻辑归档，然后进行物理归档。具体步骤如下：

（1）将电子文件的管理权从网络上转移至档案部门，存储格式和位置暂时不变。

（2）把带有归档标识的电子文件进行集中，拷贝到耐久性好的载体上，一式三套。一套封存保管，一套提供利用，一套异地保存。载体按优先顺序依次为：只读光盘、一次性写入光盘、磁带、可擦写光盘、硬磁盘等。不允许用软磁盘作为归档电子文件长期保存的载体。

（3）在电子文件载体中建立相应的机读目录。

（4）存储电子文件的载体或装具上应贴有标签，标签上应注明载体序号、全宗号、类别号、密级、保管期限、存入日期等。

（5）以盘为单位填写电子文件登记表（见表5—5—5），以件为单位填写归档文件登记表续页（见表5—5—6）。

表5—5—5　　　　归档电子文件登记表（首页）

<table>
<tr><td rowspan="5">文件特征</td><td>形成部门</td><td colspan="5">A房地产集团公司第一分公司办公室</td></tr>
<tr><td>完成日期</td><td colspan="2">2010年12月22日</td><td>载体类型</td><td colspan="2">硬盘</td></tr>
<tr><td>载体编号</td><td colspan="5"></td></tr>
<tr><td>通信地址</td><td colspan="5">××市××路××号</td></tr>
<tr><td>电话</td><td colspan="2">12345678</td><td>联系人</td><td colspan="2">×××</td></tr>
<tr><td rowspan="4">设备环境特征</td><td>硬件环境
（主机、网络服务器型号、制造厂商等）</td><td colspan="5">××品牌××型号台式机</td></tr>
<tr><td rowspan="3">软件环境
（型号、版本等）</td><td>操作系统</td><td colspan="4">Microsoft Windows XP
Professional（32位/Service Pack 3）</td></tr>
<tr><td>数据库系统</td><td colspan="4"></td></tr>
<tr><td>相关软件（文字处理工具、浏览器、压缩或解密软件等）</td><td colspan="4">WPS Office 商业版</td></tr>
<tr><td rowspan="3">文件记录特征</td><td>记录结构
（物理、逻辑）</td><td></td><td>记录类型</td><td>□定长
☑可变长
□其他</td><td>记录总数
总字节数</td><td>10
2000kb</td></tr>
<tr><td>记录字符、图形、音频、视频文件格式</td><td colspan="5">.doc</td></tr>
<tr><td>文件载体</td><td colspan="2">型号：希捷 ST31000524AS
数量：1
备份数：1</td><td colspan="3">□一件一盘　☑多件一盘
□一件多盘　□多件多盘</td></tr>
<tr><td rowspan="8">文件交接</td><td>送交部门</td><td colspan="5">A房地产集团公司第一分公司办公室</td></tr>
<tr><td>通信地址</td><td colspan="5">××市××路××号</td></tr>
<tr><td>电话</td><td colspan="2">12345678</td><td>联系人</td><td colspan="2">王丽</td></tr>
<tr><td colspan="6">送交人（签名）　王丽　　2010年12月26日</td></tr>
<tr><td>接收部门</td><td colspan="5">A房地产集团公司第一分公司档案室</td></tr>
<tr><td>通信地址</td><td colspan="5">××市××路××号</td></tr>
<tr><td>电话</td><td colspan="5">87654321</td></tr>
<tr><td colspan="6">接收人（签名）　李芸　　2010年12月26日</td></tr>
</table>

单位（盖章）

表 5—5—6　　归档电子文件登记表（续页）　　第 1 页

文件编号	题名	形成时间	文件版本代码	文件类别代码	载体编号	保管期限	备注
A 文字〔2010〕1 号	关于××的通知	2010. 1. 12	F	T		5 年	
……	……	……	……	……		……	
……	……	……	……	……		……	

（6）对已归档的电子档案载体进行写保护，禁止写操作。归档后，电子文件的形成部门应将存有归档前电子文件的载体保存一年以上。

三、归档电子文件的移交、接收

文件形成单位在移交电子文件之前，档案保管部门在接收电子文件之前，均应对归档的每套载体及其技术环境进行检验，合格率达到 100% 时方可交接。检验项目如下：载体有无划痕，是否清洁、有无病毒；核实归档电子文件的真实性、完整性、有效性，检验及审核手续；核实登记表、软件、说明资料等是否齐全；对特殊格式的电子文件，应核实其相关的软件、版本、操作手册等是否完整。

检验结果分别由移交单位、接收单位填入《归档电子文件移交、接收检验登记表》（见表 5—5—4）的相应栏目。登记表一式两份，一份交电子文件形成单位，一份由档案保管部门自存。在已联网的情况下，归档电子文件的移交和接收工作可在网络上进行，但仍需履行相应的手续。

四、电子档案的保管

1. 日常保管

归档电子文件的保管除符合纸质档案的所有要求外，还应符合下列条件：

（1）归档载体应作防写处理。避免擦、划、触摸记录涂层；

（2）单片载体应装盒，竖立存放，且避免挤压；

（3）存放时应远离强磁场、强热源，并与有害气体隔离；

（4）环境温度选定范围：17～20℃；相对湿度选定范围：35%～45%。

2. 有效性管理

归档电子文件的形成单位和档案保管部门每年均应对电子文件的读取、处理设备的更新情况进行一次检查登记。设备环境更新应确认库存载体与新设备的兼容性，如不兼容，应进行归档电子文件的载体转换工作，原载体保留时间不少于 3 年。保留期满后对可擦写载体清除后重复使用，不可清除内容的载体应按保密要求进行处置。

对磁性载体每满 2 年、光盘每满 4 年进行一次抽样机读检验，抽样率不低于 10%，如发现问题应及时采取恢复措施。对磁性载体上的归档电子文件，应每 4 年转存一次。原载体同时保留时间不少于 4 年。档案保管部门应定期将检验结果填入归档电子文件管理登记表（见表 5—5—7）。

表 5—5—7　　归档电子文件管理登记表

归档电子文件设备情况登记	
新设备兼容性检验	
磁性载体转存登记	

填表人（签名）　　年　月　日

审核人（签名）　　年　月　日

单位（盖章）　　年　月　日

3．迁移管理

随着系统设备更新或系统扩充，应及时对归档电子文件进行迁移操作，并填写归档电子文件迁移登记表（见表 5—5—8）。

表 5—5—8　　归档电子文件迁移登记表

源系统设备情况	硬件系统： 系统软件： 应用软件： 存储载体：
目标系统设备情况	硬件系统： 系统软件： 应用软件： 存储载体：
被迁移归档电子文件情况	记录数：　　字节数： 迁移时间： 操作者：

填表人（签名）　　年　月　日

审核人（签名）　　年　月　日

单位（盖章）　　年　月　日

五、电子档案的利用

归档电子文件的封存载体不应外借，未经批准任何单位或人员不允许擅自复制电子文件，利用时应使用拷贝件。利用时应遵守保密规定，对具有保密要求的归档电子文件采用联网的方式利用时，应遵守国家或部门有关保密的规定，有稳妥的安全保密措施。要严格界定电子档案的利用范围，利用者对归档电子文件的使用应在权限规定范围之内。

六、电子档案的销毁

到保管期限的电子档案要经过鉴定，确认没有保存价值，经合法程序审定后，进行销毁，可参阅本书课题七“档案鉴定”中的相关介绍。

属于保密范围的电子文件，如存储在不可擦除载体上，应连同存储载体一起销毁，并在网络中彻底清除。不属于保密范围的归档电子文件可进行逻辑删除。

技能训练

请根据电子档案管理的流程，将表5—5—9中所列的电子档案填入各种管理表格之中，缺失的相关信息可以自行补充。

表5—5—9　　某单位部分电子文件列表

序号	发文字号	标题	发文机关	收集渠道与方式
1	×字〔2010〕2号	关于加强节假日期间党风廉政建设的通知	××市××局	办公系统
2	×字〔2010〕6号	关于做好2010年度矿产资源储量管理工作的通知	××市××局	办公系统
3	×字〔2010〕7号	关于评选2009年度先进集体和先进个人的通知	××市××局	办公系统
4	×字〔2010〕8号	关于印发《2010年法制宣传教育和依法治理工作规划》的通知	××市××局	办公系统
5	×字〔2010〕9号	关于认真做好2009年度考核工作的通知	××市××局	办公系统
6	×字〔2010〕10号	关于进一步加强信访工作的意见	××市××局	办公系统
7	×字〔2010〕11号	关于转发省厅加快推进节约型机关建设的决定的通知	××市××局	办公系统
8	×厅字〔2010〕10号	××省××厅关于加快推进节约型机关建设的决定	××省××厅	纸质文件扫描
9	×字〔2010〕12号	关于加强春节期间国土资源信访工作的通知	××市××局	办公系统
10	×字〔2010〕13号	关于加强办公用车管理的通知	××市××局	办公系统

课题六

档案检索

任务一　档案著录与标引

教学目标

- ◆ 了解档案检索的含义
- ◆ 了解档案著录与标引的含义
- ◆ 掌握档案著录标引的基本方法和格式
- ◆ 熟练地根据著录规则对文件进行著录

任务导入

A 集团第一分公司档案管理员李芸在工作中发现，随着档案数量不断增多，要想查找一份档案越来越困难。为了改变这种现状，李芸准备建立一套检索系统。在建立检索工具之前，她需要先对档案进行著录与标引，图 6—1—1 是她要著录标引的第一份文件。

假定你是李芸，请根据以上背景，完成该工作。

任务分析

准确规范的档案著录是编制档案检索工具的基础，此项工作必须按 1999 年发布的国家行业标准 DA/T 18—1999《档案著录规则》进行。要想准确规范地著录，必须首先分析文件的内容与形式特征。任务中的文件是一份内部发文，内容与形式较为规范，可以采用段落符号式条目格式著录。为今后查找方便，应将文件的具有检索价值的特征详细著录。掌握了著录项目、著录符号及使用细则之后，就可以按照规定格式进行著录了。

相关知识

档案馆（室）保存有大量的档案文件，一方面为利用和研究提供了丰富的材料，另一方面也带来比较棘手的问题，那就是如何在庞杂的档案中顺利找到所需要的文件。为了能够更方便地找到目标档案，档案管理工作必须提供查找每一份档案线索的工具和手段。从档案利用者角度看，借助于特定工具找到目标档案线索和存储位置；从档案管理者角度看，需要为利用者提供记载档案线索信息的工具以方便其使用。这两方面的工作具有密切关系，统称为“档案检索”。

A房地产公司文件

A司办字〔2010〕19号

关于发放加班费的通知

各分公司、直属各部门：

鉴于目前公司工程紧迫，人手紧张，各部门频繁加班，为了奖励员工的辛勤工作，公司将根据国家有关法律法规规定发放加班费用。有关事宜通知如下：

一、发放对象：公司所有加班员工。

二、发放的时段：法定工作时间8小时以外的工作时间。

三、发放的标准：法定工作时间以外的非法定节假日的时间按个人每小时平均工资的2倍发放，法定节假日时间按个人每小时平均工资的3倍发放。

四、注意事项：加班员工要有部门领导签字和最少一位同事书面证明（见附件）。各部门负责人请根据工作记录、员工证明等材料统一填写《加班费申请表》（见附件）并签字。相关材料受理时间从2010年8月19日早8点到8月22日晚18点。

附件：1.加班费申请表

2.加班证明

二〇一〇年八月十九日

主题词：奖励 加班费 通知

抄送：无

A房地产公司办公室　　2010年8月19日印

图6—1—1　需要著录的档案文件

档案检索是对档案信息进行分析存储并根据需要进行查找的工作，是档案工作中连接管理者和使用者的环节。档案馆（室）将所藏档案材料的信息线索编制成各种检索工具，建立其检索系统，并通过它查找所需档案以提供利用。所以，档案检索本质上包含两个方面：一是档案信息的分析与存储，二是对档案的查检与寻找。前者是将档案中的特征信息标识出来而编制成为检索工具或档案信息数据库，后者是利用这些检索工具和信息库查找所需档案。

档案检索的第一个方面（对档案信息进行分析与存储）主要包含两个环节：著录与标引、制作检索工具。著录与标引是制作检索工具的前提。

一、档案著录与标引的定义

档案著录与标引是两个具有密切联系的工作，二者经常同时进行。

1. 档案著录

档案著录是指在编制检索工具时，对档案内容和形式特征进行分析、选择和记录的过程。内容特征，就是指对档案主题的揭示，表现为档案的分类号、主题词、提要等记录项。形式特征，包括档案的标题、作者、形成时间、地点、档号、文种、载体等。

通过著录工作，档案文件的主题内容、利用价值、存储位置、相互关系等信息就会集中显现出来，从而为编制检索工具奠定基础。

对一份档案进行著录，涉及三个方面：著录项目、著录用标识符、著录条目格式。著录项目是揭示档案内容和形式特征的记录事项，是用文字对档案特征的表述；著录用标识符是为了使著录项目更便于识别而添加的辅助符号；著录条目格式是著录项目与著录用标识符在书面空间上的分布排列方式。

对一份档案进行著录，著录项目和著录用标识符按照一定的格式编写出来，形成的结果称为“条目”（又称“款目”），它是反映文件、案卷内容和形式特征的著录项目的组合。

2. 档案标引

档案标引是指在档案著录过程中，对档案的内容特征进行分析、选择、概括，赋予其规范化的检索标识。每一份（每一卷）档案都是用文字语言来记载内容、传达信息的，而且这些内容和信息都比较丰富、完善，但是在用户查找档案时，并不了解档案的全部信息，只是对试图查找的档案形成较为有限的概念，这样在档案的客观现状和用户的主观需求之间就会产生脱节现象。为了弥补这种脱节，档案检索工具应向用户提供标准化的标志以概括反映档案的内容，而用户也可以利用这种标准化的标志来查找档案。档案标引也就是将档案所用的自然语言转化为规范化的检索语言的过程，将对档案内容进行分析的结果转化为检索标识。

档案标引是档案著录工作的核心内容，通过标引环节，档案的内容特征获得检索标识，从而可以作为编制各类检索工具的基础。

二、著录项目

著录项目能够揭示档案内容和形式的一系列特征，包括题名与责任说明项、稿本与文种项、密级与保管期限项、时间项、载体形态项、附注与提要项、排检与编号项。在这些项目中正题名、责任者、时间、分类号、档案馆代号、档号、缩微号、主题词或关键词为主要著录项目，其余为选择项目。

1. 题名与责任者说明项

题名，又称标题、题目，是表达档案中心内容、形式特征的名称。

（1）正题名。档案的主要题名，一般指单份文件文首的题目和案卷封面上的标题。

（2）并列题名。以第二种语言文字书写的与正题名对照并列的题名。

（3）副题名及说明题名文字。副题名是解释或从属于正题名的另一题名。说明题名文字指在题名前后对档案内容、范围、用途等的说明文字。

（4）文件编号。包括发文字号、科研试验报告流水号、标准规范类文件的统编号、图号等。

（5）责任者。也称作者，指对档案内容进行创造，负有责任的团体或个人。

（6）附件。指文件正文之后的附加材料。

2. 稿本与文种项

（1）稿本。包括草稿、定稿、手稿，草图、原图、底图、蓝图，正本、副本、修订本、试行本、影印本、各种文字本等。

（2）文种。指文件种类的名称，如通知、决定、请示、报告、计划、总结等。

3. 密级与保管期限项

文件的保密等级，按国家标准 GB/T 7156—2003《文献保密等级代码与标识》第 5 章划分为 5 个级别，其名称与代码见表 6—1—1。

表 6—1—1　　文件密级与代码表

数字代码	汉语拼音代码	汉字代码	名称
1	GK	公开	公开级
2	XZ	限制	限制级
3	MM	秘密	秘密级
4	JM	机密	机密级
5	UM	绝密	绝密级

根据档案价值确定的档案保管期限，一般分为永久、定期两种。

4. 时间项

视不同著录对象，采用文件形成时间，或卷内文件起止时间。一般公私文书、信札为发文时间，决议、决定、命令、规程、规范、标准、条例等法规性文件为通过或发布时间，条约、合同、协议为签署时间，技术评审证书、技术鉴定证书、转产证书为通过时间，获奖证书、发明证书、专利证书为颁发时间，科研试验报告、学术论文为发表时间，工程施工图、产品加工图为设计时间，竣工图为绘制时间，原始试验记录、测定检验数据为记录时间等。以一组文件、一卷、一组案卷为对象著录一个条目时，著录其中最早和最迟形成的文件的时间，其间用“ - ”号连接。起止时间的表示，无论是本年度或跨年度，著录时均不能省略年度。

5. 载体形态项

档案的载体类型分为甲骨、金石、简牍、缣帛、纸、唱片、胶片、胶卷、磁带、磁盘、光盘等。以纸张为载体的档案一般不予著录，其他载体类型据实著录。

需要注明载体的数量、单位与规格。数量以阿拉伯数字表示，单位用档案物质形态的统计单位，如“页”“卷”“册”“张”“片”“盒”等。规格指档案载体的尺寸及型号等。

6. 附注与提要项

附注项著录档案中需要解释和补充的事项，有则录，无则免。附注项的内容依各项目的顺序著录，项目以外需解释和补充的列在其后。

提要项是对文件和案卷内容的简介，应反映其主要内容、重要数据（包括技术参数等）。提要在附注之后另起一段空两个汉字位置著录，一般不超过 200 字。提要内容依汉语的语法和标点符号使用法著录。

7. 排检与编号项

排检与编号项是目录排检和档案馆（室）业务注记项，主要包括分类号、档案馆代号、档号、电子文档号、缩微号、主题词或关键词等小项。

分类号是根据《中国档案分类法》和 GB/T 15418—2009《档案分类标引规则》的有关规定确定的分类号。

档案馆代号是根据《编制全国档案馆名称代码的实施细则》对档案馆所赋予的代码。

档号是档案室（馆）在整理和管理档案过程中以字符形式赋予档案的一种代码。

电子文档号是档案馆（室）管理的电子文件的一组符号代码。

缩微号是档案馆（室）赋予档案缩微制品的编号。

主题词是在标引和检索中用以表达档案主题内容的规范化的词或词组，关键词是在标引和检索中取自文件题名或正文用以表达档案主题并具有检索意义的词或词组。主题词按照DA/T 19—1999《档案主题标引规则》《中国档案主题词表》及本专业、本单位的规范化词表进行标引。主题词或关键词著录于附注与提要项之后，另起一行齐头著录。各词之间空一个汉字位置，一个词或词组不得分做两行书写。

三、著录用标识符

为了便于识别各著录项目、单元（小项）及其内容，著录时必须添加如下规定的标识符，见表6—1—2。

表6—1—2　　著录用标识符

标识符	位置或作用	示例
.—	置于下列各著录项目之前：稿本与文种项、密级与保管期限项、时间项、载体形态项、附注项	.—绝密 .—副本 .—蓝图 .—20101127
=	置于并列题名之前	天津市污染气象要素的研究 = Research of the Pollution Meteorological Element in TianJin
:	置于下列各著录单元（小项）之前：副题名及说明题名文字、文件编号、文种、保管期限、数量及单位、规格	：中发〔2010〕1号 ：根据录音整理，未经本人审阅
/	置于第一个责任者之前	/山东省劳动局
;	置于相同职责、身份省略时的责任者或同一责任者的不同职责、身份之间	/国家计委；财政部；商业部等
,	置于相同职责、身份省略时的责任者或同一责任者的不同职责、身份之间	/中共北京市委办公厅，北京市人民政府办公厅
+	置于每一个附件之前	+××省××厅关于××的通知
[ ]	置于下列著录内容的两端：自拟著录内容、文件编号中的年度、责任者省略时的“等”字	通告[××县人民政府关于春季封山育林的通告]
( )	置于下列著录项目的两端：责任者所属机构名称、责任者的真实姓名、责任者的职责和身份、外国责任者的国别及姓名原文等	/王枫（《人民日报》记者）
?	用于不能确定的著录内容，一般与[ ]配合使用	/[张治中?]
-	用于下列著录项目之间：日期起止、档号、电子文档号、缩微号各层次之间	.—20100106-20101218
…	用于节略内容	
□	用于每一残缺文字和未考证出时间的每一个数字。未考证出的责任者及难以计数的残缺文字用三个“□”表示	.—193□□□[19351006]

除了“题名与责任者项”“排检与编号项”之外，各项目连续著录时，其前均冠以“．—”号，如遇回行不可省略，但各项目另起段落著录时可省略。标识符“．—”占两个格，回行时不应拆开；其他标识符只占一格。当某一项目缺少第一小项时，应将现在位于首位的小项的原规定的标识符改为标识符“．—”。

各著录项目及单元所使用的标识符，除“;”和“,”只在后面空一格外，其他规定使用的标识符均在前后各空一格。凡重复著录一个项目或单元时，其标识符也需要重复，不著录的项目或单元，其标识符连同该单元一并省略。

四、著录条目格式

著录条目格式是著录项目在条目中的排列顺序及其表达方式。《档案著录规则》中规定一般使用段落符号式的条目格式，实际工作需要时也可以使用表格式条目格式。

著录条目的形式可以采用卡片，卡片尺寸一般为 12.5 cm×7.5 cm，著录时卡片四周均应留 1 cm 空隙，如卡片正面著录不完，可接背面连续著录。

1. 段落符号式条目格式

段落符号式是指将著录项目分为若干段落，每个项目及单元之间用符号区分开来的著录格式。在这种格式中每一著录项目及单元的数字不受限制，并与 GB/T 7714—2005《文后参考文献著录规则》的规定相一致。段落符号式格式如图 6—1—2 所示。

分类号　　　　　　　　　　　　　　　　　　档案馆代号
档　号　　　　　　　　电子文档号　　　　　　缩 微 号
正题名 = 并列题名：副题名及说明题名文字：文件编号 / 责任者 + 附件
．—稿本：文种．—密级：保管期限．—时间．—载体类型：数量及单位：规格．—附注
　　提要
主题词或关键词

图 6—1—2　档案著录段落符号式条目格式图

段落符号式条目格式将著录项目划分为四个段落。第一段落中分类号、档号分别置于条目左上角的第一、二行，档案馆代号、缩微号分别置于条目右上角第一、二行，电子文档号置于第二行的中间位置。第二段落从第三行与档号齐头处依次著录题名与责任说明项、稿本与文种项，密级与保管期限项、时间项、载体形态项、附注项，回行时，齐头著录。第三段落另起一行空两格著录提要，回行时与一、二段落齐头。第四段落另起一行齐头著录主题词或关键词，各词之间空一格。

2. 表格式条目格式

表格式是指将著录项目名称及填写位置印制成表格的条目式，这种表格式更加直观，易于掌握，但每一著录项目的字数受表格大小的限制。

实际工作需要使用表格式条目时，其著录项目应与段落符号式的条目格式相同，其排列顺序可参照段落符号式的条目格式。

3. 档案著录对象

档案著录的对象可以是一份文件或一卷（册、盒）文件。以一份文件为著录对象的称

为文件级（见图6—1—3），以一卷文件为著录对象的称为案卷级（见图6—1—4）。文件级著录是一文一卡，案卷级著录是一卷一卡。

GE5. 75　　411010
2－53－107－8　　46－94
上海第×建筑有限公司关于下发《2004－2005年度合格分包方名录》的通知：沪建股×司劳字〔2004〕33号/上海第×建筑有限公司＋2004－2005年度合格分包方名录．—副本：通知．—内部：永久．—20040702．—2页：260 mm×184 mm
上海第×建筑有限公司为了进一步加强对分包队伍的管理，落实考核评价制度，充分体现优胜劣汰的原则，公司会同各项经部及有关部门，对现有合格分包商重新进行调查评价，确定66家建筑施工单位为上海市第×建筑有限公司2004－2005年度合格分包方。
劳资　合格　分包方　名录　通知

图6—1—3　文件级条目著录格式

JD15211　　411001
16－2－30　　92－1
各省、自治区、直辖市1952年粮食产量统计表．—永久．—19530314－19530520
．—新疆区统计表因污渍大部分不清
1952年全国各省、自治区、直辖市耕地面积、粮食作物播种面积、总产量和各种粮食作物产量分省与综合累计统计。
粮食生产 统计 1952年 耕作面积 粮食产量

图6—1—4　案卷级条目著录格式

新的归档文件整理规则要求以“件”为单位进行管理，因此在著录时主要采用文件级著录方式。对于新规则实施之前形成的“案卷”，可以在著录时采用案卷级著录方式。

4．著录用文字和著录信息源

著录用文字必须规范化。汉字必须是规范化简化汉字，外文与少数民族文字必须依照外文与少数民族文字书写规则。文件编号项、时间项、载体类型与形态项、排检与编号项中的数字一律用阿拉伯数字。图形及符号应照录，无法照录时可改为其他的相应内容，并加“[ ]”符号。

档案的著录信息来源于被著录档案。单份文件或一组文件著录时主要依据文头、文尾，一个或一组案卷著录时主要依据案卷封面、卷内文件目录、备考表等，被著录档案本身信息不足时可参考其他有关档案材料。

五、档案标引分类

档案标引是档案著录工作的核心内容，通过标引环节，档案的内容特征获得检索标识，从而可以作为编制各类检索工具的基础。档案标引根据检索体系可分为分类标引和主题标引两大类型。

1．分类标引

分类标引是赋予档案分类号的过程。这里的分类号指依据《中国档案分类法》所列出的档案类别而划定的类目代码。《中国档案分类法》分类的主要着眼点是档案的内容要素，也就是将档案根据其记载内容分为 19 个大类，下面再细分为若干小类。因此，要为某一份档案文件划定分类代码，应对档案的内容与主题进行分析，分析的主要方面包括档案标题、地点空间、时间等。将分析结果与《中国档案分类法》中的类目及其分类号对比，确定适当的分类号并将其赋予被标引的文件。

2. 主题标引

主题标引是赋予档案主题词的过程。这一操作是根据《中国档案主题词表》，客观地选出最专指、最恰当的正式主题词。在标引时，主题词的书写形式应和主题词表相一致。

任务实施

在本任务中，要著录的是档案室保管的全部档案材料。为了便于说明操作方法，在此仅选择其中一份档案《关于发放加班费的通知》进行著录演示。

一、确定著录对象

在归档文件整理工作中，采用了以“件”为单位的处理方法，因此著录时对象应是“件”而不是“案卷”（或案盒），为文件级著录。

二、确定著录条目格式

根据著录对象档案文件的特点，适合采用段落符号式条目格式进行著录，根据著录项目逐条分析文件的内容与形式特征。

三、确定题名与责任者说明项

该文件的题名项非常明确，直接采用文件标题即可。同时，该文件没有并列题名、副题名及题名说明等项目，可以省略不著。

著录的文件编号直接采用原文件的发文字号“A 司办字〔2010〕19 号”即可。

文件责任者为文件的发文机关。但是在该文件中，发文机关名称被简化为“公司办公室”，而加盖的公章注明的单位是“A 房地产公司办公室”。因此在著录时需要填写完整的责任者名称。

著录的档案文件带有附件，所以应使用“ + ”符号引出该文件的两个附件，而且两个附件题名之前都需要添加“ + ”符号。

四、确定稿本与文种项

著录档案文件为正式行文，格式比较规范，要素完整，基本符合公文的格式要求，而且行文手续完备，据此可以确定该文的稿本为正本。文种可以从文件标题中直接获得，为“通知”。

五、确定密级与保管期限项

著录对象档案文件没有标明保密等级的，需要根据其内容判断确定适当的密级。该文件不适合确定为“秘密”“机密”或“绝密”，因为发文机关没有提出保密要求（未标明密级），同时在保管过程中也没有采取相应的保密措施。但是从文件反映的内容来看，涉及企业内部管理和职工权益保障的事务，不宜对外公开。根据“文件密级与代码表”（见表 6—1—1），可以将该文密级确定为“内部”，代码为“NB”。

该文件仅涉及日常管理工作，不涉及企业的重大事务，在短期内具有较强的参考价值，因此保管期限可以设置为定期（10 年）。

六、确定时间项

根据该文件的发文日期可以将著录的时间项确定为“20100819”。

七、确定载体形态项

著录对象文件的载体类型为纸质，可不著录。可以将文件正文与附件同时计算在内确定纸张数量及单位，为“3 页”，用纸规格为 A4 纸型（210 mm×297 mm）。

八、确定附注与提要项

该文件没有附注项，无须著录。

编写提要项应熟读档案全文，根据其中的要点归纳总结提要内容。本任务中的提要项可以这样撰写：

公司将根据国家有关法律法规为所有加班员工发放加班费用。发放的时段为法定工作时间 8 小时以外的工作时间。发放的标准为法定工作时间以外的非法定节假日的时间按个人每小时平均工资的 2 倍发放，法定节假日时间按个人每小时平均工资的 3 倍发放。加班员工要有部门领导签字和最少一位同事书面证明。各部门负责人请根据工作记录、员工证明等材料统一填写《加班费申请表》并签字。

九、确定排检与编号项

根据《中国档案分类法》和 GB/T 15418—2009《档案分类标引规则》的有关规定确定分类号。著录文件的内容是关于劳动者权益的，属于人事管理的大类，通过查阅《中国档案分类法》得知可以归入“BC 机构编制、人事劳动”类目下。

该文件保存在本企业档案室中，因此可以不用著录档案馆代号。该文件的档号也就是归档整理时编制的档号。由于没有采用电子文档管理系统，所以也就没有电子文档号。同时也没有缩微号。该文件的主题词可以根据内容和《中国档案主题词表》确定为“建筑、津贴、通知”。

十、编写著录卡片

根据以上内容和形式特征就可按规定格式制作出著录卡片，如图 6—1—5 所示。

BC12
W071－2010－036
关于发放加班费的通知：×司办字〔2010〕19 号/［A 房地产］公司办公室＋加班费申请表＋加班证明．—正本：通知．—内部：10 年．—20100819．—3 页：A4

公司将根据国家有关法律法规为所有加班员工发放加班费用。发放的时段为法定工作时间 8 小时以外的工作时间。发放的标准为法定工作时间以外的非法定节假日的时间按个人每小时平均工资的 2 倍发放，法定节假日时间按个人每小时平均工资的 3 倍发放。加班员工要有部门领导签字和最少一位同事书面证明。各部门负责人请根据工作记录、员工证明等材料统一填写《加班费申请表》并签字。

建筑、津贴、通知

图 6—1—5　著录卡片

技能训练

对图 6—1—6 所示的文件进行著录，制作著录卡片。

××电力建设集团公司文件

×电建总（2006）7号

关于印发《××电力建设集团公司
机动车辆管理办法（试行）》的通知

各部门、各单位：

现将《××电力建设集团公司机动车辆管理办法（试行）》印发给你们，请贯彻执行。

同时废止《××电力建设集团公司机动车辆管理办法（修改稿）》。

附件：××电力建设集团公司机动车辆管理办法（试行）

二〇〇六年五月十二日

主题词：印发　车辆　管理　办法　通知

公司总经理工作部　　2006年5月15日印发

图6—1—6　著录文件

任务二　制作与使用检索工具

教学目标

- 了解档案检索工具的定义
- 了解检索工具的主要类型
- 能够根据档案现状和需求，制作合理有效的检索工具
- 能够熟练使用检索工具查找档案

任务导入

A集团第一分公司档案室成立初期，档案数量有限，当有人需要查阅档案时，管理员李芸都是对照归档文件目录直接到档案柜中翻找，虽然有些烦琐，可是不用花费太长时间。随

着时间的推移，各部门向档案室移交的档案越来越多，按照老办法查阅档案时就需要翻阅许多文件，花费很多时间和精力。为了解决这一问题，李芸准备在对档案进行著录与标引的基础上，建立一套检索工具，以便能够快速查找到目标档案。

假定你是李芸，请根据以上背景，完成该工作。

任务分析

档案检索工具是人们查找档案信息的导航系统。随着公司规模的扩大，管理活动的复杂，档案材料日益增加，如果没有检索工具的帮助，无论是档案的管理者，还是档案的利用者，都难以顺利地从大量的档案中找到所需的档案资料。本任务中，A 集团第一分公司在查找档案方面出现问题的主要原因是缺乏必要的档案检索工具。

检索工具的类型比较丰富，每一种工具的编制要求也比较复杂。档案管理人员需要根据现有馆藏档案的情况，尤其是查找利用的需求情况，选择适当的检索工具来使用。对于一个企业内设的小型档案室而言，没有必要建立大而全的检索工具体系。

相关知识

一、档案检索工具的定义

档案检索工具是记录、报道档案内容和形式及查找档案资料的基本工具，它是开展提供利用工作的基本手段，是开发档案资源的必要条件。编制检索工具就是对著录标引后形成的条目加以系统排列，组成各种检索工具。

二、档案检索工具的职能

档案检索工具可以揭示档案室保存档案的内容和成分，指明档案储存线索和查找档案的工具。其基本职能包括两个方面：

1. 储存职能

这种职能是从编制角度而言的。编制检索工具的过程，本质上就是把相关档案的内容和外形特征著录成条目，成为查找档案的信息，经过系统排列，把档案信息储存在各种目录中，组成一个有机体系，这是档案信息的储存过程。

2. 检索职能

这种职能是从利用角度而言的。在使用检索工具时，用户能根据其提供的检索途径，通过一定的检索方法，从储存的档案信息中查出线索，检出所需的档案。这是档案的检索过程。

所有检索工具都具有上述两种职能。储存是检索的基础，检索是储存的目的，二者构成不可分割的统一体。在编制档案检索工具时，必须始终把握这两种基本职能。

三、检索工具的种类

档案检索工具的种类较多，根据不同的标准可进行不同的分类，见表 6—2—1。

表 6—2—1 检索工具分类

分类标准	类别名称	检索工具
体例	目录	卷内文件目录、案卷目录、专题目录和分类目录
	索引	文号索引、人名索引、地名索引
	指南	全宗指南、专题指南
著录范围	以一个全宗（或其中一部分）档案为著录范围的检索工具	案卷目录、案卷文件目录、文号目录、全宗指南
	以档案室的全部或主要部分档案为著录范围的检索工具	分类卡片、分类目录、主题卡片、主题目录
	以档案室室藏中一定的专题的有关档案为著录范围的检索工具	专题卡片、专题目录、专题指南、专题性的人名卡片和地名卡片
载体形式	书本式检索工具	各种目录、各种指南
	卡片式检索工具	各种卡片目录
	缩微式检索工具	缩微胶片、光盘
	电子检索工具	电子计算机检索目录
用途	查检性检索工具	各种卡片、目录
	报道性检索工具	指南
	馆藏性检索工具	案卷目录、全宗目录
查检方式	手工检索工具	卡片式检索工具
	机器检索工具	电子计算机检索工具

四、衡量检索工具的标准

档案检索工具具有储存档案信息和提供查找途径两方面的职能，原则上应以档案信息储存量多、检索迅速准确、方便实用为衡量的主要标准。但是从查找利用的角度看，用户最关注的是检索效率。关于检索效率可以用以下两种指标来衡量：

1. 查全率

查全率是指满足利用者要求的全面程度，即检出的有关档案与全部有关档案之间的比例。其计算公式为：

查全率＝检出的相关档案数量/全部相关档案数量×100%

与查全率对应的就是漏检率，即未能检索出的档案数量与全部有关档案之间的比例。其计算公式为：

漏检率＝未检出的相关档案数量/全部相关档案数量×100%

2. 查准率

查准率是指满足利用者要求的准确程度，即检索结果中的有关档案与全部检索结果之间的比例。其计算公式为：

查准率＝检出的相关档案数量/检出的全部结果数量×100%

与查准率对应的就是误检率，即检索结果中的无关档案与全部检索结果之间的比例。其计算公式为：

误检率＝检出的无关档案数量/检出的全部结果数量×100%

五、常用档案检索工具的编制方法

由于档案检索工具的种类比较多，每一种工具都能满足特定的应用需求。在实际工作中，大型的专业档案馆（室）所使用的检索工具类型比较多，而小型档案室对检索工具种类的需求比较单一。下面介绍几种常用的检索工具及其编制方法。

1. 案卷文件目录（归档文件目录）

案卷文件目录也称“全引目录”，是将案卷目录和卷内文件目录的内容结合在一起而形成的目录名册。以“件”为单位整理与管理档案，取消“案卷”这一保管单位之后，可以直接将归档文件目录作为全引目录（关于归档文件目录的相关知识可参阅本书课题四“档案管理”任务二的介绍）。编制这种检索工具，只需将案卷目录和卷内目录依次打印，或复印剪贴后装订起来即可。

如果档案室已经有了案卷这一保管单位，那么可以编制案卷目录。见表6—2—2。

表6—2—2　　案卷文件目录样式

案卷号	案卷题名	起止日期	页数	保管期限	附注	
顺序号	责任者	文件字号	文件题名	文件日期	所在页号	附注

这种检索工具的优点主要体现在以下两个方面：一是编制比较简便，直接利用归档文件目录即可；二是使用方法比较简单，直接对照查找案卷或文件即可。它的不足主要是，当档案文件数量比较多时，目录条目相应也就比较多，保管不便，同时查阅也会比较费时。这种检索工具比较适宜在小型档案室中使用。

2. 分类目录

分类目录是从机构的职能角度揭示馆藏档案内容，按照《中国档案分类法》分类表的体系组织起来的以分类号为排检依据的检索工具。其优点是将同一内容的档案信息集中在一起，便于按族性特征进行查找。

这种检索工具的基础是充分利用著录卡片，将以卷或件为著录单位的著录卡片按照一定顺序排列而形成。卡片是相互独立的，因此排列顺序比较灵活。其优点是：检索者能从卡片上获得较多的信息（如摘要等），最大程度避免了频繁翻动档案原件可能造成的损毁。它的缺点主要体现在：所需卡片数量比较多，编制比较烦琐，不易管理，使用者可能会打乱固有的顺序。这种检索工具适宜在各种规模的档案馆（室）中使用，尤其适合保存有大量珍贵档案原件的机构。

3. 文号索引

文号索引是将档案文件原有的编号（发文字号）作为主要检索依据的一种检索工具。其基本样式见表6—2—3。

表 6—2—3 文号索引样式

01		11		21		31		41		51		61		71		81		91	
02		12		22		32		42		52		62		72		82		92	
03		13		23		33		43		53		63		73		83		93	
04		14		24		34		44		54		64		74		84		94	
05		15		25		35		45		55		65		75		85		95	
06		16		26		36		46		56		66		76		86		96	
07		17		27		37		47		57		67		77		87		97	
08		18		28		38		48		58		68		78		88		98	
09		19		29		39		49		59		69		79		89		99	
10		20		30		40		50		60		70		80		90		100	

文号索引每页 100 格，代表 100 件发文，固定数字代表文号，如“01”代表第 1 号发文，“99”即第 99 号发文，满 100 号时即在“00”前注上“1”。101 号自第 2 页第 1 号起。这样，1 ~ 100 号在第 1 页，101 ~ 200 号在第 2 页，依次类推。文号后面的空格填写相应档案文件的档号。

这种检索工具只能揭示档案的一个特征（文号），难以传达其他信息，比较适用于有规范严密文号的机关档案。使用者必须事先知道目标档案的准确文号，否则无法查找。这一缺陷限制了它的应用。

4. 全宗指南

全宗指南是以文章叙述的方式揭示某一全宗情况的检索工具。全宗指南属于介绍性检索工具，不但对于宣传报道全宗的内容具有独特的作用，还可向利用者提供一定的档案线索。全宗指南包括两大部分。

（1）立档单位历史和全宗概况。立档单位历史主要介绍立档单位的名称、隶属关系、性质、任务、内部组织机构、主要领导人等方面的情况和沿革。全宗概况主要介绍档案的来源、数量、整理、保管、鉴定情况及所编制的检索工具等内容。

（2）全宗内档案的内容与成分。这部分是全宗指南的主体，具有介绍全宗内各部分档案的内容与成分。介绍时一般以案卷为单位进行，叙述方式有两种：一是以问题为主线，按整理时原划分的类目逐一介绍；二是以立档单位内部的组织机构为主线，按组织机构分别介绍。

以上四种检索工具各有利弊，需要说明的是，无论哪一种检索工具，在编制过程中都应遵守我国关于档案工作的一系列法规或标准，如《档案著录规则》《中国档案分类法》《中国档案主题词表》等文件，以便实现检索系统的规范化，提高其通用性。

任务实施

具体到本任务，主要包括两个方面的工作：一是编制检索工具；二是利用检索工具查找档案。对于小型档案室来说，编制检索工具应以实用为主要目标，不应追求检索工具的全面与多样化。同时，为了提高检索效率，应兼顾传统的手动检索工具和现代的计算机检索工具。

一、分析检索需求并确定检索工具类型

在本任务中，档案管理员李芸应在平时的工作中注意归纳总结利用者的检索需求，主要包括查找档案的动机与意图、查找目标档案的类型、目标档案的一般数量、利用者的检索习惯、作为依据的主要检索项等方面。

在企事业单位中，利用者查找档案的动机一般是出于工作参考或凭证的意图，进行综合研究的需求非常少。所需要的档案文件往往为纸质文件，数量比较少，常常在 10 件之内。利用者最常使用的检索项依次是主题词、发文时间以及发文单位，而对文件号、文种等检索项不敏感。

除此之外，基层中小型档案室保管的档案数量往往是有限的，而且内容主要集中在业务工作与管理工作方面，因此对专题目录、主题目录、人名索引等这类适用于大型专业档案馆的检索工具需求不明显。综合考虑以上因素，可以确定，在本任务中所需要的检索工具主要是归档文件目录，同时也应采用计算机档案检索系统来提高检索效率。

二、编制归档文件目录并检索文件

1. 编制目录

本任务中，该公司的档案室在工作中取消了案卷这一层级，以“件”为单位进行整理归档，因此，不必编制案卷文件目录，而是采用归档文件目录作为检索工具即可。归档文件目录封面如图 6—2—1 所示，部分内容见表 6—2—4。

归档文件目录

全宗名称：A房地产集团

第一分公司

年　　度：2010年

保管期限：定期（10年）

机构（问题）：办公室

图 6—2—1　归档文件目录封面式样

表 6—2—4　　归档文件目录式样

件号	责任者	文号	题名	日期	页数	备注
001	办公室		第一分公司 2010 年办公会会议记录	20100108－20101230	72	共 22 份记录
002	办公室	×〔2010〕×号	第一分公司关于参加 DG20100541 号地块招标的请示	20100823	3	
003	办公室	×〔2010〕×号	第一分公司关于村民搬迁申请机械施工的报告	20100928	3	
004	办公室	×〔2010〕×号	第一分公司关于对 2010 年度安全稳定工作后进单位实行“一票否决制度”的决定	20101024	4	
…	……	……	……	……	……	

2. 利用归档文件目录检索查阅档案

在此我们以查找关于安全生产工作制度的档案文件为例，说明使用归档文件目录检索的基本方法。

首先，确定要查找的档案文件所产生的年度和机构部门。例如该文件为2010年由公司办公室发布，找到该年度、该部门的归档文件目录（见图6—2—1和表6—2—4），依次查阅该年度所有文件的题名。从题名判断是否为所需的档案。其中编号为004的档案文件与主题相关，可以基本确认该文件为目标档案。

其次，根据目标档案的件号（也就是004），到档案柜相应的区域（2010年度—保管期限10年—机构办公室）去查找存放该文件的档案盒。如图6—2—2所示，1号档案盒中存放的档案起止件号为001～060，可以确认，目标档案存放在该档案盒中。打开该档案盒，翻阅查找到所需文件。

全宗号	
年度 2010年	
保管期限 10年	
机构（问题） 办公室	
起止件号	室 001~060
	馆
盒号 1	

图6—2—2　档案盒脊背

三、建立计算机检索系统并检索文件

建立计算机检索系统，主要是利用档案管理软件来实现。档案管理软件能够对档案信息和档案实体进行辅助管理，具备数据管理、整理编目、检索查询、安全保密、系统维护等基本功能。

任何一款档案管理软件都应包含检索查询模块，应具备对档案信息数据进行多种途径检索查询的基本功能。检索查询模块中必须设置题名、责任者、形成时间、主题词、分类号等检索项。检索查询模块应能满足下列主要要求：能根据检索项提供多条件组合查询，并能对常用检索途径进行优化，满足用户对查全率、查准率的要求；能根据用户需要设置目录检索、全文检索、图文声像一体化检索等功能；能对查询结果进行显示、排序、转存、打印或选择输出等技术处理。

目前市场上的档案管理软件产品比较多，用户可以根据自己的管理需要、计算机硬件网络环境以及经济实力来选择适当的产品。

1. 建立计算机检索系统的基本方法

建立计算机检索系统的实质是将档案著录信息输入到计算机档案管理软件的检索模块之中。不同的软件具体操作方式可能存在差异，但是都包括一些通用的检索项。下面简要介绍一下基本操作方法：

（1）安装档案管理软件。根据软件产品的说明书和要求，将管理系统安装到计算机单机或计算机网络中，并对其进行基本的初始化设置。例如设置管理员的用户名和密码。

（2）录入档案信息。根据档案著录与标引的结果，将全部档案文件的相关信息输入到管理系统之中，这是实现检索功能的前提。

打开归档文件录入窗口，如图6—2—3所示，在该窗口中填入各项信息。带有＊的项目为必填项。填完后，单击“保存”将信息存储，然后可自动进行下一份档案文件的录入。

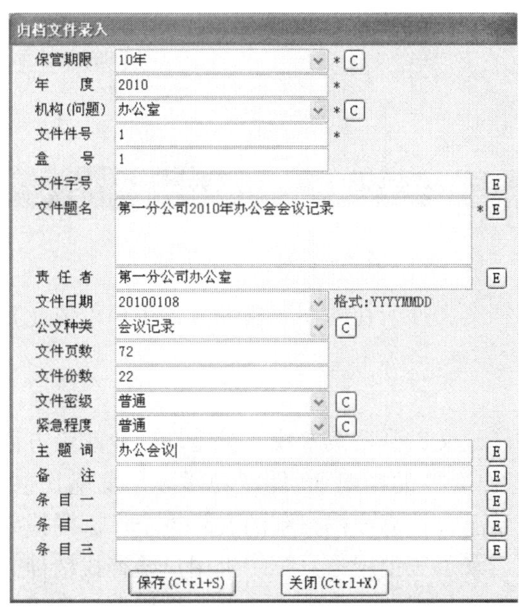

图 6—2—3　档案文件信息录入窗口

需要注意的是，在系统中填入的“盒号”为档案盒的编号，实际档案一定要装入到相应的档案盒中。

全部档案信息录入完毕后，管理系统会显示所有档案文件的目录信息，如图 6—2—4 所示。

保管期限	年度	机构(问题)	件号	盒号	文件日期	页数	责任者	文件字号	文件题名	文件密级	备注	主题词	文件状态
10年	2010	行政管理类	1	1	20100108	72	第一分公司办公室		第一分公司2010年办公会会议记录	普通		办公会议	正常
10年	2010	行政管理类	2	1	20100823	3	第一分公司办公室	×（2010）×号	第一分公司关于参加DG20100541号地块招标的请示	普通		招标 请示	正常
10年	2010	行政管理类	3	1	20100928	3	第一分公司办公室	×（2010）×号	第一分公司关于村民搬迁申请机械施工的报告	普通		搬迁 机械施工	正常
10年	2010	行政管理类	4	1	20101024	4	第一分公司办公室	×（2010）×号	第一分公司关于对2010年度安全稳定工作后进单位实行“一票否决制度”的决定	普通		安全工作 稳定工作 一票否决	正常

图 6—2—4　档案文件目录

2. 检索档案

在此，我们还是以查找关于安全生产工作制度的档案文件为例，说明计算机检索工具使用的基本方法。

（1）启动检索功能。根据软件菜单栏或功能栏的提示，点击相应的命令或按钮，启动档案检索功能。

（2）输入检索条件。在检索窗口的查询条件输入区中输入查询条件。可以输入多个条件，也可以只输入一个条件。如在“年度”中输入“2010”，在“机构（问题）”中输入“办公室”，在“主题词”中输入“安全工作”。

（3）开始查询并显示结果。输入检索条件后，单击查询按钮，即可显示所有符合该条件的档案文件，如图 6—2—5 所示。

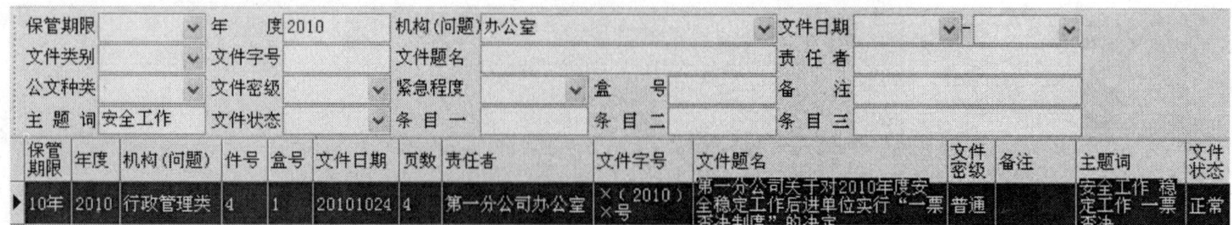

图 6—2—5 查询结果

在该窗口中，显示了档案文件所在的档案盒编号，用户可依此找到目标档案。

技能训练

一、某一利用者为写作论文，到档案室找有关劳动就业政策方面的档案。档案室室藏有关档案 40 件，经查询检索出有关的档案 35 件；经阅读，发现其中 30 件是相关文件，5 件为不相关文件。根据以上情况，计算该档案室的实际查全率、漏检率、查准率、误检率。

二、某机关档案室先后来了三批用户：第一批用户要查找精神文明建设这一专题的档案资料，第二批用户要查找某一年度的三份发文，第三批用户只是想了解一下该档案室室藏情况。档案管理员小王为了及时调出档案，找出了事先编好的检索工具。可是，只有全引目录和分类目录，每次都是查了半天，才把相应的档案找到。分析以上案例，回答下列问题：

1. 该档案室的档案检索体系是否健全？

2. 你认为为尽快满足这三批用户的需求，可分别运用哪种类型的检索工具？

三、请选择下载一种档案管理软件，安装到计算机中。向软件系统中录入表 6—2—5 所列的档案文件，缺失项目可自行补充。然后以“报告”为关键词进行检索。

表 6—2—5　　某企业部分档案

件号	题名	机构	保管期限
01	2010 年度董事会工作报告	××公司董事会	永久
02	2010 年度监事会工作报告	××公司监事会	永久
03	2010 年度财务决算报告	××公司董事会	永久
04	2010 年度利润分配预案及公积金转增股本预案	××公司董事会	永久
05	关于修订《××钢铁股份有限公司关联交易管理制度》的议案	××公司董事会	永久
06	关于与××集团公司及其子公司签订 2011 年度日常关联交易协议的议案	××公司董事会	永久
07	关于聘请会计师事务所的议案	××公司董事会	永久
08	调整中宽热带生产线综合改造方案的议案	××公司董事会	永久
09	关于××股份董事会延期换届选举的议案	××公司董事会	永久

课题七

档案鉴定

任务一　编制企业档案保管期限表

教学目标

- 了解档案保管期限表的概念、类型与作用
- 掌握不同保管期限的档案构成
- 能够编制《文书档案保管期限表》

任务导入

A 集团第一分公司为了使文书归档和档案保管更具科学性和稳定性，准备编制本公司的《文书档案保管期限表》。

假定你是该公司档案管理员李芸，请根据以上背景，完成该工作。

任务分析

档案保管期限表是进行档案管理的重要工具，尤其是在鉴定档案价值、复审档案等方面发挥着极其重要的作用。编制档案期限表是一项先导性的工作，应在对档案开展管理和鉴定之初或之前进行。

要完成档案保管期限表的编制工作，首先需要认真了解关于期限表的相关知识，掌握其构成要素和编制要求，然后对本单位的档案及经营情况进行基本的调研，拟订初稿提交审批后执行，所编制的期限表应在档案管理过程中不断进行必要修订。

相关知识

随着时间的推移，社会实践和各项工作的发展，档案的数量不断增加，致使库存档案显得庞杂，同时，更有一些档案失去了保存价值，如果“玉石不分”地全部保存，势必影响对有价值的档案的管理和利用，档案的鉴定工作就是解决庞杂与精练的矛盾，对档案进行“去粗取精”的工作。对档案的鉴定，必须以档案保管期限表为依据。

一、档案保管期限表的概念及作用

档案保管期限表就是用表册形式列举档案的来源、内容和形式，并指明其保管期限

的一种指导性、标准性文件，它是鉴定档案保存价值和确定档案保管期限的依据和标准。

对档案进行价值鉴定不可避免地受到工作人员的主观影响，而档案保管期限表能够在一定程度上避免个人知识、能力等方面的局限性和片面性，提高鉴定工作的效率和准确性，防止错误地销毁档案。同时，档案保管期限表也能够帮助档案工作人员开展对归档文件的复审。

此外，对于文书管理人员而言，档案保管期限表可以为收集、整理文书材料提供基本的依据，便于在日常文书工作中保存有价值的档案。

二、档案保管期限表的类型

1. 通用档案保管期限表

通用档案保管期限表是由国家档案行政机关编制的，供全国各机关、团体、企业、事业单位鉴定档案时使用的档案保管期限表，也叫标准档案保管期限表。其特点是概括程度高、覆盖面宽，一般可作为制定其他各类档案保管期限表的依据和标准。如2006年12月国家档案局颁发的《文书档案保管期限表》，就属于这种类型。

2. 专门档案保管期限表

专门档案保管期限表是由国家档案行政机关会同有关主管部门编制的，供各机关、团体、企业、事业单位鉴定专门档案时使用的依据和标准。如1984年财政部和国家档案局共同颁发的《预算会计档案保管期限表》，就是作为国家财政税收机关和使用国家预算的各单位鉴定预算会计档案的统一标准。

3. 同系统机关档案保管期限表

同系统机关档案保管期限表是由主管领导机关编制的，供同一系统内各机关、单位鉴定档案时使用的档案保管期限表。这种档案保管期限表须经本部门领导人批准后执行，并报送国家档案局备案，此外还要抄送各省（自治区、直辖市）档案局。

4. 同类型机关档案保管期限表

同类型机关档案保管期限表是由档案事业管理机关或主管领导机关编制的，供同一类型（如学校、医院、工厂等）单位鉴定档案时使用的依据和标准。如《××市高等学校文书档案保管期限表》《××市县级机关文书档案保管期限表》均属于这种类型。

5. 机关档案保管期限表

机关档案保管期限表是由各机关编制的，供本机关鉴定档案时使用的档案保管期限表。如《××厂档案保管期限表》均属于这种类型。为了使用方便，机关档案保管期限表可以与归档用的归档类别结合起来。

标准档案保管期限表对其他类型档案保管期限表具有指导意义，机关档案保管期限表必须以标准的和上级机关颁发的各种档案保管期限表为依据。其他各种类型的档案保管期限表不能缩短标准档案保管期限表所规定的保管期限，但可延长保管期限。

三、档案保管期限表的结构

档案保管期限表通常由顺序号、条款、保管期限、附注以及说明等部分组成，其中，条款和保管期限是最基本的项目。

1. 顺序号

顺序号是按照条款的系统排列顺序统一编的序号，它起着固定条款的排列位置和顺序的作用，也可作为鉴定时引用条款的代号。

2. 条款

条款是一组类型相同的文件的名称和标题。每一条款应代表一组有内在联系的价值相同的文件。有时，为了使条款简洁醒目，也可以将价值不同的而有内在联系的一组文件写成一个条款，在条款下面分别指出其不同的保管期限。条款的拟制一般不宜过多过细，应具有一定的概括性，但范围也不能过宽。条款较多的档案保管期限表还须把条款加以分类。

3. 保管期限

保管期限分为永久保存和定期保存。永久保存就是无限期地尽可能长远地保存下去；定期保存就是只保存一定的年限，具体有 30 年、10 年两种。

定期保存的时间计算方法一般是从文件产生后的第二年起计算，有些特殊文件和专门文件可以从其失效、结案后算起。所有确定为定期保存的档案到保管期满后还须复查，如发现有需要继续保存的，仍应保存下去，有的延长保管期限，有的转为永久保存。

4. 附注

附注是在条款之后对条款及其保管期限所作的必要的注解或说明。比如，对条款中“重要的”和“一般的”可以注解为：“重要的，是指方针政策性或重大问题的、具有科学历史价值的文件材料”；“一般的，是指一般业务和事务性问题、科学历史价值不大的文件材料”。再比如，一些合同、协议书、借据的保管期限，往往需要从有效期满后算起，可在保管期限后注明“失效后”的字样。

5. 说明

说明是对保管期限表所作的总说明，一般包括保管期限表的编制依据、适用范围、结构，保管期限的计算方法以及其他需要说明的事项。这部分应放在档案保管期限表的前部。

以上只是档案保管期限表的一般结构，可以根据各种档案保管期限表的特点增加或减少某些项目。

任务实施

编制档案保管期限表，一般需要经过以下四个工作环节。

一、准备工作

在编制档案保管期限表之前，必须仔细考察本单位的工作职能、任务、地位、组织机构、业务分工、文书工作以及以往文件的数量、种类等情况。关于以往文书的情况，可以通过档案分类类目、归档文件目录和文书工作制度、总结等材料来研究。特别是编制得较好的分类类目或档案目录，可以作为编制档案保管期限表条款的基础。

具体到本任务，李芸需要做以下工作：

1. 了解本公司的概况

A 房地产集团第一分公司现有正式职工 300 人，通过调研了解到其内部组织机构及职能如下：

（1）办公室：负责全公司协调，包括制度、接待、会议等，属于中心决策部门；

（2）人力资源部：人事、培训、劳资、考勤、保险、职称评定等；

（3）财务部：费用收支、预决算等；

（4）施工部：生产技术管理、技术革新、设备维护检修费用、质量监察监督等；

（5）市场部：市场营销、经营、客户服务等；

（6）安全监察部：安全生产管理和监督等；

（7）党群工作部：加强党的建设、提高员工素质、企业文化建设；

（8）纪检部：监督党风廉政建设，维护党员的民主权利等；

（9）工会：维护职工群众的经济效益和民主权益等；

（10）团委：对共青团员开展思想教育等。

2. 了解本公司文书工作的概况

李芸了解到，公司成立之初，在主管单位的指导下，制定了《第一分公司公文管理制度》，多年来一直按照这一制度进行收发文的处理。一般情况下，本公司每年大约产生100份文件（包括纸质文件和电子文件），其中办公室、施工部、市场部的文件所占比例较大。

3. 熟悉业务

李芸收集了几家同行业企业制定的企业档案保管期限表及有关经验材料，并加以分析、借鉴。她还和本公司的有关技术人员交流，了解他们的需要，以便初步掌握企业档案发挥作用的规律。

二、拟定初稿

在调查研究的基础上，设计档案保管期限表结构体系和格式，然后具体拟写内容。

拟写条款可采用卡片形式，即首先把条款和保管期限拟写在卡片上（也可以用小一些的纸代替卡片），再将卡片加以排列和编号，最后誊抄或打印在文件用纸上，形成档案保管期限表的草案。

具体到本任务，可以按以下步骤操作：

第一步，统计常用文体。认真查阅本公司以往的文件材料，统计常用的文体，如决定、会议纪要、通知、函、计划、总结等。

第二步，与通用档案保管期限表对应并参阅同行业其他企业的资料。和通用档案保管期限表的相应条款一一对照，找到本公司的每一个文种在该档案保管期限表中的位置，查看其对应的保管期限；结合本公司的实际情况，同时参考其他兄弟单位的档案保管期限表。

第三步，仿照通用档案保管期限表，初步编写草稿。

三、征求意见，修改草稿

拟定草案后，应将其打印、分发给企业内各机关、科室，就其内容的正确性、可行性广泛征求意见。征求意见时应采用书面形式，各部门在统一印制的《征求意见表》（见表7—1—1）上填写修改意见。

表 7—1—1　　征求意见表

填写时间：　年　月　日

征求意见事由	针对《第一分公司文件材料归档范围和文书档案保管期限表（草稿）》提出修改意见 附件：《第一分公司文件材料归档范围和文书档案保管期限表（草稿）》		
征求意见部门	办公室	提出意见部门	

主要意见

序号	针对条款的编号	原条款不足与修改理由	修改建议
1			
2			
3			
4			

编制人员将意见汇总归纳后，吸收其中合理的内容对草案加以修改，或在相关部门试用一段时间，以总结经验，最后形成定稿，经企业领导审查批准，并报档案行政管理部门和主管领导机关备案。这时，档案保管期限表就可以使用了。

本任务的处理方式见编制说明和表 7—1—2。

第一分公司文件材料归档范围和文书档案保管期限表

编制说明

2006 年 12 月 18 日，国家档案局发布第 8 号令实施了《机关文件材料归档范围和文书档案保管期限规定》。据此，办公室规定，本公司自 2011 年 1 月 1 日后形成的文件，其保管期限应按照新规定，即永久、30 年、10 年。此前的文件仍按照原来划定的保管期限。

为便于本公司正确界定文件材料归档范围，准确划分档案保管期限，使所保存的档案既能反映本公司主要职能活动情况，维护本公司历史面貌，又便于保管和利用，根据《中华人民共和国档案法》《中华人民共和国档案法实施办法》和《机关文件材料归档范围和文书档案保管期限规定》，编制《第一分公司文件材料归档范围和文书档案保管期限表》（见表 7—1—2）。

本表中所称文件材料是指该公司在工作活动中形成的各种门类和载体的历史记录。

本表已经市档案局审查同意，自 2011 年 1 月 1 日起实施。

表 7—1—2　　第一分公司文件材料归档范围和文书档案保管期限表

序号	归档范围	保管期限
1	本公司党的代表大会、职工代表大会、工会、共青团代表大会的文件材料	
1.1	请示、批复、通知、名单、议程、报告、领导人讲话、选举结果、讨论通过的文件、决议、纪要、会议记录、参加人员名册等文件材料	永久
1.2	大会发言、代表的建议和意见及答复、简报、快报	永久

续表

序号	归档范围	保管期限
1.3	重要的贺信、贺电，筹备工作、选举过程中形成的文件，小组会议记录，会议服务机构的计划、总结等文件材料	30年
1.4	讨论未通过的文件	10年
2	本公司召开工作会议、专题会议的文件材料	
2.1	请示、批复、通知、名单、日程、报告、讲话、总结、决议、决定、纪要	永久
2.2	典型材料、代表发言材料、交流材料、简报	30年
3	本公司联合召开会议的文件材料	
3.1	本公司为主办的	
3.1.1	请示、批复、通知、名单、日程、报告、讲话、总结、决议、决定、纪要	永久
3.1.2	典型材料、代表发言材料、交流材料、简报	30年
3.2	本公司协办的	
3.2.1	请示、批复、通知、名单、日程、报告、讲话、总结、决议、决定、纪要的复制件或副本	30年
3.2.2	典型材料、代表发言材料、交流材料、简报的复制件或副本	10年
4	上级机关、上级领导检查、视察本公司工作时形成的文件材料	
4.1	重要的	永久
4.2	一般的	30年
4.3	本公司工作汇报材料	30年
5	本公司业务文件材料	
5.1	本公司制定的方针政策性、法规性、普发性业务文件，中长期规划、纲要等文件材料	永久
5.2	本公司的请示与上级机关的批复、批示	
5.2.1	关于运输线路的审批，经营权方面问题的	永久
5.2.2	一般业务问题的	30年
5.3	同级、下级部门的来函、请示与本公司的复函、批复等文件材料	
5.3.1	重要业务问题的	永久
5.3.2	一般业务问题的	30年
5.4	本公司编辑、编写的文件材料	
5.4.1	大事记、年鉴、组织沿革等	永久
5.4.2	简报、情况反映、工作信息等	10年
5.5	行政管理活动中形成的文件材料	
5.5.1	行政管理工作制度、程序、规定等文件材料	永久
5.5.2	执法检查情况汇总、通报，整改通知等	永久
5.5.3	行政管理工作中形成的审批、审查、核准等文件材料	

续表

序号	归档范围	保管期限
5.5.3.1	固定资产投资、科技计划等项目的审批（核准）、管理、验收（评估）等文件材料	永久
5.5.3.2	不动产、自然资源的所有权、使用权确认的文件材料	永久
5.5.3.3	20 年（含）以上有效或未注明有效期的许可证、执照、资质证、资格证等的审批、管理文件材料	永久
5.5.3.4	20 年以下有效的许可证、执照、资质证、资格证等的审批、管理文件材料	30 年
5.5.4	行政管理工作中形成的备案文件材料	10 年
5.5.5	行政处罚、处分、复议等工作中形成的文件材料	
5.5.5.1	重要的	永久
5.5.5.2	一般的	30 年
5.6	计划、总结、统计、调研等方面的文件材料	
5.6.1	年度和年度以上的计划、总结、统计材料	永久
5.6.2	年度以下的计划、总结、统计材料	10 年
5.6.3	重要职能活动的总结、重要专题的调研材料	永久
5.6.4	一般活动的总结、一般问题的调研材料	10 年
5.7	出国或出境访问考察、参加国际会议，接待来访等外事活动形成的文件材料	
5.7.1	签订的协议、协定、备忘录，重要的会谈记录、纪要等	永久
5.7.2	出国审批手续、执行日程、考察报告、一般性会谈记录	30 年
6	本公司机构编制、干部人事、党、团、纪检、工会、保卫、信访工作文件材料	
6.1	机构设置、机构撤并、名称更改、组织简则、人员编制、印信启用和作废等文件材料	永久
6.2	人事工作制度、规定、办法等文件	30 年
6.3	人事任免文件	永久
6.4	先进单位、劳动模范、先进工作者的文件材料	
6.4.1	受表彰、奖励的	永久
6.5	对人员的处分材料	
6.5.1	受到警告（不含）以上处分的	永久
6.5.2	受到警告处分的	30 年
6.6	保卫部门的安全检查、调查记录	10 年
6.7	职工调动工作的行政、工资、党团组织关系的介绍信及存根	永久
6.8	职工名册	永久
6.9	党、团、工会工作活动中形成的文件材料	
6.9.1	工作报告、总结，换届选举结果	永久
6.9.2	重要专项活动的报告、总结等	永久
6.9.3	党团员、工会会员名册，批准加入党团、工会组织的文件材料	永久

续表

序号	归档范围	保管期限
6. 9. 4	情况反映、工作简报	10 年
6. 10	纪检、监察工作中形成的综合性报告、调查材料	
6. 10. 1	重要的	永久
6. 10. 2	一般的	30 年
6. 11	信访工作的文件材料	
6. 11. 1	有领导重要批示和处理结果的	永久
6. 11. 2	其他有处理结果的	30 年
7	事务管理文件材料	
7. 1	房产、土地所有权和使用权的文件材料	永久
7. 2	与有关单位签订的合同、协定、协议等文件材料	
7. 2. 1	重要的	永久
7. 2. 2	一般的	10 年
7. 3	接待工作的计划、方案	
7. 3. 1	重要的	30 年
7. 3. 2	一般的	10 年
7. 4	财务预算	30 年
7. 5	物资（办公设备及用品、机动车等）采购计划、审批手续、招标投标、购置等文件材料，机动车调拨、保险、事故、转让等文件材料	30 年
7. 6	资产管理（登记、统计、核查清算、交接等）文件材料	
7. 6. 1	重要的	永久
7. 6. 2	一般的	10 年
8	上级制发的文件材料	
8. 1	上级制发的关于主要业务的文件材料	
8. 1. 1	重要的	永久
8. 1. 2	一般的	10 年
8. 2	上级制发的非本公司业务但要贯彻执行的文件材料	10 年
8. 3	上级机关制发的关于机构设置、领导人任免、人员编制等文件材料	永久
9	同级组织制发的非主要业务但要贯彻执行的文件材料	10 年
10	下级部门报送的文件材料	
10. 1	重大问题的专题报告	30 年
10. 2	年度和年度以上的计划、总结、统计材料	10 年
11	印章、奖状、奖旗 、奖杯、奖章、牌匾、领导题词以及在对外交流中收到的纪念品、赠品等实物	
11. 1	重要的	永久
11. 2	一般的	30 年

四、企业档案保管期限表的修订

企业档案保管期限表正式出台后在执行的过程中，一方面企业的科技、生产、经营等活动可能会有所变化或调整，另一方面人们对表中条款的内容和保管期限的认识也可能会有所变化。所以，企业档案保管期限表在执行一段时间后，对其进行修改和完善是非常必要的。适时修订企业档案保管期限表，使之与文件状况和认识水平的发展相符合，对于提高企业档案鉴定工作的质量具有重要的意义。

技能训练

尚信是某市××水泥厂的办公室秘书，负责该厂的综合档案室。该厂成立于1995年，共有员工286人，主要生产特种水泥。内部机构有：办公室、党群工作部、销售部、财务部、技术部、人事部、企划部、工会、团委、公关部。该厂没有下级单位。

现在领导要求尚信编制《××水泥厂文件材料归档范围和文书档案保管期限表》。该厂档案室共保存560卷档案，主要有：

1. 上级文件材料

（1）上级机关召开的需要本公司贯彻执行的会议文件材料；

（2）上级机关颁发的需要执行的文件及普发的法规性文件。

2. 厂内文件材料

（1）党、政、工、团代表会议、工作会议的全套文件材料和音像材料；

（2）党、政、工、团领导会议文件材料及主要职能部门的工作会议、专业会议文件材料；

（3）党委、厂部发文的签发稿、印制稿；

（4）党委和行政职能部门的工作计划、总结、报告、请示及上级批复等方面的文件材料；

（5）上级机关对本公司及有关部门检查、验收形成的重要文件、证书及音像材料；

（6）重要的人民来信、来访及处理材料；

（7）本公司有关区域变化，地界、水利纠纷，征用土地、基本建设施工，购置大型设备及生产、科研建设方面的管理文件材料；

（8）本公司统计报表、财务报表、审计材料、有关财产、物资、档案等交接凭证、清册以及对外技术交流协作合同等；

（9）本公司机构设置、干部任免（包括上报、下批、备案）、调配、培训、专业技术职务评定、聘任、党员、团员、干部、工人名册、报表、纪律检查、治安保卫以及职工录用、转正、定级、调资、退职、退休、离休、抚恤等工作及干部奖惩等文件材料。

请根据以上材料编制《××水泥厂文件材料归档范围和文书档案保管期限表》。

任务二 对档案进行价值鉴定

教学目标

- ◆ 掌握档案鉴定的标准
- ◆ 能够结合实际制定鉴定工作计划
- ◆ 能够正确运用直接鉴定法鉴定档案的价值

任务导入

A集团第一分公司档案管理员李芸在收集整理归档文件时接收了2010年年底的8份文件，分别是：经理外出开会带回的《××房地产公司建筑质量管理标准》《第一分公司2011年生产计划》《第一分公司关于安全生产工作督查有关问题的会议纪要》《第一分公司关于引进美国自动化生产设备的请示》《第一分公司与××铸管厂关于业务合作的函》《第一分公司关于表彰奖励李勇等三位同志的决定》《2010年公司领导出国考察报告》《市房地产行业协会2010年年会发言材料》。李芸需要对这些材料进行筛选，挑选出归档文件并为其划定合理的保管期限。

另外，李芸在检查档案的过程中发现一批档案已经达到了保管期限，需要对这些期满档案进行重新鉴定和判断，以决定哪些需要继续保存，哪些需要销毁。

假定你是李芸，请根据以上背景，完成对这些档案价值的鉴定工作。

任务分析

档案的鉴定工作，主要是鉴别和判定档案的价值，挑选出有价值的档案妥善保存，剔除无保存价值的档案予以销毁。

档案管理人员需要了解档案鉴定的基本工作内容，掌握决定档案保存价值的主要因素，灵活运用档案鉴定工作的原则，明确鉴定档案价值的主要标准，并掌握档案价值鉴定的程序才能较好地完成该项工作。

相关知识

一、档案鉴定工作的基本内容

档案的鉴定一般是指对档案的真伪和档案价值的鉴定，而常见的业务工作则是后者。鉴定是对档案可能被使用程度的一种估计和展望，很难完全准确，并且直接决定着档案的存毁，是档案管理中最重要也是难度最大的工作。

档案鉴定工作的基本内容主要包括以下方面：

一是制定鉴定档案价值的有关标准，包括单行规定和档案保管期限表等；

二是具体判定档案材料的价值，确定其保管期限；

三是筛选出无保存价值和保管期满的档案，按规定进行销毁或作相应的处理；

四是围绕上述工作而开展的一系列鉴定组织工作。

总之，档案鉴定主要是确定哪些档案需要保存和保存多长时间（即所谓“存”），哪些档案无须保存即可销毁（即所谓“毁”）。

对“存”和“毁”应有一个全面正确的认识。从表面上看，档案价值鉴定的结果，往往是需要销毁一些档案。然而，从实质上看，销毁不是主要目的，“毁”是为了更好地“存”，通过鉴定，达到更好地保管有价值的档案的目的。为此，在档案价值鉴定工作中，切不可只简单地考虑如何“毁”，而应积极地着眼于如何“存”。要正确地认识档案的“存”和“毁”之间的关系，以确保鉴定工作顺利开展。

二、决定档案保存价值的主要因素

决定档案保存价值的主要因素包括两个方面：一是档案自身的特点和状况，这是决定档案保存价值的基础。档案自身的内容、来源、形式、时间、名称、可靠程度、有效性、外形特点、完整程度等，影响着档案是否具有保存价值，有什么样的保存价值。二是社会利用的需要，这是决定档案保存价值的社会因素。社会各界如果没有利用档案的需要，档案就没有继续保存的必要，也就失去它的保存价值。

上述决定档案保存价值的两个方面的因素，是相互作用、辩证统一的，不能片面强调其中某一方面。

三、档案鉴定工作的原则

档案鉴定工作的原则是：必须从党和国家的整体利益出发，用全面的、历史的、发展的、效益的观点，判定档案的价值。

1. 全面的观点

档案鉴定工作原则中的全面观点，包括以下三方面的含义：一是把档案自身的特点和社会利用需要结合起来，全面评价档案的价值，不能片面地只考虑其中的某一个方面；二是全面联系地分析相关文件和文件的各种因素；三是全面地预测社会对档案利用的需要。

2. 历史的观点

鉴定档案的价值特别需要把握它是历史记录这一本质，它的形成总是同一定的历史条件相联系的，当时是怎样进行活动的，档案就是怎样记录的。鉴定档案要尊重历史，运用历史唯物主义的观点和方法，科学地甄别档案价值，不要用现在的眼光看待过去的档案。

3. 发展的观点

保管档案是一项维护历史的行为，同时也是一项面向未来的工作。判断档案的价值和作用，要有发展的眼光，既要看到当前的作用，也要看到将来的需要。

4. 效益的观点

效益的观点就是档案价值鉴定必须充分考虑档案管理的成本、投入与档案效益之间的关系。在鉴定档案时，必须认真地衡量投入与效益之间的关系，争取使有限的档案资源发挥最大的作用。

四、鉴定档案价值的标准

档案的价值是客观存在的，而鉴定工作则是人们对档案价值的认识和评价，带有很强的主观性。为了使这种主观认识最大限度地符合实际，保证鉴定工作的质量，必须建立明确的档案价值鉴定标准，以提高档案鉴定结果的客观性、可靠性和准确性。档案价值鉴定标准主要有档案来源标准、档案内容标准、档案形式特征标准和档案相对价值标准。

1. 档案来源标准

档案的来源是指档案的形成者，档案形成者在社会上以及机关内的地位、作用和职能可影响甚至决定档案的价值。一般来说，各机关应该主要保存本机关制成的文件，对于外来文件，则应该在分析来文机关与本机关的关系以及来文内容与本机关职能活动的关系后再做评价。通常情况下，有隶属关系机关的来文比非隶属机关的来文值得引起重视，针对本机关主管业务的、需要贯彻执行的文件比非本机关主管业务、参考性文件价值要高。

在本单位制成的文件中，具体的撰写者、制发机构也对档案价值产生影响。机关领导人、决策机关、综合性办公机构、主要业务职能机构、人事机构、外事机构制发的文件大都比较直接地反映本机关主要职能活动和基本情况，因而具有长久保存价值的文件比例较高，而一般行政事务机构、后勤机构及某些辅助性机构则主要形成事务性文件，具有长久保存价值的文件比例较低。

2. 档案内容标准

档案内容是决定档案价值最重要、最本质的因素。对档案内容的分析可着眼于以下几个方面。

（1）档案内容的重要性。一般来说，反映方针政策、重大事件、主要业务活动的比反映一般性事务活动的重要，反映全面性问题的比反映局部问题的重要，反映本机关主要职能活动、中心工作和基本情况的比反映非主要职能活动、日常工作和一般情况的重要，反映典型性问题的比反映一般性问题的重要。总之，在工作、生产中，在维护国家、集体和个人权益以及科学研究、总结经验等方面具有证据性、查考性作用的档案都具有较高的价值。

（2）档案内容的独特性。档案形成者特定活动的原始记录，以孤本而稀有，其内容的"独一无二性"等特点，是决定档案特有价值的重要因素。在鉴定档案的价值时，对被鉴定档案所具有的某种特色应给予以重视。

（3）档案内容的时效性。文件的时效性也对档案的价值发生直接影响，例如，方针政策性、法规性、综合计划性文件在失去现行效用后，其价值将由行政价值转变为科学价值，而契约、合同、协议等法权方面的文件通常在有效期及法律规定的起诉时效期内十分重要，此后便降低直至失去保存价值。因此，在鉴定档案时要具体分析每份文件的时效性对其价值的影响。

除上述三方面之外，对档案内容的真实性、完备性等也要加以考察，以准确把握档案内容的价值。

3. 档案形式特征标准

档案的形式特征是指文件的名称、责任者、形成时间、载体形态、记录方式等。在某种情况下，这些形式特征也可能对档案的价值发生影响。

（1）文件的名称。文件的不同名称具有特定的性能和用途，因而可以在一定程度上反映出文件的价值。一般说来，决定、决议、命令、指示、条例、纪要、报告等往往用于反映方针政策、重大事件和主要业务活动，具有权威性和重要性，价值较高；而通知、简报、来往函件等往往用于处理一般事务，价值较低。但是不能机械地使用文件名称作为判定价值的主要依据，还需结合文件内容加以评价。

（2）文件形成时间。文件形成时间是历史的标志，产生时间越早，保存价值越高。

（3）文本。同一文件在撰稿、印制过程中可以形成各种稿本，如正本、副本、草稿、定稿、底图、蓝图等。不同稿本的文件，在行政效能、凭证作用等方面是有区别的，因此价值亦不相同。正本具有标准的格式，有机关的印章或负责人的签署，是机关进行工作的依据，具有法定的效能和凭证作用，可靠性大，其价值也大一些。副本、草稿、草案的可靠性差一些，价值也小一些，但某些重要文件的草稿、草案因可以反映文件的形成过程，也会具有较高的保存价值。

（4）文件的外形特点。文件的制成材料、记录方式、笔迹、图案等外形特点也影响其价值。

4. 档案的相对价值标准

档案的价值也可以在与其他档案的对比中显现出来，这就是相对价值标准。主要依据三个方面的情况判断档案的相对价值：第一，所存档案的完整程度；第二，档案内容的可替代程度；第三，是否向档案馆移交档案，不需要向档案馆移交档案的可主要根据本单位的需要划定档案的保管期限，而应向档案馆移交档案的还需要根据有关档案馆的要求确定某些档案的保管期限。

在根据上述标准分析档案价值时，要始终坚持辩证的思维方法，切忌机械、片面地强调某一个标准而忽略其他标准。

五、档案价值鉴定的程序

1. 制定鉴定工作计划

档案鉴定工作需要占用一定的人力和较多的时间，并且意义重大，往往成为单位的一项重大活动，涉及各管理部门和业务部门。为使档案鉴定工作既不影响管理部门和业务部门的工作，又不影响档案的日常管理和利用，在鉴定之前，必须制定出切实可行的鉴定工作计划，并得到主管领导的批准。

鉴定工作计划的内容包括：本次鉴定的目的及指导思想、待鉴定档案的基本情况、鉴定小组的人员构成、鉴定的具体要求、时间进度、鉴定所需场地及各种表格。

成立鉴定小组是鉴定工作的重要组织准备，要按照“三结合”的原则成立鉴定小组，即由企业分管档案工作的领导、专业技术人员和档案工作人员组成。

2. 确定判定档案价值的方法

这是鉴定工作中最为重要的环节，一般采用直接鉴定法，即直接、具体地审查档案，从它的内容、作者、名称、可靠程度等方面全面地考查分析，而不是仅从档案的目录或案卷的标题判定其保存价值。

知识链接

档案保存价值分析中的弹性处理方法

在具体鉴别某一份文件、某一部分档案是否重要，是否需要保存，保管期限长或短时，如遇没有把握，一时分辨不清的情况下，应该采取“留有余地”的方法，进行弹性处理。一般应掌握：保存从宽，销毁从严；孤本（指其他单位、其他档案馆没有重复的）从宽，复本（指其他单位、其他档案馆有重复的）从严；本机关的文件从宽，外机关文件从严。对介于两可之间的，可采取“就高不就低”的处理方法，即使无须继续保存的某些档案，也可“判处销毁，暂缓执行”，如此等等。其基本思想，都是慎重地判定档案价值，而又留有一定的实践检验的幅度，以减少价值预测的失误。

六、档案价值鉴定的机构

1. 文书部门或业务部门对档案的鉴定

在文件立卷归档时，文书部门或业务部门既要剔除一部分已无继续保存价值的文件，又要为准备归档的文件区分价值并据此分别立卷，这是最重要的一次鉴定。

2. 档案室对档案的鉴定

档案在档案室保存期满之时，尤其是在将要移交给档案馆之前，需在档案室内对档案进行鉴定。主要是对立卷归档时确定的保管期限进行检查，适当调整部分档案的保管期限并决定哪些应移交档案馆、哪些可以造册登记并销毁。

3. 档案馆对档案的鉴定

档案馆保存的档案，在正常情况下是经过现行组织单位鉴定的，档案馆只需定期审查和拣出保存期满的档案加以销毁。但是，可能由于某种原因，接收了未经鉴定的档案，这时就需要档案馆进行全面的鉴定工作。关于档案馆对档案价值的鉴定，本书暂不涉及。

任务实施

本任务需要鉴定的档案材料主要是两种类型，一种是归档文件，另一种是保管期限到期的档案。对于前者需要为其划定保管期限，对于后者需要重新判断是否继续保管。

一、对归档文件进行鉴定

李芸注意到其中的《××房地产公司建筑质量管理标准》是经理外出参加同业交流会时带回来的，经仔细阅读全文，发现该文件对本公司只有一般的参考价值，于是把这份文件作为一般资料保存，不作为档案管理。

李芸仔细查看了其余文件，这些文件都已办理完毕并且手续齐全，用纸和字迹材料都符合归档要求，符合归档范围。根据《第一分公司文件材料归档范围和文书档案保管期限表》，李芸对归档文件划定保管期限，见表7—2—1。

归档文件鉴定完毕后，如果有的地方没有把握，可请示主管领导，再做修改。归档的其他工作内容请参见本书相关介绍，此处不再赘述。

表 7—2—1　　第一分公司文件保管期限处理单

序号	文件名称	保管期限	依据
1	第一分公司 2011 年生产计划	永久	5.6.1
2	第一分公司关于安全生产工作督查有关问题的会议纪要	永久	2.1
3	第一分公司关于引进美国自动化生产设备的请示	30 年	5.2.2
4	第一分公司与××铸管厂关于业务合作的函	30 年	5.3.2
5	第一分公司关于表彰奖励李勇等三位同志的决定	永久	6.4.1
6	2010 年厂领导出国考察报告	30 年	5.7.2
7	《市房地产行业协会 2010 年年会发言材料》	30 年	3.1.2

领导意见：　　负责人：李芸　　时间：2011 年 1 月 23 日

二、制定鉴定工作计划

鉴定工作计划是对鉴定工作的总体安排，一般以年度为单位拟订。在撰写计划之前应首先调查清楚本年度期满档案的数量，然后根据需要鉴定的档案数量来确定工作机构与人员、工作时间与进度等。在本任务中，需要鉴定的到期档案大约为 50 件，大约需要 1 个月的工作时间。拟订的工作计划见下文：

第一分公司档案室 2011 年鉴定工作计划

截至 2010 年 12 月，我公司档案室保管的档案有 50 余件已经达到保管期限。为了实现对档案的有效利用，节约储存空间，准备于 2011 年对到期的档案进行鉴定工作。为保证鉴定工作的科学性和严谨性，制定本工作计划。

一、指导思想

认真贯彻执行《档案法》及其《实施办法》，从国家和人民的整体利益出发，用全面的、历史的、发展的、效益的观点，判定档案价值。依据国家档案局 2006 年颁发的《机关文件材料归档范围和文书档案保管期限表》以及《第一分公司文件材料归档范围和文书档案保管期限表》，按照“去粗取精”、“实事求是”、“有效利用”的原则，对到期档案逐件鉴定、决定存毁，提高室藏案卷质量，实现有效利用。

二、鉴定对象

长期档案 30 件，短期档案 15 件，光盘 5 张。

三、鉴定的具体标准

档案虽已达到保管期限，但仍有查考利用价值的要继续保存；无查考利用价值，有下列情形之一者属销毁范围：

1. 上级机关的文件材料

（1）上级机关任免、奖惩非本机关工作人员的文件，普发供参阅又需办理的文件材料；

（2）上级机关发来供工作参考的文件；

（3）上级机关征求意见未定稿的文件；

（4）上级机关虽属主管业务，但失去利用价值的文件。

2．本机关的文件材料

（1）重份文件；

（2）无查考利用价值的事务性、临时性文件；

（3）未经会议讨论，未经领导审阅、签发的未生效性文件、电报草稿、一般性文件的历次修改稿，铅印文件的各次校对稿；

（4）机关内部互相抄送的文件材料，不应履行的行文，介绍信等；

（5）本机关负责人兼外机关职务形成的与本机关无关的文件材料；

（6）为参考目的从各方面收集的文件材料；

（7）本机关失去查考利用价值的文件材料。

3．同级机关和非隶属机关的文件材料

（1）参加非主管机关召开的会议不需要贯彻执行和无查考价值的文件材料；

（2）非隶属机关抄送的不需要办理的文件材料。

4．下级机关文件材料

（1）下级机关抄送的，不需要办理的文件材料；

（2）下级机关抄报的，不需归档的文件材料；

（3）下级机关报送的月、季工作总结。

四、鉴定的具体要求

1．到期的短期（原保管期限为15年以下，含15年）档案，经鉴定凡具有保存价值的上升为长期（即再保存15年），继续保存使用，并编制目录，便于检索。

2．到期的长期（原保管期限为16～50年，含50年）档案，经鉴定凡具有保存价值的，继续保存10年，留待下次鉴定时，根据当时的具体情况决定存毁。

3．到期的短期、长期档案，经鉴定后失去保存价值的，编制档案销毁清册，先经本公司主管领导批准，再报请市档案鉴定工作领导小组批准后，按照有关规定，对这些档案实施销毁。

4．对存毁档案鉴定，须直接地、具体地审阅每卷、每份档案，杜绝只简单地阅看标题来确定档案存毁的做法。

5．凡属销毁的档案，鉴定人必须认真填写销毁档案登记表，做到准确无误。档案室要做好档案数量的核对统计。

五、注意事项

第一，在处理保管期限混杂的案卷时，应该充分利用原卷基础，在保管期限上就高不就低，一般不拆卷重整。当永久卷里混有与卷内文件内容联系密切的少量定期卷时，可以不拆卷；如混杂的定期卷较多，则需要拆卷。定期卷内混有永久保管的文件，应拆卷重整。

第二，对档案价值的分析，要“以我为主”，应以反映本单位的主要职能活动和基本历史面貌为出发点，以分析档案的内容为中心，结合考虑本单位的工作性质、社会地位、活动范围，以及档案的产生时间、完整程度、可靠性、有效性和外形特点等因素，综合判定档案的保管期限。

六、鉴定时间及地点

时间：2011年3月20日至2011年4月20日

地点：办公楼 201 室

七、鉴定的组织工作

经请示，按照“三结合”的原则成立第一分公司档案鉴定小组，成员如下：

组　长：岳爱华（主管档案工作的公司办公室主任）

副组长：李芸（档案室）

组　员：钱运来（财务部）　史安生（施工部）　郭红（销售部）　王宏（安全科长）

说　明：鉴定档案过程中，如有必要，可临时增加有关人员。望大家通力合作，共同完成本次鉴定任务。

计划制定人：李芸

2011 年 1 月 23 日

三、直接鉴定档案的价值

鉴定小组成员应进行必要的工作分工，每人承担一定数量的鉴定任务。下面以李芸所负责的档案为例说明直接鉴定方法。

1．个人初步鉴定

鉴定小组的成员根据分工，审阅档案的内容，根据实际情况进行定性分析，提出鉴定意见，并将其填写在档案鉴定卡片上，由鉴定小组负责人签字后生效。

在鉴定卡片的各栏目中，以鉴定人意见最为重要，它是鉴定的依据和初步结论。完整的鉴定意见包括：档案的形成情况、档案的历史与现实价值、利用情况的分析与预测、其他与鉴定结论有关的情况、关于该档案的保管期限和存毁的具体建议等。一张卡片只登记一个案卷或一份档案。

鉴定卡的填写，见表 7—2—2。

表 7—2—2　　第一分公司档案鉴定卡

卡片编号：051　　　　2011 年 3 月 29 日

<table>
<tr><td>案卷（档案）名称</td><td colspan="5">××省人事厅关于企业新职工工资待遇、预算管理的规定、指示</td></tr>
<tr><td rowspan="2">档号</td><td rowspan="2">15－1－1</td><td rowspan="2">原保管期限</td><td rowspan="2">长期（15 年）</td><td>页数</td><td>32 页</td></tr>
<tr><td>归档时间</td><td>1995．11</td></tr>
<tr><td colspan="6">鉴定依据及意见：本卷的形成者是我省主管劳动人事工作的政府行政机关，自该案卷归档以来，通过对利用情况的统计及预测，并且逐页审阅该卷内容，发现对我公司工作已无指导意义，并且原发文机关会保存这些文件，故依据本公司档案保管期限表 6. 2 的规定，建议销毁。
鉴定人：李芸</td></tr>
<tr><td colspan="6">鉴定小组意见：
鉴定小组负责人：</td></tr>
<tr><td colspan="6">备注：</td></tr>
</table>

2. 集体审查

在个人初步鉴定的基础上，召开鉴定小组全体成员会议（也可以根据鉴定档案的数量和种类分组召开），听取每个鉴定人的说明，逐张审查鉴定卡片，进行综合平衡，形成集体的鉴定意见，由鉴定小组负责人将意见填入鉴定卡片。

集体审查，一般只就鉴定卡片的内容进行分析讨论，有不同意见或遇到不明确的问题时，需要调出案卷和档案再次进行直接鉴定。

技能训练

尚信是某市××水泥厂的办公室秘书，负责该厂的档案室，该厂成立于1995年。现在他要对以下6个到期案卷（含1张光盘、2盒录像带）进行期满鉴定，到期档案清单见表7—2—3。

表7—2—3　　到期档案清单

序号	案卷题名	档号	起止时间	页数
1	××水泥厂各车间季度工作报告	18-1-2	1995.1至1995.12	110页
2	××水泥厂第二届职工代表大会会议文件（含2盒录像带）	18-1-1	1995.2至1995.3	78页
3	湖南省中小企业实施机构整改计划的项目调查报告及表式	18-1-4	1995.7至1995.11	96页
4	湖南省关于提报1995年第一批全省重点技术改造导向计划项目的通知及相关材料	18-1-3	1995.5至1995.10	63页
5	××水泥厂关于报送传统产品改造升级重点企业和项目的通知	18-1-6	1995.4至1995.9	105页
6	××水泥厂与外商投资企业联营申请书及相关材料（含1张光盘）	18-1-5	1995.2至1995.5	75页

请代替尚信完成以下工作：

1. 制定鉴定工作计划、对鉴定工作进行分工。

2. 用直接鉴定法逐页审查档案内容，对照《××水泥厂文书档案报告期限表》，并把鉴定意见填写在鉴定卡片上。

3. 鉴定小组集体审查。

任务三　销毁档案

教学目标

- ◆ 了解销毁档案的意义、基本原则与要求
- ◆ 了解常用的销毁方法及其适用情况
- ◆ 了解档案粉碎机的使用事项
- ◆ 能够编写销毁清册、立档单位和全宗简要说明
- ◆ 掌握销毁档案的正确方法

任务导入

在档案鉴定任务中，经过鉴定整理出已经到期且没有保存价值的多个案卷和光盘。根据档案管理要求，这些档案应予以销毁。

假定你是李芸，请完成这批档案的销毁工作。

任务分析

经过鉴定，对那些确已失去保存价值的档案，可以判定销毁。为保证鉴定工作的严肃性，销毁工作必须严格按有关程序进行。

销毁档案应完成以下事项：首先，根据鉴定的结果编制档案销毁清册、立档单位和全宗简要说明、鉴定工作报告；其次，按规定办理销毁报批手续；最后，采取适当方式销毁档案。

相关知识

销毁档案是将失去保存价值的档案材料以特定的处理方式改变正常的物理载体形式，从而使其所携带的信息无法被还原。在档案管理工作中，销毁档案是秘书的工作职责。

一、及时销毁档案的重要性

在档案管理工作中，经常存在“重保管、轻销毁”的现象。究其原因是对销毁工作的意义认识不足，同时担心出现误销承担责任。对无效档案及时实施销毁，是档案管理的工作内容，具有以下作用。

1. 节约档案室（馆）存储空间

档案室（馆）的库存容量是有一定限度的，随着时间的推移，入库的档案数量逐渐增加，存储空间就会日趋紧张。如果陈旧档案将全部库容占据，那么就无法继续接收新的档案。因此及时销毁失去价值的档案能够节约库容，更好地发挥档案室（馆）的作用。同时，也能节约档案工作的经费支出。

2. 保护机密信息

某些需要销毁的档案尽管失去了保存价值，但是可能会涉及机密信息，不宜对外公开。这类档案由于过了保管期限，管理就会出现一些漏洞，如果长期存在就会增加泄密概率。因此及时予以销毁能够最大限度地保护涉密信息。

3. 提高馆藏档案质量和档案工作效率

将无价值的档案销毁后，馆藏档案的结构和内容会得到进一步优化，从而提高整个馆藏档案的质量。此外，也能减轻管理人员的工作负担，使其能够将更多精力投入到更有意义的管理之中，提高档案工作的效率。

认识到及时销毁档案的重要意义，在工作中只要采取严格的工作方法和审批程序，就能够杜绝误销现象，为整个馆藏档案的优化和工作效率的提高创造条件。

二、销毁档案的基本要求

由于档案销毁后无法重新恢复，因此在进行此项工作时务必谨慎。销毁档案是一项原则性非常强的工作，为了防止出现差错，必须遵守一定的原则与要求。

1. 务必严谨慎重

在筛选需要销毁的档案时，务必严谨慎重，防止出现误销。档案鉴定销毁是指对保管期限已满的档案保存价值进行审查，对仍具有保存价值的档案重新划定保管期限，对已失去保存价值的档案剔除销毁。档案鉴定一般每年进行一次，最长不得超过三年。以案卷或件为单位，按就高不就低的原则，用直接鉴定法，逐卷、逐件、逐页地进行审阅。

2. 履行严格的审批程序

由单位的主管领导、专业技术人员和档案人员组成档案鉴定工作领导小组，负责档案的定期审查和鉴定。凡“存毁”界限难以确定的档案，经本单位领导审定后，报同级档案局审批。未经鉴定和批准，任何单位和个人严禁擅自销毁档案，违者将按有关规定给予处罚。

3. 监督销毁过程

销毁档案时，应送指定造纸厂化为纸浆，严禁出售或留作他用。特殊情况下可以在同级档案局指定的地点焚毁，例如距离造纸厂较远或被销毁档案特别机密等原因。对碎纸机的使用有具体的要求和限制。

无论采用什么方法销毁，均应指派两人以上监销。一般由档案部门会同保卫、保密部门进行，并由专人实施销毁、专人监销。销毁全过程完毕后，销毁人和监销人都要在销毁清册上签名盖章，并注明“已销毁”字样和销毁日期、地点。

4. 进行必要登记

对鉴定后确定要销毁的档案，必须编制销毁清册、鉴定工作报告、立档单位和全宗简要说明，先经本单位主管领导人批准，再报请上级单位或当地同级档案局同意后方可销毁（“判定销毁，暂缓执行”，观察期一般为 3 ~ 5 年）。

如有个别档案未被批准销毁，可在“销毁清册”上做出适当的说明。对于已销毁的档案，也要在档案登记簿、有关检索工具上注明“已销毁”字样。

三、销毁档案常用的方法

销毁档案的方法有多种，具体介绍见表 7—3—1。

表 7—3—1　　销毁档案常用方法

方法	做法	适用载体类型	优点	缺点	备注
粉碎法	将物理载体切割成为条状、块状碎片	纸张、光盘、软盘	操作简便，销毁程度可以调节	存在被复原的可能性	主要在被销毁档案数量较少时采用
化浆法	将纸张送到造纸厂化为纸浆	纸张	销毁程度较高，无法还原	操作复杂，在运输档案材料过程中增加丢失概率	销毁大量纸质档案时采用
焚化法	用火烧将载体化为灰烬	纸张	销毁程度较高，无法还原	污染环境，有火灾隐患	很少采用
消磁法	外加强磁场消除载体磁信号	软盘、硬盘、磁带	清洁卫生，适用各类磁盘	销毁不够彻底，需使用专业设备	较少采用
格式化法	对磁盘进行低级格式化处理，消除原来存储的信息	硬盘、软盘、U 盘	销毁比较彻底，借助计算机操作	需使用专业设备和技术，对非专业人员而言难度较大	较少采用

四、碎纸机简介

碎纸机是办公室中常用的设备，能够销毁小批量的纸质档案。碎纸机又称文件粉碎机、档案粉碎机。办公室中使用的碎纸机是一种小型的纸张粉碎设备，一般由电力驱动粉碎装置将纸张等介质切割成为条状、片状或颗粒状，从而使介质负载的文字、图片等信息失去物质载体以达到保密的效果。一些碎纸机还带有粉碎光盘的功能。

1．碎纸机类型

（1）按碎纸效果划分：可分为直条型和短碎型。前者适用于保密要求不高的普通文档，后者适用于保密性较高的文档。

（2）按开关方式划分：可分为全自动、半自动、手动和综合型，市场上最常见的是全自动和半自动型。自动开关式碎纸机在自动开机时，当额定碎纸张数内的纸张进入进纸口时，能立即启动工作，在纸张切割完毕后能自动停机，进入等待状态，当再放入纸张时恢复正常工作。

图 7—3—1　桌面式碎纸机

（3）按照摆放方式划分：可分为桌面式、手持式和落地式。前两种形体较小，可在桌面摆放或手拿使用，销毁档案主要使用落地式粉碎机。图 7—3—1 至图 7—3—3 所示分别为桌面式、手持式和落地式碎纸机。

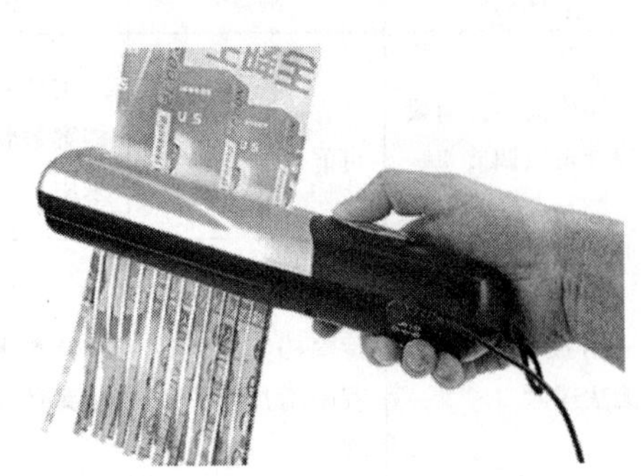

图 7—3—2　手持式碎纸机

图 7—3—3　落地式碎纸机

2．碎纸机的性能参数

（1）粉碎介质类型。即可粉碎的对象的材质类型，一般为纸张，也有的可粉碎光盘、银行卡、磁带（录像带）等材料。

（2）粉碎方式。纸张粉碎后的形状，一般有粒状、段状和条形。有的碎纸机只有一种碎纸方式，高档的机型有多种备选。额定碎纸张数内的纸张切割，不能有卡纸，切割后段状及粒状机器允许有 5 条粘连或不超过碎出纸重量的 5% 的粘连现象，条状机器不能有粘连现象。光碟切割后效果，必须为 3 段以上或直接划伤。

（3）碎纸大小。纸张粉碎后单个片段的尺寸大小，保密程度越高，则碎纸的尺寸越小，具体情况见表 7—3—2。

表 7—3—2　碎纸尺寸

序号	碎纸形状及效果	碎纸尺寸
1	粒状　长（A）×宽（B）	$A \times B \leqslant 30\ mm^2$ $A \leqslant 3\ mm$，$B \leqslant 15\ mm$
2	段状　长（A）×宽（B）	$30\ mm^2 \leqslant A \times B \leqslant 200\ mm^2$ $A \leqslant 5\ mm$，$B \leqslant 40\ mm$
3	条状　宽（B）	$B \leqslant 8\ mm$

（4）单次最大碎纸量。单次可向碎纸机放入的最大纸张数量，如果是复印纸或打印纸，一般为 10 页左右。

（5）进纸口大小。决定了可粉碎纸张的最大幅面，一般分为 A5、A4、B4、A3 等规格。

（6）废料桶容量。一般为 20 L 左右，可容纳 A4 幅面的纸张约 200 张。

（7）过热保护。指机器连续运转，电机温度上升到温控器限定温度时，电机停止工作；然后当电机温度冷却至温控器恢复温度时，电机又恢复工作。

3．碎纸机使用与保养的注意事项和要求

（1）工作环境应干燥，防止机械部件受潮生锈。使用一段时间后应检查是否存在润滑故障，及时添加润滑油或润滑剂。

（2）远离火源，摆放平稳，防止工作时产生振动。碎纸机须按要求直立摆放，切勿倒置、横卧。长时间不使用时，须将电源切断。

（3）废纸达到最高刻度线时，应及时清理，防止切割刀具产生故障。不可为了清理方便而在废料桶中垫衬塑料袋，以免影响刀具工作。

（4）粉碎文件之前，一定认真检查有无书钉等坚硬的附着物。如果有，必须完全清理干净。

（5）每次投入碎纸口的纸张须符合产品对最大进纸量的额定标准（一般在 10 页左右），不要过多，不能超过碎纸限度。清理纸张堵塞时，一定要关掉机器电源，以免对人体造成伤害。

（6）连续使用时间不可超过 15 分钟（某些型号时间要求更短），如果有大量纸张需要粉碎，则应使机器停工 5 分钟后再进行操作。

（7）操作人员服装整齐，尤其是袖口、衣领、衣襟等部位不要有下垂织物，防止卷进碎纸机入口造成伤害。

任务实施

一、编制销毁清册

档案销毁清册是准备剔除销毁的档案文件的登记簿，它是供主管领导审查批准的表册，同时也是日后查考档案销毁情况的凭据。

销毁清册必须以全宗为单位编制。在本任务中，只须编一套销毁清册即可。销毁清册内页的案卷按照大流水编号，一本写满再启用一本空白的销毁清册，继续原来的流水号。准备销毁的，在销毁清册的内页上登记时，一般以案卷为单位，必要时也可以单份文件登记。

销毁清册应编制一式二份，一份留档案室，另外一份送本单位领导人审查批准。如果需送档案管理机关或上级单位审查批准，需要多编制一份，两份同时送去，其中一份经批准后退回。

销毁清册由封面（见图 7—3—4）和正文内文（见表 7—3—3）构成。

第一分公司档案销毁清册

经办人：李芸　　　　**监销人：**岳爱华

审核人：张清　　　　**销毁人：**李芸

执行销毁时间：2011 年 4 月 26 日 14：00—16：00

销毁地点：第一分公司档案室

图 7—3—4　档案销毁清册封面

表 7—3—3　　档案销毁清册内页

序号	题名	档号	保存时间	鉴定卡片编号	页数	销毁原因	备注
51	××省人事厅关于企业新职工工资待遇、预算管理的规定、指示	15－1－1	1995. 11 至 2010. 11	051	32 页	过期	
…	……	……	……	……	……		

档案负责人签字：李芸　　编制日期：2011 年 4 月 18 日

二、编写立档单位和全宗简要说明

为了使审批销毁清册的领导和有关机关了解必要的情况，在送审档案销毁清册的同时，还应附送一份有关立档单位和全宗简要说明。内容包括：立档单位的概况，即成立时间、内部机构、工作职能以及撤销的简要历史；全宗的概况，即档案的形成、种类、完整程度以及现存档案的主要成分。

具体到本任务，立档单位和全宗简要说明如下：

A 房地产集团第一分公司及其全宗情况说明

A 房地产集团第一分公司是××企业，主要经营业务为民用商品住宅的设计、建设、销售。第一分公司共有员工 300 余人，内部机构有办公室、人力资源部、财务部、施工部、市场部等。

第一分公司自成立至今，共有档案××卷（××件），包括文书档案、人事档案、会计档案、基建档案、设备档案等门类。2011 年对 35 卷到期的档案（其中包括 30 卷长期卷和 5 卷短期卷）进行了鉴定，确定对其销毁。销毁后，第一分公司全宗共有案卷××卷（××件）。

特此说明

A 房地产集团第一分公司（公章）
2011 年 4 月 18 日

三、撰写鉴定工作报告

鉴定工作报告是鉴定工作中形成的正式文件之一，也是企业档案鉴定工作的总结材料。内容包括：鉴定工作的目的与要求，被鉴定的档案情况（包括种类、年代、数量、完好状况等），鉴定小组的成员名单及有关情况，鉴定的原则、方法、过程及结果，鉴定工作中取得的经验和存在的主要问题。

鉴定工作报告的大部分内容已经包括在鉴定工作计划中，所以鉴定工作报告应着重写在本次鉴定中取得的经验和发现的问题，以便下一次鉴定时参考。鉴定工作报告的份数及其去向和销毁清册相同。

具体到本任务，鉴定工作报告如下：

第一分公司 2011 年档案鉴定工作报告

一、本次鉴定工作概况

（参见鉴定工作计划，此处从略）

二、本次鉴定发现的问题

1. 固定差错率影响鉴定效果

差错率，就是鉴定者在鉴定档案价值时所允许出现差错的比率。档案鉴定工作本身就是对档案将来被利用情况的预测，出现失误在所难免，因而应允许出现误差。否则，鉴定者就会因怕承担责任而畏首畏尾，影响鉴定工作的顺利开展。

2. 永久档案比例过高

在档案鉴定时，严格控制永久保存档案的数量。我公司档案室的永久保管的档案占全部档案的45%。按相关规定，档案一旦被划为永久保存，就不能再进行鉴定与销毁。较高的永久保管档案比例给我公司档案室带来较大的压力，因此我们主张适当削减这类档案比例。

以上两点是我公司鉴定小组的集体意见，请有关部门予以考虑。

报告人：李芸

鉴定小组负责人：岳爱华

2011 年 4 月 18 日

四、报批

销毁档案必须严格按照规定履行报批手续。将档案销毁清册、立档单位和全宗简要说明、鉴定工作报告，送交上级单位或档案行政管理部门予以审查批准。

具体到本任务，李芸按照该公司的规定，撰写《关于销毁档案的请示》（见下文），并把有关材料送交该市档案局审查批准。

关于申请销毁档案的函

××市档案局：

我公司的部分档案已超过法律规定的保管期限，既占用档案保管空间又不利于新档案的保管和查阅，因此拟对这部分文件进行销毁。销毁前我们将对准备销毁的档案进行全面清理，单独造册登记，尚有保存价值的单独保管不予销毁，销毁过程我们将严格按照法律规定的程序进行。随文报上《A 房地产集团第一分公司档案销毁清册》，请审批。

特此申请，望批复。

附：《A 房地产集团第一分公司档案销毁清册》（略）

A 房地产集团第一分公司（公章）

二〇一一年四月十八日

五、从库房中剔除档案

档案销毁清册被批准前，准备销毁的档案应由档案部门从库房中加以剔除，封存在另外一间库房里，系统地单独保管，以便审批时检查或未被批准时拣出继续保存。

如果被批准销毁，也不能立即实施销毁，还要经过一段时间的“冷”处理，即观察 3 ~ 5 年，同时建立这些档案的利用记录。等观察期过后，再对这些档案进行一次判断，对在观察期内被利用的档案，应提交下一次鉴定时复审，将确实不曾被利用的档案予以销毁。

具体到本任务，李芸把要销毁的档案从库房里取出，放到另外一间专用库房里，摆放在上次鉴定中被剔除的档案之后。

六、善后处理工作

档案价值鉴定的善后工作，因各单位情况而有所不同，通常应做好以下工作：

1. 调整案卷，变更有关信息

无论案卷内的档案是部分销毁还是整卷销毁，档案人员都应对涉及的案卷进行调整或重新组合，并在登记簿、案卷目录、卷内目录等管理工具的相应位置注明“待销毁”、“保管期限延长至某年”等（最好用铅笔）。待审批后，再用符合要求的字迹材料（如蓝黑墨水、墨汁等）按照审批结果进行登记，并擦去原来的铅笔字迹，同时对现有档案的排架情况进行相应的调整。

2. 整理鉴定工作文件

将鉴定卡片按其编号排列，装订成册，与鉴定工作中形成的其他文件，包括鉴定计划、鉴定工作报告、销毁清册、保管期限表等一起组成鉴定工作案卷，这些文件应放入全宗卷，其中销毁清册永久保存。

具体到本任务，在这35卷案卷中，李芸按照鉴定小组的意见对有关信息一一进行登记并整理鉴定材料。

七、销毁档案

批准销毁后，将对档案实施销毁。由于实际工作中要经过3～5年的观察期才可以实施销毁，所以，此处假设上述档案已过观察期，可以对其实施销毁。

在本任务中，由于需要销毁的档案数量并不多，而且多为纸质档案，所以选择碎纸机来销毁。具体操作过程如下。

第一步，开机。将电源插头接入插座，打开碎纸机电源开关，电源指示灯和待机状态指示灯同时亮起，设备进入待机状态。某些型号的碎纸机没有设计电源开关，接通电源即可进入待机状态。

第二步，选择粉碎模式。如果设备提供粉碎模式的选择功能，则应根据粉碎的介质和需要进行确定。在控制面板中按下“纸张”按键，即可将设备置于纸张粉碎功能状态，在这种状态下可以选择条状、段状、粒状等粉碎方式。如果粉碎光盘，则需要按下“光盘”按键。

第三步，放入纸张。取不超过10页的档案文件，放入纸张进纸口中。设备自动感应到纸张进入，启动电机和刀具，开始粉碎文件。纸张借助于刀具旋转的力量被卷进去，用户不可用力填塞，以免发生危险。放入纸张时的正确姿势如图7—3—5所示。

进行这步操作需要注意以下几点：第一，档案文件应保持平整，如果存在褶皱应事先进行处理；第二，纸张一定要放入进纸口中，不可使用其他接入的入口（如光盘入口）；第三，某些款式的碎纸机要求纸张垂直放入。

第四步，卡纸处理。碎纸过程中如果受阻，将自动停机。有自动退纸功能的碎纸机可将纸张自动退出，当纸张完全退出后，进入等待状态，当再放入纸张时恢复正常工作。没有自动退纸功能的设备，用户需要按动“退纸”按键将纸张退出，然后重新放入。

第五步，清理废纸。粉碎进行一段时间后，如果废纸桶已经满了，碎纸机的自动感应装置会发出提示并停止工作，用户这时必须清理废纸方可继续使用。清理步骤如下：

首先，停止粉碎工作，关掉电源开关，拔下电源插头。其次，打开主体面板，取出废纸桶，如图 7—3—6 所示。进行这一步操作时用力要均匀，动作幅度不要过大以免使纸屑散乱。最后，废纸桶内的纸屑清理完毕后，将其重新装入碎纸机内，装入时废纸桶和面板之间不要留有缝隙。

图 7—3—5 放置纸张

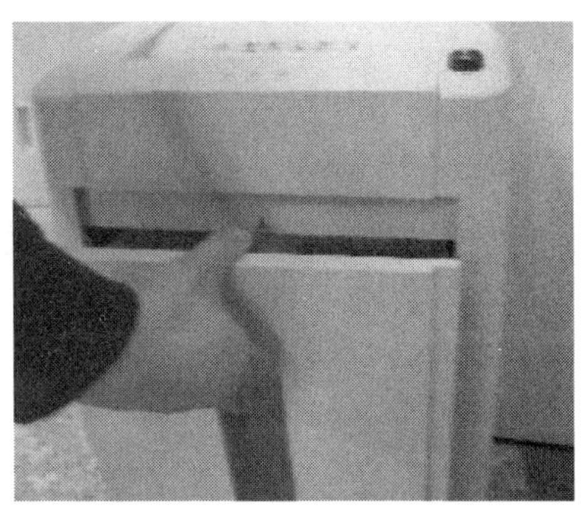

图 7—3—6 取出废纸桶

八、工作人员签字

销毁完毕后，负责销毁和监督的工作人员在销毁清册上签字并填写销毁时间和地点，报主管领导审核、签字。

技能训练

尚信是××水泥厂的办公室秘书，现在他要销毁《××水泥厂各车间季度工作报告》等 6 卷案卷（含 1 张光盘、2 盒录像带）。假设这些档案都已经过了观察期，可以销毁，请完成以下练习：

1. 为这些档案编制销毁清册。
2. 编写《××水泥厂和全宗情况简要说明》。
3. 撰写本次鉴定工作报告。
4. 报批。
5. 从库房中剔除档案。
6. 善后处理工作。
7. 销毁档案。

课题八

档案利用

任务一　借阅与复制服务

教学目标

- 了解提供利用工作的主要形式
- 掌握档案借阅的注意事项和复制服务的形式
- 掌握档案借阅和复制服务的基本工作流程
- 能够正确地为利用者办理档案借阅服务和档案复制服务

任务导入

A 集团第一分公司销售部的谭来准备撰写一份重要的项目申报材料，需要查阅记载该公司 2008—2010 年销售业绩的档案资料。为了撰写方便，谭来拟将这些档案借出拿到自己办公室使用几天，同时谭来还要求复印一份 2010 年公司受到上级表彰的文件原文。

假定你是档案管理员李芸，请根据以上背景，完成档案外借以及复制的工作。

任务分析

档案的借阅和复印是档案利用的主要内容。一般情况下，档案以阅览为主，只有在为了方便利用者，或利用者必须使用原件等特殊情况下，经领导批准后，档案才可借出。档案复制一般由管理人员办理，也可在得到同意后由利用者自行采用照相机拍摄。

相关知识

档案工作的主要目的和价值体现在档案能够提供社会所需求的有效信息。档案工作的职能之一是对现有的档案信息进行分析、组织并向外界提供信息成果，这种服务活动就是档案利用。

一、档案利用的主要形式

档案的提供利用工作从利用者的使用方式来看，可以分为直接利用和间接利用两种类型。直接利用就是档案部门通过向利用者提供阅览、外借、复制、咨询、证明等服务而为利用者提供档案资料或信息，以满足利用者的需求。间接利用是档案部门通过整理、汇集、编写等方式对现存档案进行信息开发，形成各种专门的参考资料供利用者查询和使用，这种利用方式中，使用者接触的不是档案原件，而是经过整理或开发的信息。提供间接利用对档案工作者的素质要求较高，一般由专业档案馆承担；提供直接利用是基层档案管理机构使用最广泛的方式。直接利用的有以下几种形式。

1. 阅览服务

阅览室是专门为利用者设置的查阅档案材料的场所，提供阅览服务是档案管理部门最经常采用的服务方式之一。这种利用方式的主要优点有：第一，能够将利用者的查阅行为置于有效监督之下，最大限度保护档案安全，避免档案丢失或损坏；第二，减少档案流转环节，降低磨损程度，有利于延长档案寿命；第三，阅览后能及时归还，周转速度较快，提高了档案的利用率；第四，能够有效保护机密信息，涉密档案一般只能提供阅览而不能外借。

2. 档案外借

档案外借是指遵循相关的制度规定，利用者经过审批之后将档案材料带出档案馆（室）进行阅览、使用。在某些特殊的应用场合，必须使用档案原件，例如在企业中财会档案、科技档案会经常外借以满足审计、研究等方面的需要。因此档案管理部门就需要为这种特殊需求提供外借服务。一般情况下，外借档案需要经过严格的审批并履行必要的手续与程序，以有效保护档案安全。如果没有特殊利用需求，应减少档案外借。

3. 提供档案复制本

利用者对档案需求的基本特点是希望看到档案原貌，尤其是在利用科技档案时，原貌呈现档案对利用者来说是至关重要的。为了满足这一需求，档案管理部门可以向利用者提供档案的复制本，这样一方面可以有效保护档案，另一方面也可以满足利用者对信息真实性和全面性的要求。

4. 出具档案证明

档案证明是档案管理部门根据机关、团体或个人的申请而为其就某一方面的情况出具的证明材料。出具档案证明时，档案部门必须要对馆藏档案进行充分的调查，严谨核对档案记载的信息，防止出现差错而造成消极后果。

5. 咨询服务

咨询服务是档案管理部门就本单位、其他单位或人员提出的问题而进行解答的活动。档案部门由于保存了大量的文件资料而成为信息中心，能够解答、澄清社会公众对某些问题的疑问。咨询内容包括多方面，如档案管理知识、事实情况等。

6. 举办档案展览

档案管理部门可以根据一定主题，系统整理和公开陈列相关的档案材料，对公众开展以宣传、教育为目的的信息传播活动。

二、提供档案利用工作的基本要求

提供档案利用是一项非常严谨的工作，具有较强的原则性，在实际工作中应贯彻以下几方面的原则要求：一是树立良好的服务意识，培养端正的服务态度；二是充分了解社会需求，熟悉馆藏档案情况；三是正确处理利用和管理的关系，防止二者相互干扰；四是正确处理开放利用与档案保密的关系，准确把握档案开放的界限。

三、档案阅览室的设置

档案阅览室的设置包括地址、环境、配置和制度等几个方面。

第一，地址。要考虑方便管理和方便利用两方面因素，一般设在档案室附近，相对独立和安静。如果档案室用房比较紧张，也可以在档案管理办公室内设立相对独立的区域，不可将档案库房兼做阅览室。

第二，环境。要求空间比较宽敞，采光明亮，安静清洁，可放置一些绿色植物，保持空气清新。

第三，配置。应设有服务台、阅览桌椅、布告栏、检索工具等设备，还应准备有关的报刊、词典、手册之类的工具书。

第四，制度。必须制定阅览室服务人员和利用者共同遵守的规章制度，如《阅览室接待范围》《阅读档案须知》等。

近年来，随着办公设备现代化的普及以及各种非纸质档案资料的大量出现，可以开辟电子阅览室，室内配备计算机、录音机、阅读器等设备，以方便利用者，如图 8—1—1 所示。

图 8—1—1　电子阅览室

四、档案外借的注意事项

第一，借阅期限不能过长。根据利用档案的需要合理划定借阅期限，一般不宜太长，借出时管理人员向借阅者交代清楚具体期限。

第二，阅读场所要安全。要明确告知借阅者，借出档案必须在有安全保障的场所阅读，不得带回家中或随身携带等。

第三，借阅范围要明确。未经领导批准，借阅者不得随意扩大阅读范围或转借他人，以保护档案的完整与安全。

第四，要进行归档检查。在借出档案归还时，要认真清点和仔细检查，发现问题要及时采取补救措施。

五、档案复制的主要形式

档案复制主要包括副本和摘录两种方式。副本是根据利用者的需要，对档案原件进行全文复制，可采用复印、扫描、拍摄等方法。摘录是根据利用者的需要，选取档案原件的某些部分通过摘抄、复印等方法进行复制。

近年来，还有采用光盘刻录、拷贝 U 盘等方法向利用者提供电子文档形式的复制服务。

任务实施

本任务中，档案利用者的需求主要是两种类型，即外借和复制，要求档案管理者提供档案原件或复印件。档案管理者可分别按照外借与复制的相关规定和工作程序为利用者提供服务。

一、办理档案外借

1. 审核借阅申请单

需外借档案者必须向档案管理人员提供经领导批准的借阅申请，如是本组织有关人员借阅档案，应填写档案借阅单，经分管领导批准后办理借阅手续。如是外单位人员借阅档案，应持查（借）阅档案介绍信，经其所在组织领导及本组织管档领导批准后办理借阅手续。不论内部人员借阅，还是外部人员借阅，档案管理人员均需对其提供的借阅单或介绍信认真审核，符合要求才给其办理外借手续。谭来填写的档案借阅单见表 8—1—1。

表 8—1—1　　**档案借阅单**　　第 01 号

借阅人	谭来	联系电话	12345678
借阅时间	2011. 5. 26	归还时间	
批准人	岳爱华	经办人	李芸
案卷或文件题名	档案（案卷）编号	保管期限	份数（页数）
2008 年度销售工作总结	×××	30 年	1 份 8 页
2009 年度销售工作总结	×××	30 年	1 份 11 页
2010 年度销售工作总结	×××	30 年	1 份 15 页

借阅目的：

撰写××项目申报书参考

借阅须知：

（1）自借出日起 5 天内归还，最多不得超过一个星期。

（2）不得拆散案卷，抽取卷内文件，不得在案卷上涂改、填注、加字、做记号。

（3）不得损坏、污染案卷。

说明：一式两份，档案归还后，一份退给借阅人，一份档案室留存备查。

2. 填写档案借出登记表

档案借阅单经审核后，方可办理档案外借手续。此时，谭来需填写档案借出登记表，见表 8—1—2，审核各项内容无误，并与谭来清点所借档案，让其在“借阅人”栏签字，李芸在“经手人”栏签字，并叮嘱谭来 5 天内将档案归还。

表 8—1—2　　　　　　　　　　　　档案借出登记表

档案室名称：第一分公司档案室

顺序号	借出日期	借阅人（单位）	利用目的	借出案卷						归还案卷		备注
				数量（卷）	全宗号	目录号	案卷号	借阅期限	经手人（签字）	日期	签字	
01	2011.5.26	销售部谭来	参考	3 份		××	××	5 天	李芸			

3. 设置代卷卡

档案被借出后，在被借阅案卷的位置上，应设置醒目的档案代卷卡，本任务处理见表 8—1—3，标明借阅卷号、借阅时间、借阅组织和借阅人姓名、归还时间等，便于检查和催还借出的档案。

表 8—1—3　　　　　　　　　　　　档案代卷卡

全宗号	××
目录号	××
案卷号	××
借阅者	谭来
借阅时间	2011. 5. 26
归还时间	2011. 5. 31
备注	

4. 归档检查

借出档案归还时，要认真清点数量是否与借出时一致，仔细检查档案状况，看是否有毁损情况，如完好则及时注销，如有毁损，应及时请求领导，予以补救与处理。

本任务中，第 5 天谭来归还了借出的档案，李芸认真清点数量与借出时一致，并检查档案完好无损，与谭来办理了借阅注销手续，将借阅单退给谭来，将借出档案归还原位，撤出代卷卡。

二、制发档案复制件

1. 审核档案复制申请单

利用者欲复制档案，必须填写复制档案申请单，说明复制的用途、档案名称、复制份数和规格、复制形式和方法等，报请有关部门或领导批准。档案管理人员要认真审核，符合要求才能履行复制手续，将申请单归档备查。谭来填写的档案复印申请单见表 8—1—4。

表 8—1—4　　档案复制申请单

编号：01　　2011 年 5 月 26 日

申请人	谭来	联系电话	12345678	经办人	李芸
复制理由	撰写××项目申报书参考				
档号	题名		密级	复制份数	备注
××	××市安全生产监督管理局关于表彰 2010 年安全生产先进单位的决定		无	3	共 15 页
申请复制形式	提供副本（√）		提供摘录	提供复制	其他形式
申请复制方法	复印（√）		翻拍	扫描	其他方法
批准部门领导人签字	岳爱华		复制人	李芸	
备注					

2. 进行复制

根据实际情况采用抄录、复印、扫描、激光照排、翻拍、晒印蓝图等手段复制档案。在本任务中，李芸到文印室办理了复印手续，为谭来复印了 3 份文件。

3. 进行核对

将复制件与原件仔细校对，确认无误后在复制件的空白处或背面注明档案馆（室）名称、原件编号，并加盖公章以示负责。在本任务中，李芸检查了复印件，确认与原件一致，没有印制上的问题。

4. 做好登记

严格按照程序做好登记，填写档案复制登记表。属于用后需退回处理的复印件，要按时追回并依规章制度进行销毁。在本任务中，李芸在为谭来复制完成后，在档案复制登记表（见表 8—1—5）上做了记录。

表 8—1—5　　档案复制登记表

顺序号	日期	利用者（单位）	利用目的	全宗号	目录号	案卷号	复制数量	复制方法	批准人	复制人	备注
01	2011. 5. 26	销售部谭来	参考	××	××	××	3 份	激光复印	岳爱华	李芸	

技能训练

一、请分组模拟演练本任务中，李芸为谭来办理档案外借的过程。要求如下：

1. 轮流扮演李芸、谭来及公司领导等，模拟再现主要情景，如审核借阅申请、填写档案借出登记、填写代卷卡等，要求符合情景规定和角色身份；

2. 将办理借阅过程中模拟形成的文本材料，如档案借阅申请单、档案借出登记表、代卷卡等，整理成实训成果文案。

二、请分组模拟演练上述任务中，李芸为谭来办理档案复制的过程。要求如下：

1. 轮流扮演李芸、谭来及公司领导等，模拟再现主要情景，如审核复制申请、填写复制登记、进行复制核对等，要求符合情景规定和角色身份；

2. 将办理复制过程中模拟形成的文本材料，如《档案复制申请单》《档案复制登记表》等，整理成实训成果文案。

三、请课下到学校档案室或其他单位档案部门参观，学习档案借阅与复制服务的基本流程及注意事项，巩固本次任务的学习。

任务二　咨询与编发证明服务

教学目标

- ◆ 掌握档案咨询服务的种类和基本工作流程
- ◆ 掌握编发证明服务的要求和基本工作流程
- ◆ 能够正确地完成日常的档案咨询服务和编发证明服务

任务导入

某日，A 集团第一分公司档案室管理员李芸分别接待了两位档案利用客户。一位是市房地产协会秘书处的刘某，因秘书处拟编写一本反映本市地产行业发展历程的宣传册，其中一章涉及第一分公司的历史沿革及创业历程，秘书处关于这方面现有的资料不足，而且无法保证准确性，所以希望能借助公司档案室获得相关史实、数据等，并盼能提供一些照片资料。另一位是某厂退休员工张某，曾在公司工作过 5 年，现因办理有关养老保险手续需要相关工作经历证明，因其在第一分公司工作的时间距离现在较久远，相关证明材料缺失，特请求为其出具一份证明材料。

假定你是李芸，请根据以上背景，完成咨询和编发证明工作。

任务分析

向利用者提供咨询服务和编发证明服务，是档案管理部门有效利用档案、发挥档案价值的重要途径，也是档案工作的常规内容之一。

无论是解答咨询，还是编发证明，首先都要请利用者填写登记表或提交申请书，然后依程序查阅档案资料，分别予以解答和编发证明，并做好记录存档。完成本任务的重点有两方面：一是严格履行审批手续，严把程序关；二是根据现有档案记载情况，如实提供相关信息，所提供的咨询信息和证明材料应能够经得起事实检验。

相关知识

一、档案咨询服务

档案咨询服务是指档案管理人员答复利用者在利用档案过程中遇到的疑难问题，指导其利用档案信息资源的一种服务方式。积极开展档案咨询服务，能够帮助利用者解决问题，并能有效地宣传档案及档案工作。

1. 档案咨询的种类

按咨询内容划分，可将档案咨询分为事实性咨询、知识性咨询和查询性咨询。事实性咨询是指解答利用者关于特定事实或数据问题的询问，知识性咨询是指解答利用者关于检索工具、名词术语、历史知识等方面的询问，查询性咨询是指根据利用者的需要向其提供专题档案信息的过程。

按咨询形式划分，可将档案咨询分为口头咨询和书面咨询。口头咨询是指以口头解答或电话答复等方式，回答利用者在查阅、使用档案过程中的疑难问题的咨询服务。书面咨询是指以正式的书面材料形式，解答利用者提出的有关档案、档案目录等方面的咨询服务。

2. 提供咨询服务的基本要求

第一，明确咨询的问题。档案工作者在提供咨询服务时应首先明确咨询者所提出的问题是什么，目的是什么，所涉及的内容和范围是什么。只有做到这一点，提供的解答才有针对性，也才能为利用者所参考。

第二，提高查阅档案资料的效率。如果咨询者提出的问题是纯粹的信息性问题，那么档案工作者必须要查询相关档案资料，熟练使用各种检索手段查找到目标档案，缩短咨询者的等待时间。

第三，解答咨询问题要明确。对咨询问题的答复应依据档案记载信息做到准确、明确、简要，避免随意扩大信息范围。

第四，对咨询问题进行汇总。有一些问题会反复被不同的咨询者提出，这说明该类问题具有某种普遍性，因此档案工作者在提供咨询服务时应及时进行问题汇总，从中找到规律，汇集解答信息，当再次遇到此类问题时能够及时提供服务。

二、编发证明服务

编发证明服务是指根据利用者的申请，为证实某件事实在档案中有无记载和如何记载而开具书面证明材料的一种服务方式。档案证明在解决单位或个人利用者权益问题中具有可靠的凭证作用。编发证明的要求如下：

第一，依据可靠。编发档案证明是一项政治性很强的工作，只能根据档案正本、定稿、文件汇编等原始资料，采取复印、摘录、编写等形式出具，并注明出处和根据。

第二，表述准确。编发档案证明以引述原文为主要方法，不可任意删改和添加，如需要根据档案内容综合或摘要叙述时，务必做到表述的准确性，而且不可妄加评论。

第三，手续完备。编发档案证明必须先由利用者提出申请，经过审查符合要求后才能查阅相关档案，为其编发证明，并需加盖公章，必要的还要送领导批准。

任务实施

一、解答咨询

提供咨询服务的主要流程是：接受咨询问题、分析问题、查阅档案并整理相关资料、向咨询者答复问题、建立咨询档案。本任务中，李芸可依次按照这些环节完成咨询服务，需要注意的是，其中某些环节应形成必要的书面材料以作为审批和提供咨询的凭证。

1. 接受咨询问题

首先要了解利用者咨询的目的、内容、范围和要求，以便选择咨询服务的具体方式与途径。如果利用者提出的问题较简单，咨询服务人员有把握的则可当即回答，或借助检索工具和有关材料，短时间内予以解答。如果利用者提出的问题较复杂，不能即刻解答的，可让利用者先填写档案咨询登记表，注明咨询的题目、咨询的内容等事项，以便在分析、研究或经领导指示后再予以答复。凡是未搞清楚的咨询问题，不可贸然解答；涉及秘密事项及家庭或个人隐私等问题，可对利用者说明情况，谢绝提供咨询服务。

本任务中，刘某提出的咨询问题属于事实性咨询，涉及该公司的特定事实和数据等，李芸无法马上答复，于是请刘某填写了一份档案咨询登记表（见表8—2—1），并告知会尽快答复。

表8—2—1　　档案咨询登记表

编号：01　　2011年5月15日

咨询人	刘×	单位或职业	×市房地产协会秘书处
联系电话	12345678	身份证号	130××××××××××
咨询目的	编写本市房地产行业发展历程的宣传册		
咨询内容	公司的历史沿革、创业历程、发展大事（附带图片资料）		
批准人	张清	经办人	李芸
备　注			

2. 分析咨询问题

对于利用者提出的咨询问题，如果不能当即解答而需要进一步分析的，则要进行较为深入细致的分析研究，确定查找档案资料的步骤，做好查找的相关准备工作。

本任务中，刘某咨询的问题需要征求公司领导同意后，再到公司档案室中去查找处理。

3. 查找档案材料

根据分析研究结果，确定查找范围，选定检索工具，明确检索途径和方法，查找有关的档案资料，获取信息。

本任务中，李芸征得领导同意后，到公司档案室查阅了本公司历史沿革及创业历程的相关原始档案，还查阅参考了公司的组织沿革和大事记等资料。根据这些档案资料的记载，李芸整理成一份公司历史沿革和创业历程的介绍材料，还选择了几幅相关的照片，经领导同意后用数码相机翻拍做成了复制件，作为介绍材料的辅助材料。

4. 答复咨询问题

在找到与利用者咨询有关的档案材料后，即可以此为根据进行答复。答复的方式可视具体情况而定，如可以为利用者直接提供有关咨询问题的答案（有关事实、数据、介绍工具的使用方法），可以为利用者提供有关材料的复制件，还可以提供相关档案的信息线索（如文件的责任者、形成时间、档号、文件字号）等。

本任务中，李芸整理完成刘某咨询的关于公司历史沿革和创业历程的介绍材料及相关照片复制件后，通知了刘某取走材料。

5. 建立咨询档案

对档案咨询服务要有意识地建立咨询服务记录，见表8—2—2，形成台账。凡是具有长远的、重要保存价值的档案，或今后有可能重复出现的或未能解答的咨询问题，包括各种原始记录、解答咨询的过程、最后结果等，都应有完整的记载。

表8—2—2 档案咨询服务记录表

编号：01

咨询人	刘×	单位或职业	市房地产协会秘书处
联系电话	12345678	咨询时间	2011.5.15
咨询内容	我公司的历史沿革、创业历程、发展大事（附带图片资料）		
解答咨询过程	经公司经理张清批准，李芸查阅相关原始档案，整理出一份介绍我公司发展历史的文字材料，提供给刘×		
咨询服务后记（档案利用效果）	刘×表示将提供的资料根据需要编写到《×市房地产行业发展历程》一书中		
经办人	李芸	记录日期	2011. 5. 20
备　注	2011年7月由市房地产协会编写的《×市房地产行业发展历程》一书出版，我公司提供的相关材料被选用 2011年7月22日		

本任务中，李芸最后将此次解答刘某咨询的相关事宜一一记录在档案咨询服务记录表上，存档备查。

二、编发证明

向利用者编发证明的基本程序是：利用者提出申请、档案管理部门审批、查阅相关档案资料、编写证明、领导审阅证明并发出。

1. 审查申请

证明服务必须先由利用者提出申请才能编发。申请要写明申请出具证明的理由、所要证明的事项及其时间、地点等情况。档案管理人员要对利用者提出的申请进行认真的审查，并查看其个人身份证明。

本任务中，张某需填写一份要求查阅档案出具证明的书面申请（见表8—2—3），由其退休时所在单位领导签字，并加盖公章，然后再携带有效证件来办理查阅和出具证明手续。张某按照要求写了一份书面申请，经退休时所在单位领导签字、加盖公章，携带个人身份证再次来找李芸。李芸对其提交的书面申请进行了认真的审查，并查看了其个人身份证。

表 8—2—3　　出具档案证明申请表

申请人姓名	张×	身份证号码	130××××××
家庭住址	×市××区××花园	联系电话	12345678
单位名称与地址	××××××××××××		
申请事由	请求贵部门出具有关本人于2006年至2010年在A房地产集团第一分公司工作经历情况的证明材料一份，用于办理养老保险事宜		
申请人签字	张× 2011年5月15日		
领导审批意见	同意办理 岳爱华 2011年5月16日		

2. 查找材料

如果利用者提供的申请手续完备、符合要求，管理人员则根据申请内容查阅有关档案材料，做好出具证明的准备。

本任务中，李芸确认书面申请符合要求，并验证其身份真实后，到公司档案室干部人事档案中为其查找。经查阅，张某于1996年2月到2000年12月确曾在公司从事技术工作。

3. 编写证明

查到相关档案材料后，根据档案正本或可靠的抄本来编写证明。证明材料要写清申请者姓名、证明事项、依据出处及编发证明的档案机构名称、编发证明的日期等。证明材料写好后，必须与原始材料进行认真的核对。

本任务的处理见表8—2—4。

表 8—2—4　　档案证明

证明

编号：201101

经查阅A房地产集团第一分公司档案第×卷第××页，张×同志曾于1996年2月到2000年12月在本公司从事技术工作，情况属实。

特此证明

A房地产集团第一分公司档案室

2011年5月16日

存……………………根（加盖骑缝章）

出具对象	张×		编号	201101	
事由	为其出具1996年2月到2000年12月在A房地产集团第一分公司工作经历情况的证明材料一份，用于办理养老保险事宜				
批准人	岳爱华	经办人	李芸	办理时间	2011年5月16日

4．审批发出

证明材料办理完毕后，必要时还要将证明材料送领导审批，最后加盖公章后通过适当方式发出给申请者。

本任务中，李芸将编写好的档案证明加盖了公章后，直接交给了张某，并将证明存根存档备查。

技能训练

一、请分组模拟演练上述任务中李芸为刘某解答咨询的过程。要求如下：

1．轮流扮演李芸、刘某及公司领导等，模拟解答咨询过程中的一些主要情景，如接待刘某、填写咨询登记表、请示领导等，要求符合情景规定和角色身份；

2．将解答咨询过程中模拟形成的文本材料，如《档案咨询登记表》《档案咨询服务记录表》、介绍材料等，整理成实训成果文案。

二、请分组模拟演练上述任务中李芸为张某编发证明的过程。要求如下：

1．轮流扮演李芸、张某等，模拟编发证明过程中的一些主要情景，如接待张某、审查申请材料、编发证明等，要求符合情景规定和角色身份；

2．将编发证明过程中模拟形成的文本材料，如张某提交的申请书、李芸编发的证明等，整理成实训成果文案。

三、请阅读以下新闻报道，谈谈这个案例给你的启示。

没有档案证明　没法提前退休
自认符合条件的柳某因此起诉市劳动局

本报讯（记者徐艳　实习生罗志玲　通讯员越法宣）曾在高温岗位连续工作17年的广州锌片厂老员工柳某申请提前退休被否决，一纸将市劳动和社会保障局告上法庭，法院判定撤销劳动和社会保障局关于不同意柳某提前退休的审批决定书，要求劳动和社会保障局重新作出审批决定。

现年57岁的柳某称，自己曾于1969年8月至1993年2月在原广州铸造厂（1987年合并入广州锌片厂）工作，其中1969年8月至1986年12月为铸造车间造型工，在高温岗位连续工作17年。虽然1986年12月后被调任做门卫，但柳某认为自己符合特殊工种提前退休的条件，并于2006年7月向广州市劳动和社会保障局申请办理特殊工种提前退休。

因柳某没有原始档案资料证明其该段特殊工种工作经历，市劳动和社会保障局审批决定不同意柳某办理特殊工种提前退休。事后柳某向劳动和社会保障局提交了相关补充说明以及证明人，证明自己确实在广州铸造车间做了17年的造型工。劳动和社会保障局认为，这些证明不属于国家规定的有效原始档案资料，不能据此作为认定特殊工种提前退休的依据，经行政复议后仍不同意。

法院经审理认为，柳某不是档案的管理者，档案资料缺失不足以否认其工作经历，根据相关证明材料，可以确认柳某曾长时间担任铸造厂造型工，属特殊工种提前退休范围。法院最后判定，撤销广州市劳动和社会保障局关于不同意柳某提前退休的审批决定书，并要求对此重新作出审批决定。

（来源：《南方都市报》2007 年 8 月 10 日）

任务三　组织档案展览

教学目标

- 了解档案展览的意义、类型
- 了解档案展览服务的基本内容
- 掌握组织档案展览的主要环节及其工作方法
- 能够组织或协助组织常见的档案展览并做好展览中的服务工作

任务导入

A 集团第一分公司在过去的 5 年中取得了巨大的发展业绩。为了展示这些业绩，鼓舞员工士气，营造良好的社会形象，公司领导决定于近期开展一次成果展。

假定你是公司档案室管理员李芸，请根据以上背景，完成本次展览的设计、布置和组织工作。

任务分析

要做好档案展览工作，首先要了解档案展览的相关知识，根据领导的意图确定好展览主题，围绕主题收集和精选能够说明主题的材料，确定展览方案并设计好展室格局和展板专题，进行精心布展，同时在展览过程中注意对档案的保护，展览结束后做好善后工作。

相关知识

档案展览是指根据某种需要，按照一定的主题，采用平面或立体的手法，系统地陈列展示档案原件或复制件的一种提供利用的服务方式。确保经过选择并展出的档案原件或复制件，能够以原始、真实、形象的特点，给利用者留下深刻的印象，起到宣传教育作用，扩大档案的社会效益。

一、档案展览的意义与作用

档案展览是档案重要的开发利用方式之一，在实际工作中发挥着不可替代的作用。其独特意义体现在以下几个方面。

首先，档案展览能够促进和配合中心工作。档案工作在整个组织中属于辅助服务性工作，服务质量将对中心工作产生重要影响。档案展览工作围绕核心业务设计展览形式和内容，能够及时展现工作业绩，鼓舞士气，统一思想，从而促进各项工作的提高。

其次，档案展览能够带来良好的社会效益和经济效益。档案展览是档案馆开展爱国主义、革命传统教育，发挥社会教育功能的基本形式之一。对于基层档案室而言，档案展览能够扩大本单位的社会影响，塑造良好的社会想象。某些档案展览还能创造较好的经济效益，增加档案馆（室）的经济收入。

最后，档案展览能够促进档案室（馆）的各项工作。档案展览需要档案工作部门与人员精心筹备，需要对馆藏档案进行深入开发，设计出富有吸引力和感染力的展览形式，因此，档案展览是档案馆改善外部发展环境，促进自身建设的有效途径。

二、档案展览的类型

按展览的期限划分，有长期性档案展览和短期性档案展览。长期性展览内容多是珍贵馆藏、国家或地区重要历史面貌方面的档案史料的展出；短期性展览则是根据工作的需要或是配合重要活动、纪念日等举办的展览。

按展出的内容划分，有综合性档案展览和专题性档案展览。综合性档案展览的内容通常涉及一个国家、地区、单位或人物的全面情况；专题性档案展览则是展示一个国家、地区、单位或人物某一方面的情况。

按照展览借助的途径和方式划分，可分为现场档案展览和网上档案展览。现场档案展览就是将档案的实物、复制件等物品在展出现场陈列出来，供参观者观看。随着网络技术的提高，档案资料也可以在互联网上展出，与现场展览不同的是，网络展览主要利用数字虚拟技术，展出的对象主要是图片、视频与音频、虚拟场景等。

三、档案展览的前期设计

档案展览是一项复杂的系统工作，专业化程度较高。为了使展览取得预期效果，必须对展览整体进行精心设计，主要包括内容设计和形式设计两方面。

内容设计就是针对特定展出场地条件，以收集到位的展品为基本素材，合理安排、精确计算展出内容，最后形成系统的展览内容细目设计脚本。

形式设计包括展厅设计和室外环境设计。形式设计要针对不同类型的展览，针对不同的具体问题，创造出不同的气氛；根据不同的展品内容，使用不同的道具，设计出不同的环境空间。

四、档案展览的基本服务内容

1. 讲解服务

讲解服务是由讲解员以口头语言的方式向观众解说关于档案的信息。档案展览的主要对象是纸质载体，不能有效发挥对观众的吸引力。出色的讲解是使档案展览生动、鲜活的最直接手段。

为了使讲解更加生动，档案管理者应认真撰写讲解词，深入挖掘展品背景知识，充实讲解词内容。讲解员要熟悉档案、熟悉展品、语言规范，做到熟记并深刻理解解说词，了解和掌握与展览内容相关的知识，讲解突出主题。

2. 辅助信息服务

辅助信息服务是为了使观众更好地理解展品所包含的意义而提供的提示性信息。辅助信息包括标识系统、多媒体辅助手段、展览辅助说明等。

标识系统是为了保证展览秩序而提供的导向说明，主要包括路线指示、场地说明等。

多媒体辅助手段主要是利用声光电设备在展览现场营造出真实的场景。档案展览中如果该手段运用得当，可收到较好效果，但是切忌过多依赖，否则会破坏档案展览的厚重感，分散观众注意力。

展览的辅助说明是配合展览物品而提供的相关补充说明信息。档案展览的物品多为平面静态材料，需要观众有比较强的阅读理解能力，良好的辅助说明能够大大降低阅读理解难度，便于观众多角度理解展览。

3. 观众现场服务

为观众提供各类现场服务，如疏导路线、解答问题、指示方位、提醒注意事项、应对突发事件等。

五、档案展览的保护

1. 展品的保护

举办档案展览时，除非特别需要，展出的档案材料通常是复制品，以避免原件由于灯光烘烤，或由于参展人员触摸等影响寿命。如果遇到特殊情况需要展出原件，应采取严格的保护措施，防止损坏。对于涉密的展品要采取相关的处理措施。

2. 展板的保护

如果在室外展览，要注意因刮风下雨，意外刮碰等原因造成的展板受损。所以制作展板时要注意便于搬运和更换，展出过程中要注意展板的保洁。展览结束后，展板如还有继续展出的必要，要妥善保存好，以备下次使用，避免浪费；如不必保留，则要细心拆除，避免环境污染。

任务实施

开展档案展览工作的主要工作环节和程序是：确定展览主题、设计展览方案、选择展览材料、设计并布置展览场地、开展、结束后的善后工作。

一、确定展览主题

组织档案展览，首先要确定好展览的主题，即明确展览的目的，确定展览的名称和展览的内容和范围。

本任务中，公司决定举办这次展览的目的，是向广大员工以及社会人士展示企业 5 年来发展的光辉篇章和丰硕成果，旨在进行传统教育，激励大家昂扬斗志，为创造企业新的辉煌而不懈努力。据此，李芸和同事们研究后将这次展览的主题确定为“回顾创业历程，反映辉煌成果，展望美好未来”，展览名称定为“岁月如歌——××公司 5 年发展成果展”，向领导做了汇报，领导对这个名称和主题很满意。

二、设计展览方案

展览方案也就是展览工作的计划，也叫策划书，是以书面的形式对展览工作进行的整体安排。主要内容包括：展览名称、主题、时间、地点、工作机构、进度安排、展览内容设计、展览形式、经费预算等。

展览方案撰写完成之后需要经过主管领导审批，如有不妥之处需进行必要的修改，待领导审阅定稿后，就可以根据方案开始筹备工作，并在展览进行与结束之后落实方案的要求。

根据这次展览的目的和希望达到的效果，撰写展览方案如下。

第一分公司发展成果展览方案

一、主题与展览名称

展览主题：回顾创业历程，反映辉煌成果，展望美好未来

展览名称：岁月如歌——××公司5年发展成果展

二、时间、地点

展出时间：2011年6月5日至6月10日

展出地点：本公司办公楼会议室

三、开放对象

展览拟向以下对象开放：公司全体员工、员工家属，新闻媒体记者，本市行业协会领导与工作人员，本地区同行业主要领导。预计参观人数约400人。

四、工作机构

为保证此次展览取得预期效果，特成立工作领导小组，组成人员如下：

组长：刘青苗

副组长：岳爱华

成员：李芸　　负责方案设计、素材整理、讲解

王丽娜　负责展览设计、现场布置与维护、讲解

吴军　　负责对外宣传、接待、秩序维护

五、工作进度安排（见表8—3—1）

表8—3—1　　展览工作进度安排

工作阶段	时间	主要工作内容	负责人
第一阶段	5月10—15日	成立工作机构，制定工作方案，向上级申请批准，申请经费	岳爱华、李芸
第二阶段	5月16—20日	搜集、整理展览内容	李芸
第三阶段	5月21—31日	展览设计、展品制作、购买会议用品、现场布置	王丽娜、李芸
第四阶段	6月1—3日	发送邀请函、联系媒体记者	吴军
第五阶段	6月4日	检查场地与展品	岳爱华、李芸、王丽娜
第六阶段	6月5—10日	展出	岳爱华、李芸、王丽娜、吴军
第七阶段	6月11—12日	善后工作	岳爱华、李芸、王丽娜

六、展览内容设计

针对以下内容收集展出资料：

1. 完成项目概况

2. 销售收入

3. 所获奖励与荣誉

4. 职工权益与安全保障情况

5. 参与社会公益事业情况

6. 未来发展规划

七、展览形式

1. 展览载体主要为：文字介绍、图片、表格、多媒体视频、模型、实物

2. 展品摆放形式：展板、展牌、影片放映、模型展示

3. 展出场地设计：(略)

八、应急预案

本次展览的开放时间较长，需做好以下几种应急预案：

1. 火灾预案

展品材料为易燃材料制作，易发火灾，主要应对措施是：

(1) 现场摆放充足数量的灭火器，工作人员事先掌握灭火器使用方法；

(2) 现场悬挂禁烟标志，工作人员及时监督观众吸烟情况并对在现场吸烟者进行劝阻；

(3) 对现场的各类电器，尤其是电脑、空调机和投影仪进行安全检查，保证通风散热；

(4) 与本公司业余消防队联系，由其派出义务消防员在展览期间进行执勤。

2. 停电预案

展出期间正值夏季用电高峰期，因此可能发生停电现象。应对预案如下：

自备发电机处于待命状态，一旦停电立即开始启动，保障展览期间电力供应。

3. 拥挤踩踏预案

开展当天参观人数较多，可能出现拥挤甚至踩踏事件，应急预案如下：

(1) 安排工作人员在楼梯、入口等处进行疏导，提醒观众不要拥挤；

(2) 同时开放展览现场的两个出入口，分别划定出入方向，引导观众能够沿着正确路线撤出展室；

(3) 合理设置指示牌和提示标志。

九、物品清单

电脑	1套	已有
投影仪	1套	已有
空调设备	1套	已有
灭火器	6只	已有
指示牌	10个	200元
气模	1个	350元（租赁）
复印机	1台	已有
打印机	1台	已有
发电机	1台	已有

十、经费预算

设备与用品（具体项目见第九项“物品清单”）费用　550元

打印、喷绘费用	800 元
纸张展板费用	300 元
视频设计制作费用	2 000 元
接待费用	3 000 元
通信、交通费用	1 000 元
其他费用	500 元
费用共计	8 150 元

执笔人：李芸

2011 年 5 月 12 日

三、精选展览材料

确定好展览主题，就要围绕主题来查找、选择能够集中表现这一主题的最有价值、最有意义的档案材料，使精选出来的材料能够反映历史事件的真实面貌，揭示事物本质。如果被选择的材料具有机密性，需经领导批准，并规定参观者范围。

本任务中，除利用公司档案室收集和选择能展现展览主题的各种档案材料外，还可以到报社、图书馆、档案馆等单位收集相关珍贵史料，包括各种文件、简报、表册、新闻报道及照片、图片、声像资料等。同时，为保证材料的丰富性，还可以向全公司员工征集相关资料，如珍藏在老员工家里的奖状、奖章、奖杯、照片等，如图 8—3—1 所示，使此次展览内容更加翔实、更具感染力。然后，对这些收集的档案资料进行反复比较、筛选，把最有典型意义的材料挑选出来，保证既有纸质材料，更有大量的图片、实物等非纸质材料。

图 8—3—1　员工个人珍藏的获奖证书

四、设计展览格局

为了实现并强化展览的效果，接下来要对展出的格局进行精心设计，根据展出的目的，将展品、场地、光线等因素有机地结合起来，既揭示主题的全貌与实质，又表现出独到的艺术效果。展览格局一般先按专题将选出的档案材料分类，每个专题内再按事件和时间顺序排列，使一个专题内的材料集中和系统，又使各专题间相互联系。

本任务中，李芸和同事们拟制作 10 个图文并茂的主题展板、展台展出部分档案实物，形象地展示公司自成立以来一步步发展、壮大的历史进程。

五、布置展室

展室面积要根据展览主题等因素，注意大小合理，过大会显得空旷，过小会显得拥挤。要保证室内光线充足，环境整洁，安静井然。同时将参观者行走的路线安排合理，入口和出口分开。展台可摆成圆形、矩形、四周形、自由组织形等。展板上的文字不能过多，图片不能过杂，字体不能过于多变等。

本任务中，李芸经向领导请示，用公司一个 60 m^2适合本次展览规模的会议室作为本次展览的展室。展板分别按照参观路线依墙挂立，同时每块展板前及展室中央适当设置几个展台，放置相应的实物展品。展板聘请专业人士进行了精心设计和制作，图文并茂，如图 8—3—2 所示。

图 8—3—2　观看展板

六、保证安全

本任务中，应注意展品的保护问题，如对于那些年代久远的文件、奖章、证书、报刊等易损展品大都用数码相机拍成照片通过展板展示，对于年代较近的实物展品也多使用透明装置等予以保护，如图 8—3—3 所示。对于涉及公司经营方面的财务数据等保密性资料，也都做了技术上的处理。从情报保密及实物展品的保护等方面做好展览的安全工作。

图 8—3—3　保护实物展品

七、善后处理

展览结束，可以拍摄制作专题片，便于在更大范围发挥宣传教育作用，也可作为下次布置类似的展览时参考。展品若是原件，经检查确保完好后归还；若是复制品，拆除后也应妥善保存。展板可根据需要保存或拆除。另外，还应及时作出总结，分析展览效果与影响等，为以后提供借鉴。

技能训练

一、请以班级为单位，将同学酌情分为几个小组，共同完成一次“文秘专业在我院（系）”主题档案图片展览活动。要求：

1. 结合所在院（系）文秘专业发展历史的实际，不能虚构事实；

2. 共同研讨确定展板的单元板块专题划分，拟定恰当的单元板块专题名称；

3. 通过到院（系）档案室、教研室、办公室查询及向教师、学生咨询、征集等多种途径收集相关档案信息、资料、照片、实物等，并分别制作成图片形式；

4. 对制作完成的图片根据确定的单元板块专题进行合理归类，并撰写前言、单元板块简介、图片说明文字及结束语等文字材料；

5. 制作展板；

6. 选择合适的地点进行布展；

7. 进行为期两周的展览；

8. 可根据单元板块专题的划分，分别由各小组完成一个单元板块专题的工作，互相配合共同完成整个展览活动。

二、请利用课余时间去校外参观一些专题档案展览活动，注意分析和思考所参观的展览是如何围绕主题选取材料的，如何根据展览主题进行单元板块划分的，如何根据图片拟写文字说明的，等等，并结合课程任务学习撰写一份参观体会。

课题九

档案编研

任务一 编写大事记

教学目标

- 了解档案编研工作的主要内容
- 了解大事记的选事标准和选择范围
- 掌握大事记的具体编写方法
- 能够正确地编写所在组织的大事记

任务导入

A 集团第一分公司每年年初都要求办公室编写一份上一年度的公司大事记。李芸负责公司档案室的管理工作，编写大事记的工作应由她牵头来完成。

假定你是李芸，请根据以上背景，完成该工作。

任务分析

大事记是档案编研工作的重要成果之一，为了解单位在特定年度中的发展概况提供了简明扼要的信息。要完成公司上一年度的大事记编写工作，首先要了解大事记的选择标准和范围，在广泛收集各种信息材料的基础上根据大事标准确定需要的信息，对收集来的材料进行认真的分析、研究、考证，保证材料的准确，最后再进行文字编写，编写出符合体例规范的大事记文本。

相关知识

档案编研是指对档案材料进行编辑与研究的工作。档案编研的目的是为了满足单位在管理、经营与科技研究等各项工作和活动中对档案的深度利用需要，档案编研工作应以馆藏档案为基础，按照一定的选题，将重要的档案材料编辑成为文献出版物，或者将档案信息系统整理和浓缩编写成为资料汇编等成果。

档案编研是档案利用的高级形式，是对档案信息的深度开发，具有较强的专业性。档案的编研成果主要有大事记、基础数字汇编、史料汇编、文件汇编、组织沿革、全总介绍等。

一、大事记的概念与作用

大事记是按照时间顺序，用简明的文字记载一定历史时期、一定范围内发生的重大事件和重要活动的档案参考资料。

大事记能够帮助组织的领导和工作人员了解本组织、本地区、本系统的历史发展和主要情况，掌握一些重要问题的来龙去脉，为有效地开展工作服务；能够为相关研究人员和史志编修人员提供相关的可靠资料；能够为回顾历史、总结经验提供线索和依据。

二、大事的选择标准

大事和小事在不同的时空条件下是相对而言的，确定大事要从大事记对象的实际情况出发加以选择，做到大事要事不漏，小事琐事不取。可以从以下几方面考虑大事的选择。

第一，史实的影响。在大事记述对象的范围内，属于全局性、典型性的事件以及对现实工作和历史发展有重要影响的事件和活动，应作为大事。

第二，史实的特色。反映大事记述对象的性质、任务、主要活动职能等方面特点的事件和活动，应作为大事。

第三，史实的背景。在大事记所涉及的历史时期中，反映党和国家路线、方针、政策以及本地区、本组织中心工作的事件和活动，应作为大事。

三、大事的选择范围

根据上述标准，在编写大事记时，可以从以下几个方面选择大事：

第一，本组织的各种重要会议、重大活动情况。

第二，本组织领导人的各种重要活动情况，本组织主要领导成员的任免、奖励情况。

第三，以本组织名义制定的方针政策、发布规定，作出的重要决定、决议、规划。

第四，本组织的成立、撤销，以及隶属关系、职权范围、内部机构的变动情况。

第五，上级组织或上级领导对本组织的重要指示，以及上级领导到本组织检查工作的重要活动情况。

第六，新闻媒体发表的关于本组织的经验、事故和批评的报道等。

第七，重大成果（如生产上的重大突破、科研上的重大发明创造、重要产品等），经济建设、文化建设、科学技术的重大变革和成就，以及重大公共设施的建设；本组织工作中出现的典型事件、事故。

四、大事记的体例

大事记一般采用编年体，以年月为经，以事实为纬，将大事条目按时间顺序排列。有的大事记采用先分历史时期，再在每个历史时期中按照年月日顺序排列大事，有的大事记采用直接按照大事发生的年月日进行排列。除一般的编年体，还有一种分类编年体，即先按事件的性质分类，再分别按时间顺序记述大事。

五、大事记的结构

结构比较完整的大事记一般包括题名、编辑说明、序言、目录、正文、按语和注释、附录等。

题名即标题，一般包括大事记述的对象、内容、时间、名称等。编辑说明是对大事记编写情况的概要说明，如编写目的、指导思想、编写方法、编者情况等。序言通常用来介绍大事记述对象的情况，如有关单位沿革、有关专题的基本内容等，可以与编辑说明合并。目录也称目次，意在帮助读者查找大事记的条目。正文即大事记的主体，包括大事时间和大事事件。按语是简要介绍某一事件或问题历史背景和要点的说明文字。注释是对于一些在大事记中出现的今人比较陌生的人物、地名、词语等进行解释的文字。附录是大事记的辅助材料，通常包括参考书目、大事主题索引、人名索引、地名索引，有关数据、图表等。这样的大事记一般都印刷成册或正式出版，如图 9—1—1 所示。一般意义上的大事记，则由标题和正文构成。

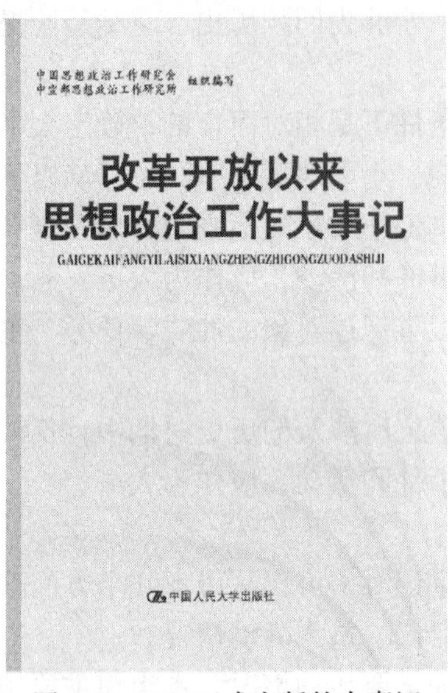

图 9—1—1　正式出版的大事记

知识链接

文件汇编及其类型

文件汇编是指按照一定的特征如作者、专题、重要程度、时间等组成题目，将有关文件编选成册，内部印行或公开出版以提供利用。常见的有发文汇编、重要文件汇编、会议文件汇编等。

发文汇编是发文机关将自身制发的公文定期（通常按年度）集中起来，按发文顺序号编辑成册的一种编纂形式，不仅可以让利用者比较系统地掌握本单位的工作活动情况，而且减少了对档案原件的反复调阅，既方便利用，又保护档案原件。发文汇编为内部资料，仅供本单位内部使用。发文汇编一般按年度编辑，根据发文数量一年编一册或数册。

重要文件汇编是以文件重要程度为依据而形成的一种编纂成果，是将档案中那些反映重大方针政策、重要问题、有重要参考利用价值的文件编辑成册的一种编纂形式。重要文件汇编的内容大都是综合性的，编制时应当分门别类后按发文时间顺序排列。编制重要文件汇编可以利用原有的重份文件，汇编成册后即可提供利用。

会议文件汇编是将在重要会议中产生的具有一定参考利用价值的文件汇编成册的一种编纂形式。会议文件汇编要选择在社会或组织发展中有重大影响、在工作中有重要作用的会议进行编制，要选择那些能够反映会议基本情况、具有查考价值的文件，如代表名单、会议议程、工作报告、重要讲话、重要发言、提案、选举结果、通过的决议等。可以将一次会议的文件汇成一册，也可以将同一种会议的若干届会议文件汇成一册。会议汇编一般由召开会议的组织编制。

此外，还可以根据需要编制一些其他类型的专题文献汇编，如规章制度汇编、工作规范汇编，操作规范汇编等。

任务实施

一、收集大事材料

为了保证大事记要事突出、大事不漏、小事不取，在编写大事记之前，要尽可能地通过各种渠道全面查阅收集有关材料。

本任务中，收集大事材料是完成任务的第一步，可以通过如下渠道进行收集：公司上一年度的档案文件，公司上一年度的简报、月报、动态等资料，公司上一年度的日常大事记录，新闻媒体上一年度对公司的报道，乃至业务主管单位的相关资料等。渠道越广泛，收集的材料才可能越全面，并有助于多方核对。

收集到的材料如下：

……

4 月，公司被省总工会评为 2010 年度“全省五一劳动奖状”先进集体；

5 月，公司的《××××技术的研究及其应用》科技成果荣获 2010 年度省住房与城乡建设厅颁发的科技进步奖；

5 月 28 日，省委书记×××来公司视察；

8 月，公司设立的××教育奖励基金会为××县 2010 年考入全国重点大学的 10 余名高中毕业生颁发了奖学金；

……

二、核准大事材料

由于收集材料的来源广泛，难免有失实的情况，所以必须对收集来的材料进行审核，去伪存真，特别是来自口传材料及新闻媒体报道的材料，不能盲目采用。

本任务中，需对收集来的每一条材料进行认真分析和研究，发现不确切或不合理的地方要考证清楚再决定取舍。如公司被省总工会评为 2010 年度“全省五一劳动奖状”先进集体的具体时间，经过查验是 4 月 29 日；公司设立的××教育奖励基金会为××县 2010 年考入全国重点大学的 10 余名高中毕业生颁发奖学金，时间是 8 月 24 日，奖励名额是 17 名，奖励额度是 1 000 ~ 3 000 元，总计 3.6 万元。

三、进行文本编写

1. 编写题名

大事记的题名可酌情采用以下几种形式拟定：

（1）组织名称 + 主题 + 文种名称，如“××公司公关工作大事记”。

（2）组织名称 + 文种名称，如“××公司大事记”。

（3）主题 + 文种名称，如“公关工作大事记”。

（4）组织名称+时间+文种名称，如“××公司2010年大事记”。

本任务中，编写的是公司上一年度的大事记，所以可以采用上述第四种题名拟写形式，即“××公司2010年大事记”，也可以写成“××公司大事记（2010年）”。

2. 编写大事时间

大事时间一般以公元纪年为准，按照年月日的顺序依次排列。一般来说，以年度为记录单位的，则以月作小标题，每条标明日期，或直接在每条前标明具体月日；以专题、项目为记录单位的，则分清年月日；既以年度（月份）又以专题为记录单位的，则可省略年，只记月日。有些重大事件甚至要写明具体的时、分、秒。某些大事持续时间较长，并且作为一个条目编写时，其时间可概括书写，也可以标明起止日期。如果某条大事的日期不完整或不清楚，经考评后仍无法确定，则日不清者，该条目附于月末，标“是月”“本月”；月不清者，该条目附于年末，标“是年”“本年”；年不清者，一般不记。大事记不能使用如“近来”“不久以前”等笼统含混的时间概念。

本任务中，编写的是公司上一年度的大事记，所以时间上采用了每条大事之前标明月日，即写成“×月×日　××××××（事件或活动）”的形式。

3. 编写大事条目

大事条目是大事记的核心，其记述方法和要求如下：

（1）一条一事。在一个条目中，着重记述一件事情，不能将若干事件放在一个条目中综述。如果在同一时期内有许多事情要记载，应各立条目；如果同一天有多件大事要记，可以用一个大事时间，事件分行列出，前面冠以序码或题花作标志，也可用月日标示时间。

（2）大事突出。大事即事件涉及的范围极广、影响较大，不仅在当时属于重大事件，而且事后影响较久、较深刻。如果不区分大事和小事，凡事都记，大事记就会成了明细账，失去其价值。

（3）要事不漏。要事是在一定范围和时间内有较大影响，事后仍有一定参考意义的事件，或事件本身虽然不大，但在发展过程中对大事有重要说明和补充作用的事件。只记大事，不记要事，就会使大事记的内容单一。

（4）真实准确。大事条目不仅要做到基本内容准确无误，各种具体史实如时间、地点、人名、数字的记述都应避免差错，如实反映事件的本来面目。

（5）因果清楚。记述大事时，注意将事情的源头始末等交代清楚，要搞清各种客观史实之间的内在联系，言简意赅地点明此事与其他某事的关系，特别是彼此间的因果关系。

（6）文字简明。大事记述的文字要简约、凝练、清楚，除了表述事实所必需的说明性文字外，一般不使用修饰性和描述性的文字。同时，一般不对事件加以分析评论，做到述而不评。

如果要想将大事记编印成册，则一般由以下几项构成：

（1）封面。一般包括标题、编制单位、编制时间、需要说明事项等内容。如图9—1—2所示。

A房地产集团第一分公司
大事记
（2010年）

A房地产集团第一分公司　编印
二〇一一年一月

图9—1—2　大事记封面示意图

1）标题。写上大事记的总标题、记述的时间范围。如：

A 房地产集团第一分公司大事记
（1995—2010 年）

2）编制单位。写上全称，如：A 房地产集团第一分公司 编印

3）编印时间。写上年月。如：二〇一一年一月

4）其他需注明事项。凡属“内部印发”“秘密”等应在封面左上角上标明。

（2）编写说明。说明编辑的原因、目的、任务、用途、选编范围和取材标准，存在问题等有关说明。

（3）目录。由顺序号、题名、页号组成。

（4）正文。由大事时间和大事条目组成，采用编年体。

（5）封底。空白页。

最后按封面—编写说明—目录—正文—封底的顺序印装成册。

本任务中，根据上述方法和要求，最终形成了如下的大事记：

A 房地产集团第一分公司 2010 年大事记

……

4 月 29 日，A 房地产集团第一分公司被××省总工会评为 2010 年度“全省五一劳动奖状”先进集体。

……

5 月 14 日，××省房地产业协会第 2 协作组第一届二次会议在 A 房地产集团第一分公司召开。

……

5月，公司的《××××××技术的研究及其应用》科技成果荣获2010年度××省住房和城乡建设厅颁发的科技进步奖。

5月28日，中共××省委书记×××视察公司。

7月8日，由××质协与公司共同举办的“××省质量管理奖评审标准与质量管理现场诊断研讨会”在××召开。

……

8月24日，公司设立的××教育奖励基金会为××县2010年考入全国重点大学的17名高中毕业生各颁发了1 000~3 000元的奖学金，共计3.6万元。

……

8月26日，中国××投资咨询公司总裁×××来公司参观考察。

……

技能训练

一、请以小组为单位，为你所在的院（系）或专业校外实训基地编写一份某一年度的大事记。要求如下：

1. 要通过各种有效途径广泛收集所在院（系）或专业校外实训基地某一年度发生的事件，如通过实地调查或网站查询；

2. 小组成员共同讨论，对材料进行选择；

3. 起草成文，修改定稿，进行印制；

4. 提交这份大事记的纸质文档及电子文档。

二、××公司为庆祝成立10周年，拟按照工作性质编写成立以来的大事记。请完成以下练习：

1. 该大事记应属于何种类型？宜采用何种编写体例？

2. 该大事记在结构上如何安排比较合适？

3. 如何收集和核准的大事材料才能确保大事记编写的准确权威？

4. 在大事条目的编写上要注意哪些问题？

5. 参阅相关资料，编写该大事记的部分样本。

任务二　编写基础数字汇编

教学目标

- 掌握基础数字汇编的结构和形式
- 掌握基础数字汇编的步骤与方法
- 能够结合校园学习及课程实践初步规范地编写基础数字汇编

任务导入

A 集团第一分公司要编制一份未来五年员工培训规划，要求档案室编写一份公司员工目前基本情况统计，供编制员工培训规划参考，并将该统计作为员工培训规划的附录。办公室主任把编写公司员工基本情况统计的工作交给了李芸。

假定你是李芸，请根据以上背景，完成该任务。

任务分析

编写基础数字汇编，实际上是对原来各种统计数字的一种摘录、综合工作。在本任务中要编写的这份公司员工基本情况统计就属于一种专题性的基础数字汇编。首先需要确定统计范围和指标，选择并设计适宜的汇编表现形式，然后通过档案室等收集相关数据，最后编制出详尽准确的、能够满足制定员工培训规划参考要求的汇编文本，提供给相关人员。

相关知识

基础数字汇编是以数字的形式反映某一单位、某一地区、某一专业系统或某一方面基本情况的档案参考资料，又称统计数字汇编。编写基础数字汇编是对分散于档案中的各种统计数字的汇总，对于了解情况、研究问题、总结经验、制定计划、作出决策等工作都有很高的参考价值，也可以为举办展览、报告会等宣传教育活动提供典型材料，还可以为今后的历史研究提供必要的素材。

一、基础数字汇编的种类

1. 综合性统计数字汇编

综合性统计数字汇编即系统反映某一单位、某一地区、某一专业系统全面情况的基础数字汇编。如《××县基础数字汇编》，包括土地面积、人口统计、工农业生产、文化教育等内容，范围广，篇幅大。

2. 专题性基础数字汇编

专题性基础数字汇编即系统反映某一方面基本情况的基础数字汇编。如《××县农业基础数字汇编》。专题性基础数字汇编相对而言范围较小，可根据需要确定专题的范围和内容。

上述分类主要是根据数字所反映的内容范围划分的。此外，根据数字所反映的空间范围，可分为一个地区的基础数字汇编、一个系统的基础数字汇编、一个单位或一定范围的基础数字汇编等；根据数字所反映的时间范围，可分为一年的基础数字汇编、多年的基础数字汇编、某一阶段的基础数字汇编等。

二、基础数字汇编的结构

基础数字汇编如果印制成书册式的单行本形式，一般由封面、编辑说明、目录、正文、附录等部分组成。

封面的内容包括汇编的总题名、编者、编印时间等，其中总题名是对汇编内容的高度概括，要能反映汇编的总体，如图 9—2—1 所示。编辑说明置于封面之后，主要说明编写基础数字汇编的目的、材料来源、主要方法以及使用中的注意事项等。目录置于正文之前，以正文中每一项具有独立检索意义的内容（如每一种不同的图表的标题）为对象进行编制，如图 9—2—2 所示。正文由有关的数字和文字通过一定的形式组合而成，是基础数字汇编的主体，主要是各种数量概念和数量关系，通常称为数列。一个数列一般可以包含 4 个方面的具体内容，即统计对象、时间范围或空间范围、统计指标和统计数值。附录是与正文内容有关的图片、照片或文字等。

××市档案馆基础数字汇编

（1995—2006）

××市档案馆

2007年10月

图 9—2—1　基础汇编封面示意图

目　　录

一、编制、人员基本情况统计表

二、历年经费情况统计表

三、馆现有档案分年度统计表

四、建馆以来馆藏档案统计表

五、历年开放档案数量统计表

六、利用馆藏档案、资料统计表

七、档案、资料修复统计表

八、征集、购买档案、资料一览表

图 9—2—2　基础汇编目录示意图

基础数字汇编如果作为其他作品正文组成部分或附录，整体结构比较简单，通常由总标题、编制说明和正文三部分组成，偶尔有注释。

三、基础数字汇编的形式

1. 文字叙述式

文字叙述式就是用文字叙述的方法来记述和说明各种数列的客观内容、彼此间的关系以及有关事项。其优点是便于表达各种关系，便于阅读和口头陈述。

2. 表格式

表格式就是用列表的方法来记述和说明各种数列的客观内容及其相互关系，见表 9—2—1。表格式在各种基础数字汇编中应用最为广泛。其优点是数列条理清楚，信息容量大，可处理较复杂的比较关系。

表 9—2—1　　××医科大学教职工数（2001 年）

	专任教师	教辅人员	行政人员	工勤人员	科研机构人数	校办工厂农林职工数	其他附设机构人数	合计
教 授	58	—	3	—	1	—	—	62
副教授	83	—	9	—	4	1	—	97
讲 师	78	1	5	—	5	—	1	90

续表

	专任教师	教辅人员	行政人员	工勤人员	科研机构人数	校办工厂农林职工数	其他附设机构人数	合计
助教	71	—	1	—	3	—	1	76
高级职称	14	—	3	—	4	1	—	22
副高级职称	20	19	16	—	12	—	3	70
中级职称	54	81	92	2	14	33	32	308
初级职称	33	97	60	—	6	36	47	279
无职称	33	20	25	39	8	40	238	403
合计	444	218	214	41	57	111	322	1407

3. 图示式

图示式就是用图形来揭示一定的数列内容及其相互关系。其优点是形象直观，一目了然。常见的柱形图、折线图、饼图等，柱形图如图9—2—3所示。

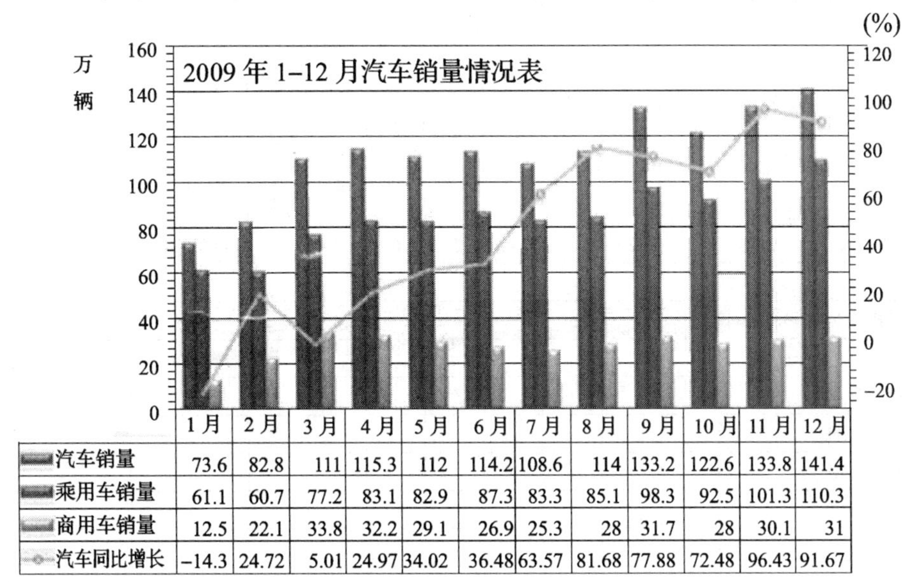

	1月	2月	3月	4月	5月	6月	7月	8月	9月	10月	11月	12月
汽车销量	73.6	82.8	111	115.3	112	114.2	108.6	114	133.2	122.6	133.8	141.4
乘用车销量	61.1	60.7	77.2	83.1	82.9	87.3	83.3	85.1	98.3	92.5	101.3	110.3
商用车销量	12.5	22.1	33.8	32.2	29.1	26.9	25.3	28	31.7	28	30.1	31
汽车同比增长	–14.3	24.72	5.01	24.97	34.02	36.48	63.57	81.68	77.88	72.48	96.43	91.67

图9—2—3　柱形图示例

任务实施

一、明确统计对象

在进行基础数字汇编时，一般先从本地区、本单位、本部门等实际出发，根据统计的目的，明确统计对象的范围。

本任务中，可以将公司员工划分为管理人员和职工两大类，作为统计公司员工基本情况的人员范围，时间范围截止到统计之时。

二、确定统计指标

编写基础数字汇编，应分析和选择那些能够揭示事物本质或发展规律的统计指标，以保证整个数字汇集的实用价值。

本任务中，可以将员工的学历、年龄等确定为统计指标。

三、确定表现形式

根据指标内容的多少、繁简程度以及数字汇编的用途，确定一种具体的表现形式，如表格式或图示式等。如果编制表格，一般由三部分组成：一是横行标题，列于表格的左方；二是纵栏标题，列于表格的上方；三是统计数值，填写在横行与纵栏的交汇处，由横、纵标题所限定。横行标题和纵栏标题用于标明统计对象、时间范围或空间范围、统计指标等，两者下面可以再设一级或几级小标题。

本任务中，由于要编写的这份公司员工基本情况统计是作为公司员工培训规划的参考和附录，不必制作成单行本形式，所以决定采用表格形式，并设计了公司员工基本情况统计式样，见表 9—2—2。

表 9—2—2　　公司员工基本情况统计（部分）

项目	编号	合计	女	少数民族	中共党员	学历				年龄					
						研究生	大学本科	大学专科	中专及以下	35岁以下	36岁至40岁	41岁至45岁	46岁至50岁	51岁至55岁	56岁以上
甲	乙	1	2	3	4	5	6	7	8	9	10	11	12	13	14
总计	1														
一、管理人员	2														
其中：女	3														
（1）高级职务	4														
（2）中级职务	5														
（3）初级职务	6														
（4）未聘职务	7														
二、工人	8														
（1）高级工	9														
（2）中级工	10														
（3）初级工	11														
其他	12														

四、采集统计数据

编写基础数字汇集要广泛收集资料，即相关统计数据。这些数据应以权威部门正式公布的数字为准，不能采用估算数据、尚未定论数据和非正式渠道数据。如对某些数据存疑，应认真核对。数量的计量单位应统一。

本任务中，主要通过查阅公司档案室中相关档案资料来获取员工基本情况的数据，并寻求人力资源部门的帮助。

五、整理统计数据

接下来，就要对采集的数据进行整理、分析、加工和计算、核实，显示出数据之间的增减变化幅度，以求反映事物的发展变化规律，而不能对采集的数据简单地汇集。

六、进行文本编排

确定了基础数字汇编的表现形式，收集并整理了相关统计数据，然后就要进行具体正文文本的编排，或进行文字的编写和组织，或进行表格的设计，或进行图形的绘制，并对相关数据进行选用和编排。

本任务中，将采集、整理、选择的数据一一填入已经设计好的公司员工基本情况统计表中，并做了认真的版面编排。

七、编写其他项目

内容较多的统计数字汇编，应以每一种不同内容的统计项目（如不同的表格、不同的图形）为单位，编制目录，置于汇编正文的前面，以便检索；同时，还要在目录的前面加上编辑说明，对材料来源、统计范围、选材原则以及编辑工作情况等作一简要交代，以备查考。有些表格还有附记、制表单位、制表日期等项目。

八、交付印制使用

再对有关数据进行全面核对复查，以免有错漏。如核对复查无误，即可根据实际情况需要交付印制使用。

本任务中，李芸将编制完成的公司员工基本情况统计表印制成纸质文档，经领导签字，与电子文档一并提供给了员工发展培训规划编制人员。

技能训练

一、请以小组为单位，自行确定内容，编写一份专题性的基础数字汇编。要求如下：

1. 选择比较单一的事项进行训练，如可以编写班级同学基本情况统计表、院（系）图书阅览室基本情况统计表；

2. 在编写过程中，要深入实际，通过各种方式获取真实数据，不可以随意虚拟或编造；

3. 建议采用表格式或图示式的表现形式；

4. 各小组完成后，最终形成不同专题的基础数字汇编的纸质文档及电子文档，并将纸质文档在班级进行集中展示，互相学习；

5. 各小组形成一份实训报告。

二、请以班级为单位，为所在院（系）编写一份综合性的2010年度基础数字汇编。要求如下：

1. 根据所在院（系）实际情况，可以着眼于教工基本情况、开设专业及在校学生数、科研基本情况、师生获奖基本情况、档案室基本情况等方面进行编写；

2. 将同学分成几个小组，每个小组完成其中一项或两项内容的编写，各小组互相配合，共同完成院（系）2010年度基础数字汇编；

3. 在编写过程中，要深入实际，通过各种方式获取真实数据，不可以随意虚拟或编造；

4. 灵活运用各种基础数字汇编的表现形式；

5. 各小组完成后，最终编制单行本式的院（系）2010 年度基础数字汇编的纸质文档及电子文档，封面、编辑说明、目录、正文等项目齐全规范。

任务三　编写组织沿革

教学目标

- 掌握组织沿革的编写体例和要求
- 掌握编写组织沿革的步骤与方法
- 能够正确地编写组织沿革的文本内容

任务导入

A 集团第一分公司成立于 1995 年，其间经历了初创、调整、发展、改革等阶段。为了更好地梳理公司的发展脉络，加强对公司进行宣传，公司决定由办公室来编写公司的组织沿革。

假定你是该公司办公室秘书李芸，请根据以上背景，完成该项工作。

任务分析

组织沿革是专门针对单位内部组织机构、人员编制、体制变革等自身发展演变情况而编写的一种档案参考资料。为完成编写企业组织沿革工作，首先要了解这种编研产品的基本内容、体例与要求，根据公司的实际情况确定好组织沿革的编写体例，然后广泛收集相关材料，尤其是本公司机构变化方面的信息，并进行筛选、甄别、鉴定，最后进行文本编写并印制出来。

相关知识

组织沿革是指系统地记述和反映某一独立组织的组织机构、人员编制、体制变革等自身发展演变情况的一种档案参考资料，也称组织机构沿革。它能够为研究和查考组织的机构和人员发展变化情况提供可靠的参考资料，能够为整理档案、鉴定档案价值、熟悉立档单位情况、编写全宗介绍提供系统的素材，也能够为研究国家机关史、革命史、专业史、地方史提供必要的参考资料。

一、组织沿革的内容

组织沿革所记载的内容，要根据其职责范围、内设机构情况，编写在组织机构沿革演变中对日后有一定查考利用价值的有关事项。一般包括以下方面：

第一，组织（地区或专业系统）的历史概况、建制变更等情况。

第二，组织的性质、任务、职权范围和隶属关系。

第三，组织内部机构的设置和人员编制的变化情况。

第四，组织领导人的任免情况。

第五，组织名称的更改、办公地点的迁移等情况。

二、组织沿革的体例

1. 编年法

这种体例是按照年度记述组织自身发展演变的情况，先将材料按年度分开，然后每个年度中再分别记述各方面的情况。其优点是每个年度材料集中，自成体系；不足是每个方面的情况分散于各年度之中，纵向脉络被切断，甚至有些多年无变化的情况按年度反复记述，内容重复。编年法体例如下文所示：

××服装公司组织沿革

2005 年

5 月 25 日，经××市工商管理局批准，××服装公司正式成立，为民办股份有限责任公司。公司地址在××市××区中心 C 座二层。

公司领导

总经理：×××

副总经理：××××××

员工人数：38

机构设置：办公室、人事部、设计部、采购部、生产技术部、财务部

2006 年

……

2. 系列法

这种体例是以组织机构或组织建设问题为线条，形成各个系列，在编写时，先按照系列再按照年度顺序分别记述。其优点是能够比较系统地揭示组织机构或组织建设问题各方面的发展脉络，便于读者分项目来了解；不足是不便于显示各阶段的组织概况。系列法体例如下文所示：

××市××区人民法院组织沿革

（一九××年十月至一九××年十二月）

一、区法院的性质、隶属关系和任务

……

二、区法院机构设置的历史概况

……

三、区法院党政主要领导人及群团组织负责人任职概况

……

3. 阶段法

这种体例是根据组织发展变化的特点，将其划分为若干历史阶段，再在每个阶段中分别记述各方面的情况。这种体例在一定程度上吸收了上述两种体例的优点。采用这种体例要正确划分阶段，在每个阶段可以分别采用不同的结构和记述方式，如可以在阶段中直接按时间

顺序来记述，也可以根据实际状况在阶段下先分系列，再在系列下按时间顺序来记述。阶段法体例适用于本任务中的公司组织沿革。

三、组织沿革的编写要求

第一，真实可靠。组织沿革中所采用的材料必须经过考证，确属真实；所记载的情况与客观事实相一致，实事求是。

第二，全面完整。组织沿革要全面完整地反映出整个组织发展沿革的全貌，不能漏记或不记应记述的内容。

第三，清晰简明。组织沿革应根据实际状况采用合适的体例和结构，以求脉络清晰，同时做到语言规范，文字简练。

任务实施

一、确定体例

编年法、系列法和阶段法三种体例各有其适用情况：历史较短、规模较小、变化较多的组织可以考虑采用编年法；组织系统比较稳定、独立性较强的组织可以考虑采用系列法；已经具有一定发展历史的组织可以考虑采用阶段法。

本任务中，第一分公司成立的时间较早，其间经历了初创、调整、发展、改革等具有不同特点的几个阶段，才发展到今天的规模和实力，这种情况更适合采用阶段法。

二、收集材料

材料的收集和选择是保证组织沿革内容全面、准确和严谨的基础。组织沿革使用的材料应主要从档案中收集。组织建设方面的档案通常集中在单位的档案室及办公室、组织部门和人事部门等，这些部门可以作为收集材料的重点对象。有时根据需要也可以从本组织其他部门或外组织的档案中收集材料作补充。

本任务中，一项重要而繁重的工作，就是收集编写公司组织沿革所需的各种相关材料。公司档案是编写公司组织沿革的重要材料来源。同时，还可以到公司的人事部、财务部等部门收集材料，作为重要的补充。收集的材料可以包括公司成立的具体时间与过程、公司名称的演变、公司的历任领导、公司在不同阶段的机构设置等。

三、选择材料

材料收集后，要对材料进行认真的甄别、鉴定与选择。其中，对于记载不准确的、证据不足的材料要认真考证；经考证也无法证实的情况，应加以说明。

本任务中，收集后的材料非常多，由于公司的历史较长，限于各种原因，个别材料的情况就会比较复杂，如公司成立的具体日期、成立时员工的具体人数等记载不够清楚，这些都需经过多方考证，细致认真地甄别、鉴定、考证，最终选择出一系列的材料，为正式编写做好准备。

四、进行编写

1. 文本形式

组织沿革的文本表述形式上可以酌情采用文字叙述法、表格法或图示法、文字与图表结合法等。文字叙述法是用文字形式记述组织及人员情况，用表格列出组织机构序列、名称、负责人姓名、编制人数及分工等，图示法是用示意图反映组织机构设置及演变，最常见的是树杈式示意图。

本任务中，采用文字叙述法来撰写公司组织沿革。

2. 文本内容

一般的组织沿革的文本内容通常由标题、序言（编写说明）和正文组成，根据需要可以增加目录和注释。标题一般由组织名称＋组织沿革构成。正文则根据确定的编写体例来撰写。

如果要想将组织沿革编印成册，则一般由以下几项构成：

（1）封面。一般包括标题、编制单位、编制时间、需要说明事项等内容。如图9—3—1所示。

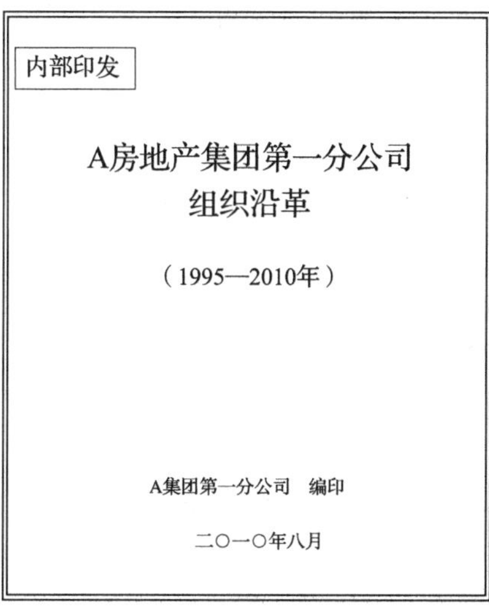
内部印发

A房地产集团第一分公司
组织沿革

（1995—2010年）

A集团第一分公司　编印

二〇一〇年八月

图9—3—1　组织沿革封面示意图

1）标题。写上组织沿革的总标题、记述的时间范围。如：

A房地产集团第一分公司组织沿革

（1995—2010年）

2）编制单位。写上全称。如：A房地产集团第一分公司　编印

3）编印时间。写上年月。如：二〇一〇年八月

4）其他需注明事项。凡属“内部印发”“秘密”等应在封面左上角上标明。

（2）编写说明。说明编辑的原因、目的、任务、用途、选编范围和取材标准、存在问题等有关说明。

（3）目录。由顺序号、题名、页号组成。

（4）正文。根据确定的编写体例来撰写。

本任务中，可以采用阶段法编写体例，编写的公司组织沿革样稿如下：

A房地产集团第一分公司组织沿革

（1995.5—2010.5）

一、组建时期（1995.5—1997.12）

1995年5月10日，经××市工商行政管理局批准，成立××市A房地产有限责任公司

（第一分公司前身）。

公司领导

总经理：×××

副总经理：×××　×××　×××

员工人数：235 人

机构设置：办公室、人事部、宣传部、采购部、销售部、财务部、施工部

……

二、调整时期（1998.1—2001.6）

2001 年 3 月 25 日，A 房地产有限责任公司实行股份制，更名为 A 房地产股份有限公司。

公司领导

总经理：×××

副总经理：×××　×××　×××

员工人数：355 人

机构设置：办公室、公关部、人力资源部、设计部、采购部、生产部、销售部、财务部、后勤部

……

（5）封底。空白页。

最后按封面—编写说明—目录—正文—封底的顺序印装成册。

技能训练

一、请以小组为单位，为你所在的院（系）或专业校外实训基地编写一份组织沿革。要求：

1. 要通过各种有效途径深入了解所在院（系）或专业校外实训基地的组织机构变迁历程，广泛收集资料；

2. 小组成员共同讨论，对材料进行考证、选择；

3. 确定恰当的编写体例和文本形式；

4. 起草成文，修改定稿，进行印制；

5. 提交这份组织沿革的纸质文档及电子文档。

二、请以小组为单位，课下收集几份不同体例、不同文本形式的组织沿革实例，进行比较、借鉴、学习。